iHuman
新民说

成为更好的人

WHEN BOOKS WENT TO WAR

The Stories That Helped Us Win World War II

Molly Guptill Manning

当图书进入战争

美国利用图书赢得二战的故事

[美] 莫里 · 古皮提尔 · 曼宁 _ 著
犹家仲 _ 译
彭金玲 _ 译审

GUANGXI NORMAL UNIVERSITY PRESS
广西师范大学出版社
· 桂林 ·

图书在版编目（CIP）数据

当图书进入战争：美国利用图书赢得二战的故事 /（美） 曼宁著；犹家仲译．—桂林：广西师范大学出版社，2017.1（2018.7 重印）

书名原文：When Books Went to War：The Stories That Helped Us Win World War II

ISBN 978-7-5495-7146-8

Ⅰ．①当… Ⅱ．①曼…②犹… Ⅲ．①第二次世界大战－史料－美国 Ⅳ．①K712.53

中国版本图书馆 CIP 数据核字（2015）第 193877 号

广西师范大学出版社出版发行
（广西桂林市中华路 22 号　邮政编码：541001
网址：http://www.bbtpress.com）
出版人：张艺兵
全国新华书店经销
广西民族印刷包装集团有限公司印刷
（南宁市高新区高新三路 1 号　邮政编码：530007）
开本：880 mm × 1 240 mm　1/32
印张：9.875　　插页：6　　字数：250 千字
2017 年 1 月第 1 版　　2018 年 7 月第 3 次印刷
印数：11 001~14 000 册　　定价：40.00 元

美国的图书管理员号召美国公民捐赠百万册图书给美军，以此回应德国的焚书之举。这幅图片显示，数千民众聚集在美国纽约公共图书馆台阶上，想一睹他们热爱的名人的风采并捐赠图书

“胜利图书运动”的第一位主管，艾尔斯·沃伦，她鼓励全美国的图书管理员为那些想家的、疲倦的军人搜集数百万册图书。她说：“图书管理员们知道，一些印刷过的纸张是……游客们摆脱无聊或孤独，踏上振奋人心的冒险之旅的车票。”

所有地方都张贴着“胜利图书运动”的海报：火车站、百货商场、影剧院以及学校。1943 年，协会请求公众捐赠更多的图书

在圣路易斯，有轨电车车票被重新设计，新的车票包含一个捐书活动的提醒。所有图书馆和学校都成了捐赠中心

了解到精装书不适合前线士兵阅读后，在双日与多兰出版有限公司任职的马尔康·约翰逊，协助开发了一种便于军人使用的平装书，并给美国出版业带来一场革命

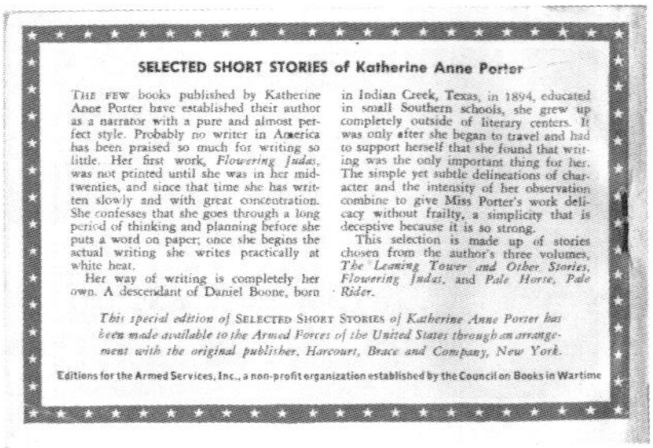

SELECTED SHORT STORIES of Katherine Anne Porter

THE FEW books published by Katherine Anne Porter have established their author as a narrator with a pure and almost perfect style. Probably no writer in America has been praised so much for writing so little. Her first work, *Flowering Judas*, was not printed until she was in her mid-twenties, and since that time she has written slowly and with great concentration. She confesses that she goes through a long period of thinking and planning before she puts a word on paper; once she begins the actual writing she writes practically at white heat.

Her way of writing is completely her own. A descendant of Daniel Boone, born in Indian Creek, Texas, in 1894, educated in small Southern schools, she grew up completely outside of literary centers. It was only after she began to travel and had to support herself that she found that writing was the only important thing for her. The simple yet subtle delineations of character and the intensity of her observation combine to give Miss Porter's work delicacy without frailty, a simplicity that is deceptive because it is so strong.

This selection is made up of stories chosen from the author's three volumes, *The Leaning Tower and Other Stories*, *Flowering Judas*, and *Pale Horse, Pale Rider*.

This special edition of SELECTED SHORT STORIES *of Katherine Anne Porter has been made available to the Armed Forces of the United States through an arrangement with the original publisher, Harcourt, Brace and Company, New York.*

Editions for the Armed Services, Inc., a non-profit organization established by the Council on Books in Wartime

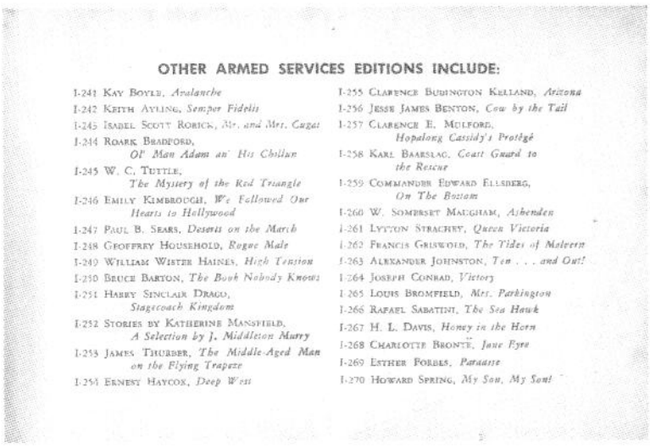

OTHER ARMED SERVICES EDITIONS INCLUDE:

I-241 KAY BOYLE, *Avalanche*
I-242 KEITH AYLING, *Semper Fidelis*
I-243 ISABEL SCOTT RORICK, *Mr. and Mrs. Cugat*
I-244 ROARK BRADFORD, *Ol' Man Adam an' His Chillun*
I-245 W. C. TUTTLE, *The Mystery of the Red Triangle*
I-246 EMILY KIMBROUGH, *We Followed Our Hearts to Hollywood*
I-247 PAUL B. SEARS, *Deserts on the March*
I-248 GEOFFREY HOUSEHOLD, *Rogue Male*
I-249 WILLIAM WISTER HAINES, *High Tension*
I-250 BRUCE BARTON, *The Book Nobody Knows*
I-251 HARRY SINCLAIR DRAGO, *Stagecoach Kingdom*
I-252 STORIES BY KATHERINE MANSFIELD, *A Selection by J. Middleton Murry*
I-253 JAMES THURBER, *The Middle-Aged Man on the Flying Trapeze*
I-254 ERNEST HAYCOX, *Deep West*
I-255 CLARENCE BUDINGTON KELLAND, *Arizona*
I-256 JESSE JAMES BENTON, *Cow by the Tail*
I-257 CLARENCE E. MULFORD, *Hopalong Cassidy's Protégé*
I-258 KARL BAARSLAG, *Coast Guard to the Rescue*
I-259 COMMANDER EDWARD ELLSBERG, *On The Bottom*
I-260 W. SOMERSET MAUGHAM, *Ashenden*
I-261 LYTTON STRACHEY, *Queen Victoria*
I-262 FRANCIS GRISWOLD, *The Tides of Malvern*
I-263 ALEXANDER JOHNSTON, *Ten . . . and Out!*
I-264 JOSEPH CONRAD, *Victory*
I-265 LOUIS BROMFIELD, *Mrs. Parkington*
I-266 RAFAEL SABATINI, *The Sea Hawk*
I-267 H. L. DAVIS, *Honey in the Horn*
I-268 CHARLOTTE BRONTË, *Jane Eyre*
I-269 ESTHER FORBES, *Paradise*
I-270 HOWARD SPRING, *My Son, My Son!*

在战争期间，军供版图书采取横排装订，每个页面都有双列的文本。在胜利日后，军供版图书，比如《芝加哥的年轻人》，都改成了纵向格式。每本军供版图书的封面都有该书精装版的小书影，封底为内容简介，封三有本月出版的图书书目

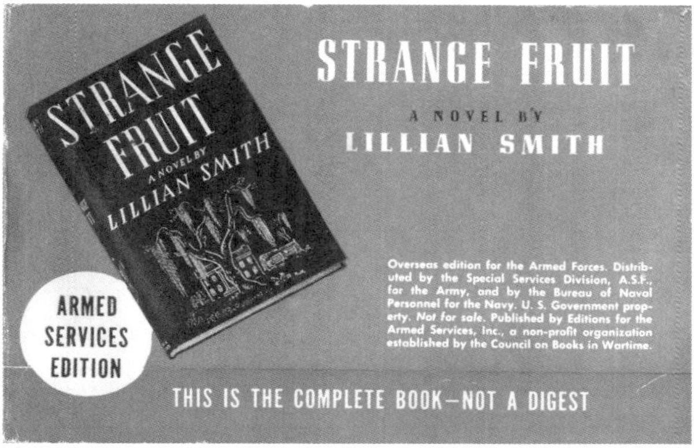

许多军人渴望读到《奇异的果实》和《琥珀》，由于这两本书中包含了被认为有伤风化的性爱场景，在波士顿遭到查禁。一位军人说："如果你见过那些完全被'读'坏的书，它们一定是《琥珀》这本。"

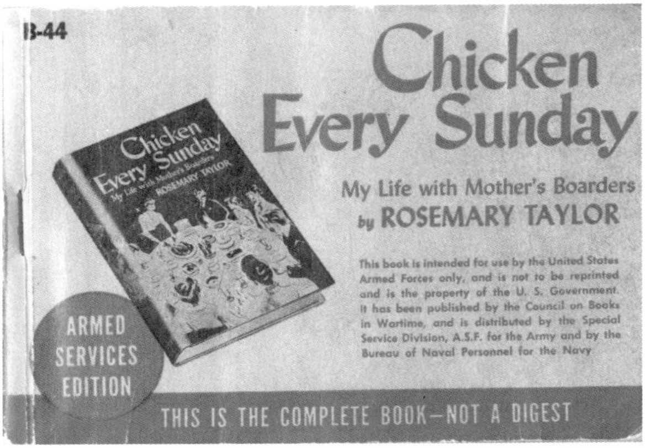

贝蒂·史密斯的《布鲁克林有棵树》与罗斯玛丽·泰勒的《快乐无疆》两书由于完全讲述的是美国人的生活而大受欢迎，它们被比作是休假福利或是收到从家里寄来的家书

士兵们都把知心话儿写给贝蒂·史密斯，相信她的书中有帮助他们从战争中幸存下来，并且为他们欢呼的目的。史密斯为她的大多数粉丝回了信，甚至根据他们的要求把亲笔签名的照片送给他们

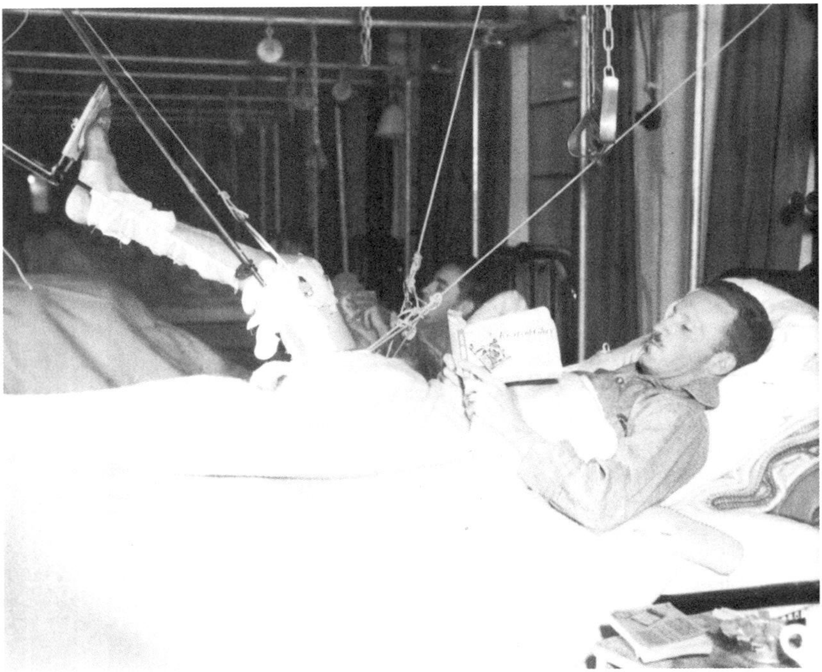

对那些住在医院中的病号，没有什么东西能够像一本书那样打破他们在病床上的孤单日子。对平装书的需求量特别大，因为那些平躺在病床上休养的士兵可以把一本书拿在手里很久

引 言

“你是否有过心烦意乱的时候，以至很想找个人倾诉，想坐下来安静地把它写出来？”一名水兵在写给作家贝蒂·史密斯的信中吐露心声，“这便是我此刻的感受。”

“你知道，我20岁……但是我感觉自己已经40岁了。在海外的两年战争生涯中，我经历了地狱般的日子……我只是想让你明白，尽管我年纪轻轻，却见识过那么多苦难。”

当这名水兵写这封信的时候，疟疾正蹂躏着他的身体，他被迫卧床休息。他相信，正是那场疾病救了他的命。在船上医务室卧病期间，他得到一本史密斯的书——《布鲁克林有棵树》，军队专供版（Armed Services Edition，以下简称“军供版”）。“我已经读了两遍，现在正从中间开始读，”在信中他说道，“每次读这本书，都比上一次有更深的感受。”

“我第一次在齐膝深的沼泽地里挣扎前行……抬着一副担架，战友宝贵的鲜血从担架上一滴滴地漏下，他的生命正在流失，我对此却无能为力。我非常难过，对世界充满愤怒，觉得自己不可能再爱上任何事和任何人。"这名水兵写道。在经历了那场战争后，"怀着一颗死了的心……麻木的心"，水兵认为自己已经丧失了心灵的感受力。

在阅读《布鲁克林有棵树》时，他的内心重新泛起波澜。"我无法解释自己的情绪反应，只知道它发生了，我的心被翻转过来，重新焕发了活力。信心的浪潮，汹涌而来，将我席卷。现在，我感觉或许经过一番努力，我还是能在这个世界上获得机会的。我永远无法向你解释清楚，你的书对我有多重要，我的心里充满着怎样的感激和爱。"这本书给他带来欢笑与喜乐，也带来感动的泪水。这名水兵说，尽管"对一个身经百战的铮铮男儿来说，为了一部小说而哭哭啼啼，做出这么'娘儿们'的事，是很少见的……对此，我不觉得羞愧"。这样的眼泪证明，他还是个正常人。

"今天晚上我没法入睡，"最后他说道，"除非我向作家袒露心声，因为她使我的灵魂获得了重生。"

二战中的美国军队基本上由平民军人组成——直到珍珠港袭击事件发生前，人们对参战毫无概念。很多人志愿参军，其他人则选拔而来，这些对战争毫无准备的人们，面临着仓促草率的训练、极其简陋的装备、没日没夜的行军以及一大堆烦恼和恐惧。他们在战场经历了各种惨状以及某些超乎想象的暴力、毁灭的场面，没有任何一种训练能够让他们从容应对这些状况，医院治疗的人越来越多，这种医院遍布世界各地。周围发生的一切不断提醒士兵们,死神近在咫尺。正如一位士兵所说:“早上跟你一起进餐的人,晚饭时可能已被埋葬。”在当时,这种惨况比比皆是。

这场战争给参战者的身心带来巨大的创伤。步兵艰难地趟过漫无边际的沼泽地,在狙击手的火力下缓慢前行,在灌满雨水的“舒适”掩体入睡——远处不时传来迫击炮呼啸的“催眠曲”,耳边还鸣响着各种昆虫的飞舞声。他们满身泥土,看着又湿又脏,表情惴惴不安,一副无精打采的模样。他们冒着严寒酷暑行军、战斗,随时面对着疟疾、斑疹、伤寒等传染病的威胁,在枪林弹雨中冲锋陷阵。这就不难理解,为什么他们叫自己“该死的步兵”。

空军也好不到哪里去。B-17 航空堡垒、B-24 解放者、B-25 米切尔、B-26 掠夺者以及 B-29 超级堡垒等轰炸机上的飞行人员,面临着一系列危险:在飞机平稳飞行时,高射炮可能射穿机身,留下累累弹痕;陷入突如其来的空战;眼睁睁看着战友中途受伤而痛苦不堪甚至死亡。在没有暖气的飞机上长途飞行时,他们忍受着零度以下的严寒,四肢变得疼痛难忍,直到麻木。待他们安全返航,正准备松一口气时,却往往传来战友未能返航的噩耗。当时有许多飞机坠毁,有的因耗尽燃油,有的在平地就失事撞毁。B-24 和 B-26 轰炸机,因此而获得“空中棺材”和“寡妇制造者”的绰号。

海军也有他们自己的问题。在茫茫大海航行,从闪闪发光的船上观察世界各地,士兵们最初的激动,很快就因成年累月地与世隔绝而冷却下来。“孤独”与“厌烦”被赋予了新的含义。同时,敌方潜艇无时不在的威胁，或者敌机逐渐接近的声音，甚至是最勇敢的水兵也会惊慌失措。在公海上巡洋舰或驱逐舰无处藏身。当袭击的“音乐”响起，它们就像打靶场里的鸭子任人宰割。

战火中的日子难熬，压力令人窒息，回家的梦想经常成为泡影。烽火连三月，家书抵万金，在恐怖的战争中任何能让人稍感安慰的东西，都弥足珍贵。扑克游戏、游戏拼图、音乐以及偶尔举办的体育竞赛，帮助人们度过那些等待行动或入睡前的时光。然而，书信来往常常毫无规律，令人沮丧——有时候要长达四五个月才能到达；经过一整天的训练或战斗，游戏并非总能令士兵的精神振奋。为避免士气低落，军队还需要一些切实可行的娱乐方式，以便使人们暂时逃避战争的苦痛。

军供版图书的故事令人难忘——这是一种便携式、易获取、流传广的平装书，比如《布鲁克林有棵树》，它让一位年轻的水兵如此感动，居然给作家贝蒂·史密斯写信倾诉。军供版图书无处不在：战士们排队打饭、等待理发时，受敌军炮火压制躲在掩体里时，等待执行一项没有危险的飞行任务时，都在阅读这种版本的图书。它们如此大受欢迎，一位水兵评论道：“如果有人的裤子后袋没有鼓起来，那是因为他没有穿制服。”在所有前线，军供版都是士兵所能得到的可靠的消遣读物。无论何时，只要士兵愿意，它就是解除焦虑的灵丹妙药，能够减轻军旅生涯的厌烦感，带来一点笑声、一丝灵感或一线希望。每当这个时候，他只需打开一本军供版图书，读一读其中的文字，这本书就会把他带向另一个世界。不管图书多么陈旧，士兵们严格遵守着互换图书的纪律。有时图书可能被弄脏了，有些页码被扯掉或脱落了，但这本书还在继续流通。正如一位水兵所说的，"把书扔进垃圾桶（的行为），就像殴打你的祖母一样令人难以容忍"。

读书不仅仅是为了娱乐和消遣。在反击阿道夫·希特勒的"意识形态之战"时，图书也是最为重要的武器。纳粹德国不但想控制人民的身体、侵占别国的领土，还试图控制人民的信仰。从1933年德国政府实施的焚书行动，到遍及欧洲的纳粹占领国图书馆"大清洗"，"非德意志"读物一度濒临灭绝。图书销毁的规模之大，令人印象深刻。到第二次世界大战欧战胜利纪念日（1945年5月8日），人们估计，德国在欧洲销毁了1亿册图书。

军供版图书的故事几乎未被披露过。它是一项惊心动魄的成就。美国政府为军人免费提供了超过1.2亿册图书，以确保美国的战士获得精神方面的装备，带着图书上战场。

美国士兵衣兜里揣着图书，向诺曼底海岸发起猛攻，朝莱茵河挺进，解放了欧洲；他们从太平洋的一个死亡之岛跳到另一个死亡之岛，从澳大利亚的海岸进攻到日本的后方。有些人读书是为了记住他们离开了的家乡，有些人则是为了暂时忘记周身所处的地狱般的环境。图书激发了他们的思想，使他们原本疲倦的心骤然振奋。正如那封写给贝蒂·史密斯的信所说，图书既有安慰人的力量，又让人对未来充满新的希望；当人们无处逃避的时候，图书可以成为暂时的避难所。对于美国的许多战士而言，图书是他们最重要的武器。

二战结束后，触手可得的大众平装书，与《退伍军人权利法》一起，促成了"文化中产阶级"的形成，使阅读扩散到更为广泛和民主化的群体。战时图书项目让《了不起的盖茨比》步入经典行列，使许多作者与成千上万的士兵成为笔友，触动了千百万男女读者的心。

笔像剑一样威猛，这便是本书的故事。

目　录

第一章

凤凰再生

要发光，就得忍受燃烧。

——维克多·E.弗兰克尔

1933年5月10日的盛大游行，甚至连弥漫柏林上空的毛毛细雨也无法阻止环绕其中的欢乐气氛。成千上万的学生骄傲地穿着他们的大学校服，举着火炬，穿过雾蒙蒙的街道，向贝贝尔广场走去，那里是弗里德里希·威廉大学与歌剧院之间的主要广场。有4万名观众在广场上集合，注视着即将展开的壮观场面；此外还有4万人随着游行队伍沿途观看。在贝贝尔广场中心，交叉放置的原木垒成了巨大的柴垛，长12英尺[1]，高5英尺，即将点燃。第一批狂欢者到达这里，他们把火炬投入这个特殊的建筑中。蓝色的火焰冲向天空。那是一幅激动人心的景象。很快，原木构成的柴垛发出了巨大的火光。

1　1英尺约为0.3米。——译者注

与此同时,汽车组成的游行队伍正沿着贝贝尔广场边缘蛇行。一些学生在汽车和燃烧的火焰之间组成了一道有序的隔离线。当一位学生钻进第一辆汽车,从里面的书堆中抽出一本书时,大家只是静静地看着。随后,那本书便沿着那道隔离线传递,从一个人传到另一个人的手中,最后抵达最接近火堆的那位学生手里,他猛地把书投进火海。人群爆发出阵阵欢呼。就这样,一本接一本的书,很快都变成了火焰。有些学生双手抱着一堆书,在汽车和火焰之间缓步行进,每次他们经过火堆,都在为它增添燃料。

其间,焚书之举被短暂中止,以便一位学生组织者发表有关这次集会的主题演讲。他说,为了纯洁德国文化,必须焚毁所有威胁纳粹民族运动的"非德意志"图书与文献,包括所有犹太人的著作,因为"犹太人在知识方面很有力量,但在血统方面非常软弱……他们无法理解德意志思想的存在,也不尊重它,因此,势必对德意志精神产生危害"。通过根除这些冒犯性的著作、与德国进步相左的思想,将使德国变得更加强大。当焚书行动继续进行时,另一位学生开始宣布被焚图书的作者名单,并向人们解释为什么他们的思想对德国有害。西格蒙德·弗洛伊德因篡改德国历史、贬低德国伟人的罪名遭到声讨。埃米尔·路德维希因其"在文学方面的卑劣行径和背叛德国"而受到批判。埃里希·玛丽亚·雷马克因诋毁德语以及爱国信念而遭到谴责。作者被一个接一个地点名,图书被一本接一本地焚烧,人群欢声雷动,似乎他们正在观看一场体育盛事。这项活动持续了几个小时,直到深夜。

尽管有一种传言,焚烧图书是由一个狂热的学生组织独立策划的,但事情非常明显，纳粹党对此大加赞赏，“国家宣传部长”保罗·约瑟夫·戈培尔[1]博士亲临现场，还发表了即兴演讲。戈培尔掌管德国文化部（the Reich Chamber of Culture）——这是管理德国的文学、出版、电台、戏剧、音乐、艺术以及电影等事务的部门。他利用自身的影响去塑造德国社会，使之适应希特勒的意识形态。戈培尔对政治上追求进步的作家保持着高度警惕，因为他们往往支持反战主义、社会主义、改革以及性自由等思想。大凡涉及这类主题的图书，都会被纳粹销毁。

当戈培尔登上纳粹讲坛的时候，他宣布“犹太人的唯理智论已经消亡”，“国家社会主义开辟了新的道路”。他向眼前的观众做了一个手势，继续说道：

> 德意志民族再一次能用自己的思想表现自己。这些火焰不仅仅宣告了旧时代的终结，它们也照亮了一个新时代。我们的年轻人，以前从来没有获得如此美妙的权力去铲除旧时代的垃圾。如果老一辈的人不能够理解现在正在进行的事情，那么，让他们明白我们年轻人……做过了的这一切吧。
>
> 当旧时代在火焰中毁灭，新时代将从我们心灵的火焰中诞生！

戈培尔演讲之后，《全民武装起来》（*The Nation to Arms*）这支歌曲把当晚的气氛推向了高潮，学生们又将大量的图书抛入火海。

1　保罗·约瑟夫·戈培尔（Paul Joseph Goebbels，1897—1945），纳粹党宣传部部长，纳粹德国国民教育与宣传部部长，被认为是“创造希特勒的人”。——译者注

为了确保柏林焚书事件能够引起广泛的关注，纳粹当局对此进行了电台直播，还将其拍成电影。不久，整个德国的电影院都播放了柏林当晚的篝火晚会，还配上了评论，向观众解释那些有害的图书如何侵蚀德国的价值观，以及为什么必须被消灭。随着焚书信息的广泛传播，又发生了 93 场焚书活动，每场活动都吸引了众多观众和媒体的高强度报道。基尔大学的学生搜集了 2000 册他们认为对德意志精神有害的文学类图书，搭起了一个巨大的篝火堆，还邀请公众到现场观摩焚书。在慕尼黑，学生们从大学图书馆搜出一百年来的多卷本图书，在当众焚烧之前，还举行了独特的火炬游行。在慕尼黑的另一场活动中，5000 名小学生一起焚烧马克思主义的文学作品，他们被教育："在观看大火焚烧非德意志的图书时，也燃起对祖国的热爱之情。"在布雷斯劳市，一天之内就销毁了价值 5000 英磅的宣扬异端邪说的图书。

随着"焚书运动"在德国蔓延，纳粹又将目光瞄准了一切反纳粹思想的同情者。只要被怀疑包含了对德国有害的思想，图书就会遭到审查；一旦发现任何有异议的内容，惩罚马上降临。有人甚至从此消失。这种歇斯底里情绪无声地扩散着，很多人先发制人地销毁那些可能有问题的文献及著作。根据一项报告，当地一位妇女在得到一个小小的建议——应该确保她的家"真正干净"的时候，她便"立即烧掉家里的书及有字的纸张，紧接着第二天她家就遭到了搜查"。纳粹公布那些应该焚毁的图书名单，作者包括卡尔·马克思、厄普顿·辛克莱、杰克·伦敦、亨利希·曼、海伦·凯勒、阿尔伯特·爱因斯坦、托马斯·曼和阿尔图尔·施尼茨勒等。

海伦·凯勒给全体德国学生写了封慷慨激昂的公开信，表达自己的震惊——她不相信印刷机的诞生地竟然变成了这项发明的后代（指图书）的火葬场。她批评道："如果你们认为思想可以杀死，那么，你们丝毫没有从历史中吸取教训。过去的暴君经常这样做，然而思想同样在他们的强权中升起，最终战胜了暴君。""你们可以烧毁我的书，烧毁全欧洲最优秀的人写的书，但是，他们的思想已经通过千万种渠道传播出去了，并将继续鼓舞其他人。"

许多人声援凯勒，共同谴责德国的年轻人。诺贝尔奖获得者辛克莱·刘易斯谴责焚书运动说，那些被焚毁的书是"过去二十年来德国人所写的最高贵的书"。他进一步指出，那些被扔进火海的图书作者，除了"感到'满意'外，不会有别的感受，因为他们无意中收到了来自一群貌似有组织的乌合之众的'致敬'"。在伦敦，H.G.威尔斯针对纳粹的行为，发表了一个充满反讽意味的演讲，对像凯勒那样拥有同样情绪的人作了回应。焚烧图书"从来都消灭不了书"，威尔斯说道，"书一旦印刷出来，就拥有了超过任何人的生命力，而且它们一直在发声，似乎什么都没有发生过"。他继续说道："在我看来，正在德国发生的这一切是愚蠢之人发动的反对思想，反对理智及图书的笨拙的革命。"尽管他承认自己在英国也没有安全感，并且相信终究有一天作家会被私刑处死，或被送进集中营，一旦他们图书中的危险因素被发现。但他从一种信念中获得了安慰。威尔斯指出："在历史的长河中，图书必将是赢家，愚蠢之人终将被人们甩在脑后，理性的判决会对这些叛乱者的所有聒噪与咒骂进行清算。"威尔斯在抗议德国人的同时，还采取行动，为面临危险的图书提供庇护。通过与其他作家的合作，威尔斯建立了遭到禁毁书籍的图书馆（the Library of Burned Books，以下称为“遭焚图书馆”），于 1934 年春在巴黎开馆。该馆收藏了所有被纳粹禁止或焚毁的图书，并且对德国难民和觉得自己藏书不安全的人捐赠的图书提供安全保障。

美国评论家也表达了他们的反对意见。一家报纸评论说，事情似乎显得很不协调，在很长时间里大学是德国的光荣，现在却变成她的耻辱。《纽约时报》把德国的行为称为“文学大屠杀”，并且评论道：“国家意志以这种方式呈现，显得愚蠢和不知羞耻，表明群众运动的狂热和非理性。”《时代周刊》把这个事件当作“焚书狂”（bibliocaust），并且报道了那些可怕的细节，包括在罗马广场——法兰克福中世纪时的市场——焚烧图书时，人们一边把图书投入火中，一支乐队还在现场演奏着肖邦的《葬礼进行曲》。许多美国人公开举行集会，以示抗议——纽约有 8 万人，芝加哥有 5 万人，费城有 2 万人。

德国，一个有着良好教养的国家，以哲学家和思想家而闻名于世，怎么能容忍图书馆大清洗、图书大销毁这样的行为呢？这些行动并非独立的事件，而是阿道夫·希特勒精心策划的计划中的一环，他要操纵德国文化，以适应自己的政策和教条。一旦希特勒获得了权力，他便通过法律迫使人们服从自己的新秩序。比如，1935 年，希特勒所写的《我的奋斗》变成了国家强制推行的读物，该书被制作成小册子，送给所有结婚的夫妇，并作为教科书在德国所有学校使用。

希特勒对改变德国的文化机构以便支持他的政策等的努力，远不止焚毁图书。希特勒努力制造出一种印象：只有血统纯洁的德国人在文化艺术方面的贡献才值得在博物馆中展出。他还创造了一个新的假日，即德国艺术日（the Day of German Art）。在主持节日活动的那天，他宣布什么样的作品可以展出，并给他认为符合意识形态的那些作品颁奖。此后，他决定在展览馆中哪些位置展出哪些作品，并且给每部作品定价。那些有助于强化他脑中德意志幻想的作品会在突出的位置展出，价格也会相应提高许多。博物馆同样被希特勒和戈培尔"纯洁化"，那里禁止展出犹太人的作品，禁止展出被认为低下的、不纯洁的德国人的作品。通过限于展出那些表现雅利安种族的造诣的作品，希特勒的目的是要制造这样一种印象：只有他们才能够给德国带来光荣。

教育体制被重组，以反映希特勒的意志。就在柏林焚书的同一天，德国内政部长威廉·弗里克博士，对德国学校的管理者发布命令，要求他们改变教育制度。他命令"应该按照祖国和历史"来培养学生——"要特别突出最近二十年的成绩"，要根据"种族科学、遗传以及基因科学"来教育学生。至于后者，弗里克解释说，学校必须"始终如一地警惕日耳曼人中的外来血统，特别是犹太血统和黑奴血统，必须坚决防止它们的渗透"，因此"种族生物学这门课程必须揭示出不同种族的心智和精神特征，必须对学生说明种族退化的危险性"。在弗里克的指导下，学生被灌输，"纯洁的日耳曼种族优越于其他民族"。与此同时，犹太人以及左倾知识分子遭到解雇，在一些学校中，职位空缺率高达33%。

希特勒甚至还利用电台和电影向边远地区传播他的思想。纳粹将广播电台当作宣传元首命令的有效工具,以确保人们服从希特勒。戈培尔努力使昂贵的收音机成为大众买得起的商品,以便德国的所有家庭都能够听到希特勒的声音。德国的电影制片厂被迫制作包含政治宣传的娱乐片,希特勒、戈培尔亲自参与制片工作,以保证他们的德国梦想能够充分地反映在电影幕布上。戈培尔行使着极大的权力;他不但审查电影脚本,禁止制作“非德意志”的片子,还审查那些已经制作完成的片子是否有播放价值。当公众批评德国制片厂制作的电影中充斥着无聊与叫嚣时,戈培尔便斥责电影批评家,责怪他们在评论文章中引用了这些观点。1936 年,电影评论被官方宣布为非法行为。

到 1938 年,纳粹查禁 18 类图书,包括 4175 本书,565 位作家的所有著作,这些作家大部分为犹太籍。然而,令纳粹十分沮丧的是,仍有部分犹太籍作家的著作被保留在书架上。德国报纸刊登了激烈的文章,对大量的暗箱操作导致犹太作家的影响继续存在的现象进行指责。德国的图书管理员被迫仔细地整理他们的馆藏图书,以确保与希特勒的政策相左的图书全部被清除。

就在那一年,纳粹的视线从图书转移到了人民身上。1938 年 10 月 18 日,希特勒将国内超过 1.2 万名的波兰人驱逐出境。然而只有 4000 人获准进入波兰,剩下的几千人滞留在德国和波兰边境一带。1938 年 11 月 7 日,法国有一位年轻的犹太人赫歇尔·格林斯潘,得知他的家人滞留在边境,没有食物和住所,便怒不可遏地冲进德国驻法国巴黎大使馆,向德国外交官恩斯特·冯·拉特开枪射击。

这一意外事件在德国引发了一波反犹太恐怖主义浪潮。到 11 月 9 日，枪杀外交官的新闻已经在德国开始传播，柏林爆发了反犹太暴力的游行示威。人们成群结队地在城市里漫游，用铁棒或其他武器砸破商店的橱窗。商铺被洗劫一空，商品被扔到街道上，抢劫者像秃鹫那样朝犹太人经营的商店冲去。据《纽约时报》报道，大批看起来像是纳粹组织和政府工作人员的年轻德国人，肆意破坏犹太人经营的商店，还像旁观者那样嘲笑取乐。到第二天，至少有 91 位犹太人惨遭杀害。在柏林，几乎所有犹太人经营的商店都被毁坏。11 所犹太会教堂被焚烧，无数的教堂图书和摩西五经典籍被销毁，成千上万的犹太人被关押、送进集中营或者被迫自杀。1938 年 11 月 9 日演变成历史上著名的“水晶玻璃之夜”事件(the Night of the Broken Glass，德语为 Kristallnacht)。

由于外国媒体要求德国对此事件进行回答和解释，戈培尔做了进一步的澄清。据《纽约时报》报道，戈培尔承诺将“公开制裁席卷德国的恐怖主义、破坏和纵火浪潮”，甚至承诺“会制订更广泛的反犹太人的法律，以解决犹太人的问题，在某种意义上使德国的犹太人状况与大众的反犹太情绪一致”。“德国人民对巴黎‘怯懦的凶杀事件’的反应”，标志着“国家紧跟着它的健康的直觉”，戈培尔说道。他坦承自己同情骚乱者一方，并且发誓平息所有来自国外的批评。他威胁说，德国的犹太人要为在海外发表的所有谎言和夸张的报道付出代价。至于那些在袭击事件中的受害者，戈培尔说：“如果我是一个犹太人……我会保持沉默。犹太人只有一件事可做——闭嘴，别想对德国发表任何进一步的言论。”

“水晶玻璃之夜”事件在德国内部并未激起多少愤怒的情绪。希特勒的政策开始于1920年代后期，那时他已经为默许这种明目张胆的迫害做好了铺垫。此后很长一段时间，德国人一直在诋毁犹太人对德国社会文化的贡献，纳粹已经造成了一种气候，即认为对犹太人施暴一般会得到宽恕。

然而，美国人发现德国赤裸裸的反犹主义政策令人震惊。新闻报纸铺天盖地地刊登表达关注和不信任的来信。比如，一封来自明尼苏达州圣保罗市的信中写道，“这种恐怖主义的强烈程度及其严重性令人难以置信”，并且“对杀死小职员采取的这种大规模的报复方式也是不合法的。因为一位青年人的过激行为造成的犯罪而对该民族进行报复，这明显是回到了野蛮时代”。一位圣弗朗西斯科市民写了封信给本市的《编年史》杂志，说道，很奇怪，“一个疯子竟然能将自己盲目的疯狂传染给整个充满智慧、理智，本质上友善的民族”。在波士顿，一位作家在《先驱论坛报》评论道：“现代文明最高贵的形象，对人类生命的尊重，在德国社会中被暂时抛在一边。”这位波士顿人继而评论道：“（尽管）德国国内的事务与他国无关……她的某些行为却如此反人类，显示了文明的巨大倒退、人类精神的严重退化，无论在任何地方，只要不表达反对他们的态度，便等同于对他们的支持。”

1939年9月1日，德国对波兰宣战。英国和法国根据条约被迫对德国宣战。然而，当德国军队冲进波兰，法国和英国最初遭到的不是军队和大炮的入侵，而是语言上的入侵。希特勒的心理战术为德国后来的迅速胜利铺平了道路。

英、法两国深知，继波兰之后他们会遭受攻击，但是相对而言法国更容易受到攻击，因为它与德国之间有漫长的边界线。希特勒运用电台电波对法国进行渗透，为进攻法国做准备。德国雇用了法国籍的播音员，诱惑那些毫无疑心的听众去收听极富娱乐性的广播剧和流行音乐。许多听众忽视了其中隐蔽的政治宣传。广播评论员表达了对德国军队的优势地位和战斗力的担忧，并且预言法国无力抵抗进攻。希特勒的电台节目植入法国人心中的这种怀疑被迅速传播。艾德蒙·泰勒，《芝加哥论坛报》的一位通讯记者，这段时间刚好生活在法国，他见证了希特勒精心设计的这场政治宣传战，见证了它是如何粉碎法国人民的决心的。泰勒将其描述为“恐吓策略”，他报道说，德国运用了大量的政治宣传，甚至贿赂法国的报纸，使其刊载那些暗含德国优越性的故事。根据泰勒的报道，德国的心理战“在法国人心中埋下了畏惧的念头，这种念头像一种怪异的癌症那样迅速扩散，吞噬着其他控制情绪的器官，形成非理性的恐惧……一时无法控制”。法国人的信心就这样被削弱，这种事情就像法国测试其防空报警系统时引起恐惧的波澜一样无伤大雅；唯一讽刺的是这种入侵策略强化了法国人毫无疑问要被打败的观念。尽管法国政府亡羊补牢，发起意识形态方面的反攻，誓言捍卫自由，但这就像告诉公民要免遭飓风的袭击就必须打开一把伞一样，收效甚微。当这种入侵最终到来的时候，法国在六个星期之内就宣告有条件投降。通过类似的方式——在入侵敌国前摧毁他们的信心，希特勒相继打败了波兰、芬兰、丹麦、挪威、比利时、荷兰以及卢森堡等国，加上法国，都在同一年。欧洲超过2.3亿民众，他们一度是属于自由世界，此刻全部屈服于纳粹统治之下。

随着法国屈服于它的命运，向德国投降，希特勒决心向世界传达一个强有力的信息：他正竭尽全力，试图一雪德国军队在第一次世界大战中遭受的耻辱。法国的失败是一次展示德国军力、威胁那些即将被德国入侵的国家的好机会。

1940年6月17日，希特勒会见了法国傀儡政府，签订了正式的停战协定。希特勒利用一切戏剧手法来纪念这一活动，他在法国贡比涅森林菲迪南·福熙将军的私人列车上时，坚持重现德国在第一次世界大战中失败的场面。那列火车被法国博物馆收藏了很久；根据希特勒的命令，有人将车皮移至1918年11月9日时它所处的准确位置。显然，希特勒这回达到了羞辱法国的目的。希特勒亲自对法国政府提出了投降的条件。在戏剧元素设计好之后，希特勒命令将福熙的列车和纪念碑转移到柏林，这本来是纪念法国在第一次世界大战中取得胜利的纪念碑，纳粹将其安置在柏林一处博物馆中，以纪念他们战胜莱茵河对岸的长期宿敌。

一旦某个国家败给德国，纳粹便花费巨大的精力重塑该国的文化、历史、文学、艺术、传媒以及娱乐等领域的概念，以便巩固和强化希特勒的权力。通常，他们想推倒的第一根支柱便是图书馆。希特勒成立了“国家领袖罗森贝格任务小组”（Einsatzstab Reichsleiter Rosenberg，简称“ERR”）这个组织，以便没收他一直渴望着从占领区获取的图书和艺术品。这些东西是为战后筹建一所纳粹大学准备的。相反，对于不喜欢的书，他们便将其付之一炬。在东欧，ERR 焚毁的档案馆多达 375 所，博物馆达 402 所，学院达 513 所，图书馆达 957 所，真是令人吃惊！据统计，纳粹销毁了捷克斯洛伐克和波兰近一半的图书，在俄罗斯销毁了 5500 万册图书。被占领国家的图书馆改组后对外开放，以便为纳粹宣传服务。纳粹要求波兰的图书馆按照国家社会主义路线重建，体现德国化的进程，补充一些经纳粹认可过的文学作品，清除所有不受纳粹欢迎的图书。在波兰战败后，新近出版的德国图书被展示出来，目的是向公众宣传德国的成就。当法国失败后，德国的第一个行动便是发布“伯恩哈德清单”（Liste Bernhard），明确禁止 140 种图书。1940 年 9 月，德国纳粹公布了一份内容更广泛的书单，1400 本图书遭禁。巴黎的很多图书馆被迫直接闭馆。尤具讽刺意味的是，H.G.威尔斯的“遭焚图书馆”被纳粹占领分子小心地保存下来。根据图书馆秘书长阿尔弗德雷·康托维奇博士的描述，尽管“实际上外国人不可能获准使用那些图书”，德国人还是小心戒备，把那些图书“妥善地保管起来”，德国人可以查阅它们。希特勒对图书馆的意图变得十分明显，以至于整个西欧的图书管理员和馆长都抢先一步采取措施，把他们视为珍宝的图书转移到洞穴或边塞去，希望隐藏和保存他们宝贵的馆藏。

根据美国报纸对希特勒的文化攻击的报道，他们开始将战争描述为两条战线或两个维度。一位记者解释道：“在同一时间有两场严肃的冲突：一场是一个民族对另一个民族的直接的冲突，另一场则是在意识形态、政治、社会以及经济层面上的冲突。”另外的一些描述则认为战争包括物质和精神两个层面，分别在战场和图书馆两个地方进行。不管人们使用何种术语,他们的看法是一致的,即战争不仅仅在战场上进行,一个民族信奉的理想也同样受到了攻击。希特勒试图消灭的不仅是军队,而且是人民追求的民主和自由。人们把战争的这个新的迹象理解为“全面战争”。

尽管德国军队距美国本土还很遥远,美国战势有所缓和,但是很显然,希特勒的理念能触及更远的地方。正如他将军队派到法国前先通过广播电台入侵法国一样,早在有人建议美国参战之前,德国就已借助电台对美国发动了思想攻势。20 世纪三四十年代期间,电台波段主要是覆盖全球的短波波段。德国(在日本的帮助下)电台节目每天播放 18 小时,可以传递到北美;针对美国的思想战争已然启动。如果美国像法国那样遭受重创,那么,德国用很小的力量便可以打败美国。

为了使它对美国的宣传变得更加受欢迎,德国官员到处寻找美国移民,雇他们做广播员,以便他们的口音能够掩盖他们对希特勒的忠诚。为了获得一些小恩小惠的配给券——这类配给券通常只分发给德国公民,以及在日益不稳定的德国获得保护,有些美国人加入到了这类播音员的行列中。爱荷华州出生的弗雷德里克·威廉·卡尔滕巴赫和伊利诺伊州出生的爱德华·利奥·德兰尼便是第一批主持德国电台节目的美国人。后来,播音员换成臭名昭著的米尔德里德·吉拉尔斯,她还有个更广为人知的名字——爱克斯·莎莉[1],专门传达纳粹最重要的宣传主张。

1 原文为 Axis Sally,Axis 亦有“轴心国”之意。——译者注然而,这场思想战争没有产生多大的效果。美国媒体轻而易举地揭露出德国电台的真实意图。《纽约时报》报道说,德国的广播电台是经过周密安排的,他们原样复制了美国典型的广播节目形式:播放新闻、演奏音乐以及呈现广播短剧。然而,当国内广播电台某些频段包括了销售肥皂和早餐麦片节目的时候,《时代周刊》却警告说,德国出来销售它的战争观点了。

除了号召发动政治宣传战役,有些美国人还讨论到了反攻。法国的迅速失败,证明了德国的电台宣传运动是多么有效。这时,美国图书馆协会(ALA)通过行动传达了响亮的呼声。图书管理员们感到义不容辞,必须阻止希特勒随后对美国发动战争的想法。他们根本不想看到自己的书架被清洗,也不想看到图书遭焚毁,他们也不想坐等战争从言论变成现实。正如一位图书馆协会会员1941年1月观察到的那样,希特勒的目标是"消灭思想……即使是非参战国人民的思想也一样"。

1940年下半年到1941年上半年,整整一年的时间,图书管理员都在争论如何保护美国的精神免遭德国人无形的思想攻击。"焚书"在欧洲已经成了一个梦魇。美国图书管理员得出结论:最理想的武器与装备便是图书本身。通过鼓励美国人阅读,德国人电台宣传的影响力将会淡化,并且他们的焚书之举将会适得其反。当希特勒试图通过摧毁"文字的世界"来加强他的法西斯主义时,图书管理员则要求美国人读更多的书。用一位图书管理员的话说,如果希特勒的《我的奋斗》能够"激起千百万人的不宽容、压制以及仇恨,那么,难道我们不会找其他的书来号召千百万人与之对抗吗"?

1933 年 5 月 10 日晚上，戈培尔在柏林演讲，他宣布，“新精神的凤凰”将从他面前燃烧的图书余烬中“冉冉升起”。当戈培尔说这些话的时候，他似乎在想象德国民族主义、法西斯主义以及纳粹主义思想从图书的残骸中放射出来。

在戈培尔演讲后十年的时间里，人们对民主和自由的全新奉献精神从灰烬中升起了。从这些被烟熏火燎的图书灰烬中，人们生发了一种努力传播思想的信念，这些思想也包括在那些焚毁的图书中。很快，由于美国图书管理员们的努力，图书馆、百货商场、学校、电影院等地方，图书又堆积如山——不是用于焚烧，而是捐赠给美国现役军人。许多原本是竞争对手的出版公司都团结起来，聚合大家的资源，发挥自己一技之长，为美国军人提供成千上万册图书。这些图书的主题包罗万象，涵盖了方方面面的观点。从烈火的余烬中，图书将得以复兴并更加兴旺。

第二章

价值 85 美元的衣服，睡衣除外

在管理、训练及操作的所有阶段，要尽一切努力将信息通知到位。让美国士兵对一切事情毫无所知，这将严重地激怒他们。

——军队基地手册

1939 到 1940 年间，欧洲到处战火纷飞，这时，大多数美国人反对卷入战争。1940 年 6 月，一份最新的盖洛普民意调查[1]显示，仅有百分之七的美国人赞成直接对德国宣战。不过，很多人明白美国可能别无选择。就在同一个月，《纽约时报》连同其他几份主要的报纸，都赞成一个不受欢迎的观点，即美国需要立即实施全国性的义务军事训练制度。《时报》解释道：

史上最强大的机械化部队（指纳粹德国军队）如今正在攻打

1 著名的民意调查法之一，1935 年因创始人 G.盖洛普而得名。——译者注巴黎。我们必须切实地考虑到,一旦德军获胜会产生怎样的后果。如果我们对此有所警惕,那么,我们必须面对一切显然可能发生的最坏的结果。最坏的结果是,法国战败并从战争中出局;由于在佛兰德斯没有得到及时的军需补给,英国在1940年已无法自卫;希特勒变成了整个欧洲的主人,他要么占据英国的舰队,要么占据德国、挪威、比利时、英国以及荷兰的造船厂,而这些造船厂的规模是我们的好几倍。

文章说道,希特勒宣称他自己是民主的敌人,并说美国是这些民主国家中最强大、最富有但最软弱的一个。此外,希特勒的"整个战略在他的对手做准备之前,就已经昭然若揭",这已经不是什么秘密。

美国是他的敌人,或者他期待他的军队和美国军队正面交锋,希特勒从不掩饰这一点。1940年12月,希特勒在柏林一家生产高射炮的工厂发表演讲,他称美国、英国以及法国为"富有国家",而德国是被人欺负的"贫穷国家"。然而,他并非只想着为德国在第一次世界大战中的失败报一箭之仇,他对未来有一种憧憬。他说:"有两个发生冲突的世界,有两种生活的哲学……它们势不两立,其中一个必须垮台。"1940年,美国只有一支十七万四千人(人数与1939年不相上下)的军队,军力薄弱。不管人们支持与否,征兵势在必行。1940年夏天,当国会着手立法工作之时,总统富兰克林·罗斯福一次又一次地提醒国民,不管人们多么漠不关心,为了保家卫国,必须征兵。

1940年9月,国会通过了《选征兵役制法案》(*the Selective Training*

and Service Act）。根据此项法案，大约有 1650 万年龄在 21 岁到 35 岁之间的人须应征入伍（后来的修订案将年龄段延至 18 岁到 50 岁之间）。1940 年 10 月 16 日，兄弟、丈夫、儿子、男友、叔叔、朋友以及邻居都走出家门，成群结队地赶往全美国各地的登记中心注册。尽管有人担心孤立主义者会出来闹事，或者和平主义者会出来阻止登记进程，结果却出人意料地顺利。纽约市有 991 000 位男性公民完成了兵役登记。据报道，只发生了两起逮捕事件：一起源于两位男性争执谁应该先登记，另一起则是由于一位男性在大厅里为登记做准备花了太长时间。此时距大选之日还不到一个星期，有人预测选择这个时间处理征兵法案的实施，可能会使罗斯福与下一个总统任期失之交臂，但事实并非如此。罗斯福不仅在美国历史上推出了第一部和平法案，迈出了史无前例的步伐，而且在这个进程的一周之内，他便以无与伦比的优势赢得了第三个总统任期。

为了容纳新应征入伍的几十万平民新兵，美国军队计划建设和装修 46 个新的训练场所。然而，由于直到 1940 年秋季联邦政府基金才批准了这项计划，这期间军队处在一个很独特的局面中，即一边招募并训练人员，一边获得一些基本的供应，并建设一些满足招募人员和训练所必需的军营。这一工作具有里程碑式的意义。正如一位历史学家指出，“土地被清理了，山峰被削平了，山谷被填平了，大树被连根拔掉了，道路被铺平了，排水道赶在营房、洗衣房、办公楼以及打靶场修建之前都安装好了”。据估计，营房建设约需要 400 000 名劳工，908 000 加仑[1]涂料，3500 车钉子，1000 万平方英尺[2]的墙板。

先征兵，然后才建设营房，这种做法极大地挫伤了新兵们的士气。第一批派往新营房区的士兵很难相信军队缺乏准备到如此程度。他们所到之处，是广阔的不毛之地。尽管工人们发了疯似的修建温暖的营房，很多地方的营房仍然不够，对于那些在一年中最寒冷的时节应征入伍的士兵而言，这尤其令他们沮丧。在营房修建之前，军队为士兵提供了过冬的帐篷，一顶帐篷里住着六名甚至更多的士兵。每个夜晚，士兵们身边睡着的都是陌生人，寒冷刺骨，他们就这样伴着怒吼的寒风入眠。思乡之情在军营中蔓延开来。

军队里缺的不仅仅是新兵的营房。事实证明，甚至第一次世界大战期间创建的一些设施都没有准备好。一位被派到阿拉巴马州的麦克莱伦堡的士兵，把那个地方描述成“地狱之窟”（1917 年，那里曾经是步兵训练营地）——“肮脏不堪、臭气熏天以及满是污泥”。军营的每个方面都是临时的和未完工的。所有的人起初都睡在 6 英尺见方的正方形帐篷里，六至八位士兵共用一顶帐篷。每组用一个炉灶供热，但是篷布经常被火花烧出一些洞，因而，大家时常得把小火苗熄灭。同时，营房周围的道路通常被描述成“被清洁过的”，因为道路上遍布许多木桩，正在受训的士兵得按命令把它们移除。还有许多其他脏活儿让士兵干。“你得去拉煤，去拉灰。你得去解开步枪，它们被涂上了很厚的

1　1 加仑约为 3.78 升。——译者注

2　1 平方英尺约为 0.09 平方米。——译者注

油脂，你必须把那些油脂擦拭干净。你得去烧火，去擦地板，把窗户擦得干干净净。”马里恩·哈格罗夫中士在他的著名的军事生活记录中如此说道。哈格罗夫还补充说，有些时候，“你会疑惑，难道自己离开了平民生活就是为了干这些活，你会对新工作感到极为厌烦”。

除营房和设备外，营地甚至还缺少一些最基本的供应。一次，一位士兵到他的训练营部报到，得到了一大堆齿轮，据说是新的训练活动需要的。军需官计划给步兵提供“战斗服，包括：钢制头盔、衬衣、裤子、绑腿、鞋、内衣等，根据天气还有雨衣、外套或大衣……一只干粮袋以及野营餐具、杯子和小水壶、急救箱、装毯子的背包、两人用的军用帐篷、雪杖、插脚、盥洗用品、防毒面具、挖壕工具、浓缩食品、武器以及弹药”。正如一份杂志所讽刺的，军队给士兵提供了“价值85美元的衣服，睡衣除外”。实际上，第一批招募的兵员真正错过的不止是睡衣，还有更多。因为军需官还没有获得卡其布衣服，士兵们只得穿从第一次世界大战以来一直沿用的羊毛制服。

很多军营还缺少技能训练所需的弹药、武器和装备。当士兵们被迫假装把装在锯木架上的拖把柄当作防空炮的时候，他们觉得很愚蠢。在麦克莱伦堡，卡车车身涂上了“坦克”的字样，原木被当作火炮架设着。就连德怀特·艾森豪威尔将军也曾在他的回忆录《欧洲十字军》中回忆道：“部队搬运着木制的加农炮模型和机关枪，只能从一些蓝图中学习我们的某些新武器。”他承认：“这些假武器的使用对这些新入伍的士兵而言，基本上没起到什么正面作用。”

除因为训练场缺乏准备而使士兵士气低落，新入伍的士兵还经历了适应军队生活纪律的痛苦过程。早晨六点,士兵就得慌忙地从床上爬起来,到晚上又要花几个小时学习如何在天寒地冻的条件下行军和演习。当武器和弹药足够训练使用时,部队努力模拟战斗状态。士兵在满是倒钩的铁丝网下爬行,实弹就从头上几英尺高的空中飕飕飞过。手榴弹的爆炸声、步枪开火的声音以及炸药的爆炸声划破天空,虚拟的敌方士兵则从树上掉落下来。士兵还要花更多的时间在教室里观看电影、阅读图表、分析假雷达,学习他们的装备如何运转以及怎样最好地利用装备。他们还经常测试和排名,成绩不好的士兵被转入其他课程的训练。为了表现得更好,总不断有各种压力。高分意味着得到提升、薪饷升高以及社会地位的升高。绝大多数人会尽一切努力,以免因理论课不合格被退回而丢脸。军事训练对士兵的身体素质和文化素质两方面是一个促进。

20世纪40年代早期,绝大多数士兵发现他们在军营周围转悠,对他们而言,从市民到士兵的转变很不容易。尽管报刊把那种经历写得很浪漫,实际上,很多人觉得很痛苦,整天与孤独、隔绝还有忧郁作斗争。

在一天结束的时候,很多人渴望独处和逃离。但是,除非得到休假或离开的批准,否则根本不可能逃脱。在未完成的训练营中,新兵们在休息时间唯一能去的地方便是小分队的帐篷。在他们服役期间,没有任何一点儿机会离开营房。他们发现即使在自由时间,他们也被圈了营房中。这对那些新兵尤其困难。从前的市民想象不到,当他们在军营里接受统一模式的训练,不能有自己的爱好、兴趣时,会感到多么迷惘。在被告知几点起床、怎样穿衣服、吃什么（以及怎么吃）、在什么时候该行军以及什么时候该睡觉这些的时候，他们感到特别不自在。对市民而言，隐私与性是自我享受的，但这不是士兵所有的。在美国海军中的情形也一样。“当你进入到海军中的时候，你便知道，有隐私的日子结束了，在海军中他们是不会让你有隐私的，直到有一天你重新成为普通市民。”詹姆斯·J.华伊在海军生活回忆录中这样说道：“当你吃饭、睡觉、洗淋浴等的时候，你永远处在人群中，你永远不会是一个人独处。”

尽管可得到的资源很有限，音乐（主要是唱歌）和体育运动还是提供了某些消遣。但是这些公共的活动在一些已经建设得较完善的军营是不受欢迎的。根据某人研究，当有选择时，大多数人更愿意把时间花在一些相对独立的活动上——写信、阅读杂志书刊、看电影或者听收音机。仅有16%的人更愿意用训练结束后的时间参加体育运动，5%的人更愿意用来唱歌。对绝大部分人而言，男人们渴望逃跑——从他们训练地的营房逃跑，逃避与陌生人生活在一起，逃避被派遣去参加战争的可能性。

军队领导知道，如果士气没有提升，营房生活质量没有改进，那么，有效的训练是不可能的。比较一下那些已经建好的营房和新建成的营房，会发现两者之间的士兵对训练的态度和热心有着令人惊愕的区别。这种不一致被归结于他们是否得到了娱乐，至少部分原因是如此。在乔治亚州的本宁要塞，士兵对军营生活的满意度通常比较高。训练余暇时，士兵们可以玩台球、扑克、游戏、乐器，进书刊杂志阅览室，那里有一个能够容纳2000人的电影院。当强化训练的课程相同的时候，本宁要塞的士兵们以更加轻松的态度来适应军队生活，在每天的训练课程后他们都能够真正地放松一下，暂时逃避一下军队生活。陆军部总结提出：娱乐和休息也至关重要。

当然，军队正积极争取最基本的供应。不可能立即兴建和配备很多电影院和运动场所，实际上当时人们甚至没有足够的营房供居住，没有足够的枪练习射击。军队需要的是这样一些娱乐活动：小型的、流行的以及能够支付得起的。他们需要图书。

陆军和海军欢迎图书加入他们的行列中，第二次世界大战并非第一次。当然没有其他战争——从前或自此以后——像在第二次世界大战中那样，图书以这样快的速度分发给士兵。

图书出现在前线的第一场战争是美国内战。志愿者组织搜集了一些旧书，甚至一些宗教机构自己印刷了一些书，诸如《士兵袖珍图书》，便是一些微型的诗、圣歌及祷告词手册，基督教长老会认为它们比那些"简便易读的书更令人满意"。不管分发成功与否，抑或选题受到限制，那些被送到战场的图书都备受欢迎。正如一位内战老兵荷马·斯普拉格在内战结束五十多年后仍坚持认为的那样，"战场上的士兵对图书真是如饥似渴"。当然，由于图书的分发工作没有得到陆军部的特别支持，军事总长决定让某人得到图书，某人便成为幸运儿。

在第一次世界大战中，美军的图书服务有了巨大的进步。一些混杂的民间组织——红十字会、基督教青年会和基督教女青年会、哥伦布骑士会、美国图书馆协会以及其他一些组织——担负起向训练营地的士兵提供捐赠图书的工作。数百万册图书被收集起来。这些组织所做的工作普遍得到赞赏，特别是那些得到好处的士兵。陆军少校托马斯·马歇尔·史波丁说，"图书使我们的士兵以及与我们共同战斗的其他国家的士兵感到生活有价值"，并且激起了"美军惊人的战斗精神"。甚至那些在战斗中疲劳了的部队，疲惫、筋疲力尽，通过图书治疗后他们很快便恢复了活力。尽管他们被训练去杀敌，在前线服从无可比拟的残忍任务，图书的出现似乎证明"我们的士兵们还仍然是人类"，斯波丁少校这样说道。

第一次世界大战后，陆军决定把图书也列为训练营中的主题之一。1921年，陆军创办了军队图书服务部，负责当时幸存的228所军队图书馆的维护工作。陆军上校爱德华·芒森当时负责提升美军的士气，他说，"作为教育和指导人的主要媒介，图书不仅被当作有价值的娱乐方式"，同时也是"改善人们的性格和行为的一种武器"。他还补充道，战争"是意志的决斗，而不是单靠武器进行战斗"，图书能使士兵充满精神力量。

尽管这项工作一开始的动机是好的，军队图书服务部很快又不被重视了。因为国家不再处于战争状态，维持每个图书馆的图书采购经费每年都被削减，要获得新的图书项目也不可能。随着美国军事力量的缩减，国家图书部门获准盗取原来军队中最普遍的主题用于更广大的公众领域。结果，当1940年第二次世界大战开始征兵的时候，现存的军队图书馆几乎没有任何令人想要看的书。一些过时了的书实际上根本没有用处，而时下的畅销书一本都没有。新的军营既没有图书，也没有图书馆。军方面临士气危机的问题，它需要教育士兵为什么他们要接受训练，缺乏现代教材使那些更有雄心的士兵难以学习并提高他们的军衔，这时军方又把图书馆馆藏图书的“现代化”放在优先位置。

从 1940 年下半年开始，军队制订了一些计划，为所有的训练营地订购了好几万册图书，修建休闲设施，包括兴建图书馆等。最初的提议是，军方提供有限数量的图书和微型图书馆（包括能容纳 24 人座位的阅览室）。但是多亏一个人的先见之明，这种微不足道的安排在董事会上根本不能获得通过。

雷蒙德·陶德曼是一位三十四岁的预备役中尉，他有图书馆专业的学位，被安排负责美国军队图书馆部门的工作。陶德曼于 1940 年在哥伦比亚大学获得学位，在此之前，他经营过几家书店，了解到了图书业务中商业方面的内容。他还花了五年时间与美国民间资源保护队一起工作，这是一支由美国军队和美国内政部共同运作的队伍。军队技术和图书业专家的这种罕见的组合，使陶德曼成为军队图书部门理想的领导者。无论什么时候出现了问题，威胁到送往军队的图书数量和质量时，陶德曼都会尽力为士兵而战，采取一切必要的措施，保证他们得到想要的图书。由于有了陶德曼的指挥以及坚定的决心，第二次世界大战期间，与军队士气部在 1940 年预想的相比，提供给士兵的图书成倍地增加。

战争部早期确立的目标是为每一个新征入伍的士兵订购图书。实际上,每个单位或训练营地获得的图书的数量都没有达到这一目标。1941年,人数达到或超过五千的大部队获得了一笔丰厚的图书预算金,但是那些少于一千人的部队完全没有获得资金支持。对陶德曼来说,资金短缺完全不能接受。对那些图书储备充足的训练营地的图书使用情况的调查显示,图书循环率是如此之缓慢以至于书中的印章都还没有被擦掉,这真是个奇迹。陶德曼知道他需要做什么工作。他需要为许多训练营地订购几百万册图书。但是他没有钱。

训练营士兵的士气下降,书架上没有图书,这一消息传开了,陶德曼的图书馆同事来帮助他了。从道义和专业的角度意识到他们应该做些事,图书管理员们自愿地主持当地图书捐赠活动,以便把图书集中起来送到附近的训练营地。用1941年纽约图书馆协会图书捐赠活动负责人的话说:“在军中,仅有很少的人可以得到图书。国家图书管理员认为当战士有阅读要求的时候,就应该有书给他们读——所以他们开始认真准备。”乡村地区营地在全美国如雨后春笋般出现,并且得到了人们由衷的欢迎。图书管理员呼吁人们捐赠轻松的读物——小说、喜剧、有幽默感的书以及短篇小说——其他如课本和技术论著也颇受欢迎。地方报纸也宣传这项捐赠活动,帮助传播这样一个信息:在训练营地,图书对于维持士兵的士气多么重要。没过多久,工作人员就搜集到几万册图书。

美国图书馆协会注意到了这些成功的地方性捐赠活动。如果一个图书管理员能够搜集数千册图书,那么,如果全美国的图书管理员都为这一运动努力,会搜集到多少图书呢?在图书馆协会1941年年会上,协会宣布要调查发动一次全国性的图书捐赠活动的可能性。立即有人响应这一主张——那些经验丰富，在第一次世界大战期间从事过图书捐赠工作，或者负责过最近的图书捐赠工作的管理员——对此提出了大量的建议。由于获得了众人一致的支持与信任，图书馆协会便派行政秘书卡尔·米拉姆，到华盛顿与陆军部及海军部工作人员以及查尔斯·塔夫脱会面，塔夫脱是卫生、福利和国防活动有关的办公室的助理协调人（塔夫脱是前总统威廉·霍华德·塔夫脱的儿子）。事后证明，塔夫脱既是这一运动的主要支持者又是阻碍者，他支持全国性图书捐赠活动的理念，但是陆军中校陶德曼已经得到了政府的认可。尽管军队渴望订购足够数量的图书，陶德曼承认，人数少于五千的部队没有足够的资金用于购买阅读材料，所以，如果士兵要全部获得图书，那么，他们不得不通过图书运动来提供。这次会议的结果是，美国图书馆协会获得了政府的批准，发起一次全国性的图书捐赠活动。

大约几个月的时间，一份计划蓝图被制作出来了。美国劳军联合组织和美国红十字会各捐赠50 000美元作担保金，图书馆协会的国防图书活动（NDBC）计划在1942年收集1000万册图书。帝国大厦内的办公室空间是劳军联合组织捐赠的，用作这次运动的指挥部。图书馆协会聘请被誉为“女性图书管理员领头羊”的艾尔斯·沃伦管理这项为期四个月的运动，这是她从洛杉矶公共图书馆的职位上能够得到的最长时间的休假。后来，事实证明，沃伦是这一工作的最佳人选。事实上，她投入了如此多的时间和精力来经营这一运动，她的至交称这一运动是“沃伦的孩子”。

沃伦的人格、职业道德以及图书馆的工作经历，使她能够胜任国防图书活动这项具有挑战性的工作。获得图书馆学位后，沃伦顺利地获得了芝加哥西尔斯罗巴克分馆的工作职位。实际上这个图书馆跟西尔斯的罗巴克书店联系在一起，为这个书店的员工提供教育和娱乐服务，人们可以想象得到这所图书馆是多么拥挤。“开门前，午饭的时候以及关门的时候，我都站在人群中间，学会尽快递给服役军人最适合每一个人需求的书。”沃伦回忆道。“‘给我一本像《梭子》之类的书！’‘我需要一套新的形容词去描述属于春天的颜色。’‘实验室里领头的化学家喜欢威利博士写的某个政府小册子。’”人们渴望地叫喊着，一片混乱情景。沃伦的建议和专业知识，正是人们需要的，她没有令人失望。有一件令人难忘的小事，沃伦收到了一张来自图书馆气压系统账务部门的女人寄来的字条，这个部门联系着图书馆和书店。“这里的雨天很漫长，”这位会计员抱怨道，“请给我送一本已经退出流通的、不适合妇女读的小说。”沃伦满足了她的要求，令她吃惊的是隔一天那本书就被送回来了，书被小心翼翼地包好，而且附上一句留言：“上帝保佑你！你太正确了。这本书不适合任何人读。请再送一本跟这本一样的书过来。”

沃伦后来搬到了加利福尼亚州，一路升迁，直到做了洛杉矶公共图书馆管理员的领导。同事对她工作中展现的魅力留下了深刻的印象。沃伦的信念和专业精神鼓励着她的同事们；据说，跟她合作过的同事在效法她风度翩翩的行事方式时，受到启发，都像她那样努力工作。

1941 年 11 月底，当沃伦穿越大半个美国去纽约担任图书运动主管一职时，她已经有了发动图书捐赠活动的想法。在第一次世界大战期间，她在圣地亚哥城外的卡尼军营参与了为士兵提供图书的工作。她目睹了图书的治疗和实用功能，下定决心要为数量日益增长的军人收集几百万册图书。

她的工作说起来简单做起来难：激励一个民族做出奉献。不管人们对美国参战这件事的看法如何（大多数美国人坚决反对参战），沃伦坚信所有人都会赞同：那些在训练营里的士兵需要图书提高士气和增加娱乐。沃伦在为《图书馆杂志》写的社论中说道："大多数人相信，无论我们认为战争有怎样的罪，为那些在训练营的士兵收集他们喜欢的图书，这是最大的满足。"她还说："图书管理员们通过他们自己的经历便会知道，某些印有文字的纸张是祛除病痛的药膏，另一些则是游客门票，人们拿着它走出厌烦或孤独，去进行愉快的冒险，还有一些则是某种证书，人们有了它便可能获得晋升，或找到快速进步的思想。"她把第一次世界大战期间为现役军人提供图书的创造性之举，描述为"也许是我们国家的成长史中最好的成就"，她又告诉她的图书馆同事说，现在人们正要求他们去"征集比世界上任何一所现存图书馆里的藏书都更多的图书"。她最后总结道："我们开始行动吧！"

第三章

发起胜利图书运动

前线战士的心中要有目标，如同他们手中要有枪一样。

——艾米莉·米勒·丹东，图书管理员

为了组织和推动美国历史上最大的图书捐赠活动，1941年的11月和12月，国防图书活动的志愿者都在狂热地工作。时间紧迫，工程浩大。正如艾尔斯·沃伦对她的同事说的那样："还有一整个月时间来募集广播短片、绘画、故事、社论以及50万册印刷海报，让民众捐赠更多数量的书。"活动需要一位宣传负责人，美国纽约图书馆协会1941年发起捐赠图书运动时的宣传员玛丽·卢瓦佐被立即聘用上岗。

卢瓦佐致力将图书捐赠活动的宣传广告覆盖全国，在每个村庄、城镇及城市都安放接受捐赠图书的设施，这样就不会漏下任何图书馆、学校、百货商场或火车站。她尽了最大的努力，使公众不论在哪里都可以捐赠图书。卢瓦佐与大公司、公共运输部门以及一些连锁店合作，以便她的宣传尽量取得最大的效果。她取得了了不起的成绩。国家公交广告部同意在它服务的车辆上张贴 2 万幅宣传这一活动的广告。巴士票被重新设计,包含着提示捐赠图书的内容。喜互惠(Safeway)连锁超市公司同意,在 2400 家分店都摆放图书捐赠箱和张贴宣传图书捐赠活动的海报。数百套广播节目——从大学办的广播到国家联合办的电台节目——他们都承诺要在节目中宣传图书捐赠活动。报社记者免费为这一活动发布信息,比如指导镇上的人们去捐书箱,标明哪些类型的图书是急迫需要的。

卢瓦佐的宣传功效甚至在捐赠活动开始前就产生了效果。来自公众的捐赠流入到了活动的库存部,还有一家热情的出版公司捐赠了 10 万册平装本图书。人民捐赠的热情使得工作人员既高兴又担忧:如果在活动还未开始时,就收到这么多的捐赠图书,那么,一旦活动正式开始,成堆成堆的图书涌来,志愿者们将无法承受。沃伦开始转向报社求救,向各分支图书馆申请援手。

正当图书捐赠活动渐成规模的时候,1941 年 12 月 7 日,日本偷袭珍珠港。国会立即宣布对日开战,德国随即宣布对美国开战。突然之间,美国面临着两场战争,一场在太平洋,另一场在欧洲和非洲。美国开始用船只把军队运到外面攻打希特勒的军队,然而有人会觉得奇怪,为什么日本人攻击了珍珠港,美国军队却去攻打德国人。图书管理员们知道,如果打仗的原因仅仅是因为报仇雪恨,那么,战争的信念不会维持太久。如今他们发誓,不仅为军人,同时也为阐明国家打仗的原因而收集图书。

国防图书活动改名为“胜利图书运动”(the Victory Book Campaign,简称“VBC”),以反映美国的参战进程。1942年1月12日运动正式开始时,得到了罗斯福总统与第一夫人的支持,他们当众向士兵捐赠图书。此后,人们成群结队地站出来捐赠图书,支持他们的军队。《纽约时报》这样报道:“他们自己带上书,把很多书送去码放在司机的座位后面,堆得很高,或者叫志愿者或图书馆服务员帮忙,以便把更多的捐赠图书运走,纽约市民从昨天开始填写胜利图书运动的分类表了。”有许多社会名流也赶来,帮助人们增加对胜利图书运动重要性的认识。宣传爱国主义最壮观的一场活动,发生在1942年1月的后两周,曼哈顿第42街的纽约公共图书馆的台阶上。美国妇女志愿服务组织安排一系列以电影明星、流行乐队、地方名流、百老汇演员以及军队工作人员为特色的活动,主要是为了建立人们对胜利图书运动的兴趣和募集图书。媒体录制了好几个节目,通过电台在全美国进行广播。每天都有几千名观众围着图书馆,希望目睹他们心仪的好莱坞明星偶像以及捐赠图书。本尼·古德曼、凯特·史密斯、雷蒙德·马西、温德尔·威尔基、凯瑟琳·赫本、科奇·马克斯、基蒂·卡利斯等著名人物都表达了他们对这一运动的支持。

那个月在纽约公共图书馆共有十多场表演,引起最大共鸣的表演是演员莫里斯·埃文斯朗诵的克里斯托弗·莫利的演讲词《古腾堡演说》。20世纪40年代,莫利在美国是一个家喻户晓的名字,他是一位作家,《星期六文学评论》的特约编辑,夏洛克·福尔摩斯爱好者组织

“贝克街小探”的组织者。莫利对文学和诗歌情有独钟,1912 年便开始文学创作,相继出版了数不清的长篇小说、短篇小说和诗歌。3000 多名纽约市民冒着严寒,聆听了埃文斯声情并茂的朗诵。几万人通过电台收听。

莫利的演说从描述一位年轻人在离家入伍前收拾行李袋开始。尽管对于有些物品是否有必要携带还有待考虑,但他毫不犹豫地拿起七本书放进旅行袋。这些书是他的快乐装备——它们会增强他的决心,使他情绪高昂。莫利证明了这个事实:书时时陪伴在士兵身边,缓解了他们的思乡之情,是他们与希特勒作战时至关重要的盔甲。德国以书为武器,《我的奋斗》一书的出版和可耻的焚书运动就是例子。但是美国可以通过让士兵阅读他们希望得到的任何书而使他们从中受益,并传播书中的思想。“在战场上的战争获得胜利前,他们已经提前在精神上获得了胜利。”莫利评论道。

在演讲中,莫利以美国最血腥的战争——即美国内战——作比较,引用了林肯最著名的《葛底斯堡演说》。出于对那些阵亡将士的尊敬,林肯致力结束战争,他向人们证明只有民主和自由才能经受得起时间的考验。而莫利的《古腾堡演说》则是出于对书本上的文字以及自由思想的尊敬:

> 五百年前,一位德国工人提出了一个新的理念,这个理念是在敬拜中产生出来的,它致力这样一个命题,即人的思想是可以流通的,人们的思想可以自由自在地交流和复制,并且应该永远保存下

去。现在我们陷入世界性内战中,正好可以检测思想和文字以及任何其他方式的自由,是否能够永存于世。

通过图书管理员、政治家、作家、教师以及媒体的共同努力,美国人终于明白,国家参加战争是为了保卫自由,而并不仅仅是为了报珍珠港损失之仇。自由本身受到了威胁。欧洲落入了希特勒的手中,失去了阅读和讨论任何思想的自由,美国人开始意识到同样的命运可能会降临到他们自己的身上。战争的脚步越来越近,近在咫尺,与每一个人息息相关,尤其当美国的武装力量规模扩大时,似乎每个人的身边都有年轻人正被送去打仗。到 1942 年年初,有三分之一年龄在 18 周岁至 44 周岁之间的男性,都离开家人去入伍从军。那些留在国内的人们则被胜利图书运动发动起来去募集图书。他们不仅努力实现这一运动的目标,即募集图书总量超过世界上五大图书馆的藏书量,他们还想超过这个目标。毕竟,如果莫利说的没错,战争首先会在精神上获得胜利,那么,美国士兵需要的图书数量会大得惊人。

运动开始两周内,志愿者们便募集到了 423 655 册图书。到了 1 月底,他们已经把十万册图书按类别打包好,装进军队的卡车,然后送到训练营地。公众捐书的热情给胜利图书运动志愿者们留下了深刻印象。“尽管我们认识到,在我们设定的开始时间时,给他们很少的准备时间,我们很高兴[尽管]我们已经处于半成功的位置,我们即将实现那个目标……把图书送到军队。”1942 年胜利图书运动董事会会议记录这样记载。

当胜利图书运动的书到达的时候，前哨图书馆的工作人员都非常高兴，因为他们的空书架正等待着充实。一位图书馆工作人员写信给胜利图书运动的志愿者说："当图书运动募集的捐赠图书到达我们前哨图书馆的时候，我们内心的感激之情难以言表。"他说："我们这里的图书馆从零开始"，"我整天都在琢磨着如何利用前哨图书馆的有限的资金获得图书装满部分书架"。但是胜利图书运动改变了所有这一切。这位图书管理员报告说现在他的书架堆满了，并且"所有人都评价我的图书都是选择得最好的"。另一位图书管理员写道："你们做的这件事情，正是我想要做的，它获得了全国响应，因为这些图书正是军营图书馆所急需的。"前哨图书馆接收这些图书还需要一段时间；不断有来信表达真诚的感谢，那些图书管理员拼命请求帮助，希望把他们的书架装满。

然而，不可避免地，最初的热潮消退了。尽管在这个运动的第一个月便募集到了100万册图书，但有人觉得这对于剩下的900万来说太少了。

《星期六文学评论》在当时是一份有广大读者的期刊，1942年2月初的一篇社论说，"有什么地方出问题了"，"令人难以置信，我们有1.3亿人口，一本书能卖100万册或更多，图书俱乐部里有注册会员大约七十五万名，他们对军队图书的贡献太迟缓了，差别太大了……一千万册图书的目标应该在运动的第一周就完成，而不是一个月才完成这个目标的十分之一"。这一运动出师不利，并非缺乏宣传，报纸、电台节目以及杂志都群策群力,重点报道、推荐了这个运动。海报张贴到了每一个角落、图书馆里、电线杆上,以及火车站和学校的墙上。问题出在哪里?社论总结道:也许人们需要的捐赠品与公众的重大要求相比起来,太无关紧要了。“可能民族心理强调的重大性使我们只想到那些事项——对小事的不作为,会影响我们赢得战争?”

可以确定的是,战争期间,国家对公众提出了巨大的要求。人们举行了各种各样的义卖活动,政府期待美国人民做出他们的一份贡献。1941 年夏天,全国面临严重铝短缺的时候,飞机工业似乎要慢慢停顿下来。生产管理部办公室在当年 7 月匆匆忙忙开展了为期两周的铝回收活动,希望能够获得 1500 万磅铝捐赠,这个数量的铝足够制造2000架飞机。美国人民把家翻了个底朝天,希望能够找到最后一片他们可以捐赠的铝片。正如一位历史学家描述的那样:“那些热心的户主们,受到服务的感召而兴高采烈地拉着他们收集到的惊人数量的铝片,前往村庄广场——迈克大叔的咖啡罐、玛格丽特大娘的煎锅、婴儿的牛奶碟子、煎锅、炖锅、鸡尾酒调制器皿、制作冰激凌的盒子、义肢、雪茄罐、表壳以及部分收音机零件。”即便后来有令人难以置信的新闻报道说,这些捐赠的铝不能用于制造任何飞机时(捐赠活动过后的官方消息证明,只有初炼的铝才能够用于飞机制造),捐赠活动还是成功地把全国人民团结于共同的荣誉感中。

政府同时希望每家每户捐出纸张、碎布、金属以及橡胶。大家在向垃圾箱里扔任何东西时,都要反复考虑。纸被用来包裹从保险丝到防空炮弹等各种物品。碎布,比如旧窗帘和旧床单等,可以用来擦拭引擎、电厂机器、军舰上的枪械等,以保持其正常运转。橡胶尤其缺乏,1942 年夏天,美国面临严重的橡胶短缺,战时石油委员会主席宣布:“没有那么多闲置的橡胶去制造铅笔擦之类的东西。”罗斯福总统恳请美国人民捐出任何一点橡胶制品,以帮助国家渡过难关。再一次,后方人民没有让国家失望。两周内,便在全国募集到了超过 218 000 吨橡胶,在募捐活动的尾声时,平均每个男人、妇女、孩子向国家捐赠了将近七磅橡胶。

在 1942 年 1 月的国情咨文演说中,总统乐观地说,美国的“工人准备工作更长的时间”,以便“一天能够生产更多的产品”,“保持机器不停地运转,让高炉在一周燃烧七天,一天燃烧 24 小时”,以提供急需的军用物资。令人感到讽刺的是,正当几百万美国人在国防工业中找到了工作岗位,得到了很好的工资时,消费者却被要求勒紧裤带,以便工厂能够集中精力生产国防产品。“战时经济下的生活就像生活在巨大的……压力之下”,《华尔街日报》这样报道,这是许多工人都觉得非常懊恼的事情。

配给制是美国人的另一个难关。从煮饭用的炉灶、方糖到橡皮以及汽油,很多物资都供应不足。工厂不是新汽车轧制生产线,而是专门生产军队需要的运输工具。通用汽车厂生产飞机、防空炮、飞机引擎以及潜艇用的柴油机引擎。福特工厂生产轰炸机、吉普车、装甲车、运兵舰以及滑翔机等。克莱勒斯轿车公司生产坦克、军车以及地雷。那些一家子挤进老爷车、开车去游玩的日子已经成为过去。对汽车、橡胶等的配给结束了这一切。娱乐活动变得越来越简单,人们花更多的时间去看电影、在家里娱乐、玩扑克游戏——还有读书。

某些人比其他人更容易适应。当配给制延伸到最普通的商品时，美国民众偶尔会情绪失控。在几年的时间里，蔗糖、咖啡、黄油、奶酪、罐装食品、肉类、纸张以及布匹，都被列入了限制性商品的名单。到战争结束时，几乎所有食物——水果和蔬菜除外（这些东西经常种在后院的胜利菜园里）——都实行配给制，或被储存起来以防万一。即便是百货商场里的生活必需品都会给人带来无限的喜悦。甚至到了战后，有人永远也不会忘记这样一幕，他那平日里温温和和的邻居居然跑到街上扯着嗓子大喊："超市里有卫生纸卖了。"当公民防卫办公室的负责人对这些限定还保持着爽朗的语气的时候（"我们一天是否喝超过一杯咖啡，或在其中放超过一勺蔗糖，对这场战争的结果起了很大的作用"），人们发现很难一如既往地实行配给制了。一个有关新限制的谣言也会引发踩踏事件，因为人们会为了储备某一商品而抢在商品被销售一空前冲向商场。当物价管理局宣布公民的橡胶制品的消费将大幅削减约80%的时候，运动商品销售记录中，最大的一波购买热潮出现了。男人们挤进百货店，为的是要买几万个高尔夫球。妇女们抢购紧身内衣、束腰带以及胸罩（内衣的部分弹性线用橡胶制成）。恐慌打败了爱国主义，囤积变成了一个问题，以至于连零售商都公开抨击这一事件。"如果人咬狗变成了新闻，那么，商人强迫人们不要购买商品当然也是新闻。"一家报纸这样嘲讽道。

罗斯福总统偶尔会提醒美国人民，配给制、供应调节、志愿者活动以及国防工程在全面抗战时期是很有必要的。在1942年四月的一次炉边谈话中,总统坚持认为为胜利付出的代价并不算高。“如果你不相信,就去问问那些今天在希特勒主义暴政统治下生活的几百万人民,去问问在劳动中受到鞭笞的法国、挪威以及荷兰的工人,”罗斯福说道,“去问问那些因为希特勒而挨饿的妇女和孩子,问问他们汽车轮胎、汽油以及蔗糖的配额是否是一项重大的‘牺牲’。”总统严肃地总结道:“我们没有必要去问他们,他们承受的痛苦已经给了我们答案。”

考虑到人民被无数次要求为战争做出贡献,胜利图书运动没能够在一夜之间募到 1000 万册图书也是情有可原的。相反,图书源源不断地流入捐赠箱中,捐赠活动正一步一步地接近它的目标。

2 月底 3 月初,胜利图书运动负责人艾尔斯 · 沃伦的任期快结束了,此时距 1000 万册图书的目标还很遥远。沃伦转向出版商求助,希望他们捐赠大量新近出版的图书。结果,好几万册图书被送到了胜利图书运动。胜利图书运动同时要求出版商们做广告,希望读者们把读完的书捐赠出来。袖珍图书也做出了贡献,它们的封底上印满了提示,希望读者把书捐赠到当地的图书馆,或者邮寄到图书馆提供的任何一个地址(一个地址是陆军图书馆的,另一个地址是海军图书馆的),以便支持水手和士兵们。

到 1942 年 3 月上旬,胜利图书运动共募集到了 400 万册图书。然而分类中心拒收了 150 万册,因为它们不适合训练营使用。早期的很多图书募捐要求,都没有说明需要公众提供的图书特别适合士兵阅读(这似乎是显而易见的)。在某些情况下,公众似乎混淆了捐书运动和废纸运动。报纸会专门安排一天来报道捐赠图书的主题。《如何编织》《一位殡仪员的审查》以及《1870 年神学》等书都属于那 150 万册之类,不会有人把它们送到士兵的手中。

对于图书的选题,胜利图书运动做到了它所能做到的一切。它把过于破旧的图书卖给废纸回收站,所得的收益用于订购课本或其他非常需要却不容易通过捐赠获得的图书。通过胜利图书运动和救助儿童联盟,需要帮助的孩子们获得了 5679 种与青少年题材相关的图书。脱离年轻人主题的图书,会被送到兵工厂图书馆中。(在许多小城镇,兴建了雄伟的兵工厂,几万人迁往那里就业;但是那里经常出现住房、食物及其他资源短缺,不能满足迅速增长的人口的需要。这些地区的图书馆也不能满足要求,胜利图书运动捐赠的图书大受欢迎。)有价值的图书,比如才出版的图书或稀有图书,都会被出售,所得的收益会用来订购军营需要的图书。

虽然胜利图书运动没有浪费任何一本书,它不可能继续充当全美国所有不需要的图书的清理场所。报纸帮助这一运动宣传美国军中急需的图书种类。图书"不能污损、太破旧,或太幼稚","士兵们喜欢小说、传记、历史以及技术知识这类图书",一家报纸这样宣传。红十字会建议:"要确信如果你自己的儿子在军队中,那么,他也一定会喜欢的那种图书。"

与此同时,几十万美国人离开训练营,奔赴战场。到 1942 年早春,美国战舰已经部署在大西洋、北极、地中海、印度、太平洋等地区,美国军队驻扎在南美、格陵兰岛、冰岛、英国、中东、非洲、亚洲、澳大利亚以及太平洋岛屿。美国人遍布全世界。

士兵们面临许多错综复杂的困难，如劳累、厌烦、恐惧等。那些驻扎在北非的步兵每天晚上都睡在地上，他们很快便被激发出了生存本能。几乎是条件反射，轻微的飞机嗡嗡声都都会惊扰他们。一位士兵说："五年前，你不可能让我为了五美元一小时的工钱去挖壕沟。现在看看我吧……任何时候一旦你发现我离开自己的壕沟50英尺，我便是在挖新的壕沟。"除了养成待散兵坑的习惯，步兵还要适应几个月不洗澡、几个星期不洗袜子或衣服、长期只能吃难以下咽的罐头食品和干粮的生活。他们始终处于污秽、疲劳和负载过重的状态。有些时候士兵们通宵行军，白天不能移动（或是进行任何可能被发现的冒险行动），"对于没有经历过的人来说，是完全不可想象的生活方式"。战地记者恩尼·派尔这样描述道。步兵——或"那倒霉的步兵，他们喜欢这样自己称呼自己"——"没有任何安慰，他们甚至还要学会在没有任何必需品的条件下生存"，派尔补充说道。

闲着无聊、等着什么事情发生的时光，几乎跟打仗一样令人痛苦。就像上等兵莫道尔抱怨的那样："单调，单调，一切都是单调。高温、害虫、工作、完全看不到村庄、没有女人、没有白酒……不规律的邮件反而成了规律性事件。"他甚至发现自己愤恨"那三个很小——极其小——的名字前缀：一等兵"。当对战争的报道绝大多数都聚焦在打仗、小冲突、搏斗方面的时候，士兵的日常生活更多的是由孤独的等待构成，而不是由打仗构成。也许，无论对士兵们的心灵还是身体而言，没有什么比等待更沉重。用战地记者沃尔特·伯恩斯坦的话说，战争“与日常的无聊和大量的不愉快比较起来，仅占十分之一的比重”。但是当兴奋到来的时候，“你就会轻松得仿佛连五脏六腑都被掏空，很快就变得不存在了一样”。

当战斗开始的时候，对死亡的恐惧又压倒了别的一切。大炮和追击炮令人恐惧。它们震耳欲聋的噪音，仅仅是它们可怕的破坏的前兆。最糟糕的是，它们会将人撕裂，有时甚至把人炸得尸骨无存。一个人一分钟前正在跟他的朋友说话，一分钟后可能就面目全非了。高射炮炮弹撕裂人的血肉，使人四肢分裂，爆炸将支离破碎的身体抛撒在空中，铺天盖地都是人类大屠杀。除了上述的危险，脚下的土地到处是德国人埋下的地雷。一步走错便可能送命。这种潜在的威胁在士兵的心中变得如此根深蒂固，甚至战争结束一年后，老兵们走过一片草地的时候都会考虑再三，他们更愿意跨过沥青路面或混凝土路面。

由于暴露在死亡之路上，这改变了战士们对战争以及他们在此中所扮演角色的理解。正如他们感觉到的那样，他们还在训练营大门的时候就已经检查了他们的个性，在战争中，他们面对令人沮丧的现实：他们仅仅是战争机器上的一个齿轮。就像一个破碎的设备，换取新的齿轮，军队送来新生力量，以代替那些在战斗中受伤或阵亡的人。但是，正是人是可以替换的这个概念——在一个人丧失生命丧失劳动能力后便将他抛弃，然后换上另一个人，当然新人下一步也同样可以被替换——带给人很不好的感受：原来军队把人看成是消耗品。根据斯莱格的观点，他曾在驻贝里琉岛和冲绳的美国海军陆战队第一师服役，这个现实“令人难以接受”。“我们来自看重生命和个人价值的民族和文化,现在却发现自己的生命似乎没有价值,这个反差让人感到无比孤独。”斯莱格说。

战争带来的不舒服、危险以及紧张,是套在士兵们身上一道残酷的枷锁。紧张的情绪没有得到舒缓,有些人便不可避免地走到崩溃的边缘。保罗·富塞尔中尉解释道,战士们在“荒谬、琐碎的军队生活中,遭受着蔑视、损害他们人格”的折磨,因此,“止痛剂是必需品”。在从战斗中退下来的短暂休息期间,他们也无法逃避军人的环境。家信和图书便成了战士们的心爱之物,因为它们能被带往任何地方,无论什么时候,只要想从中得到慰藉,便可以顺手将它们取出来,甚至在前线也能做到。然而,海外的邮递服务因不准时和令人痛苦的缓慢而臭名昭著。有报道说,北非的美军几个月没有收到邮件。误解和失败感越来越多。战地记者恩尼·派尔报道说,在他的小分队里,有位士兵足足有三个月没有收到妻子的来信,他对妻子的疏忽感到痛恨,便写信告诉妻子要和她离婚。当这封信寄出后,他收到了一大批来信,共50封,时间跨度达三个月。他立即发了封电报给妻子,要求收回离婚恐吓信。

没有书信传来,没有运动设施以及电影等给人们提供消遣,这时图书成了人们唯一可以享受的娱乐。图书变得非常珍贵。根据随军牧师的观点,图书给了战士们“某些有价值的东西,让他们心灵充实,使他们的心能够集中在某些更有益的事物上,从而避免太过专注于思考战争的毁灭性方面”。除了能够分散战士的注意力,对第一次世界大战的研究表明:图书有治疗的功效,当人们经历困难或遭遇灾难的时候,图书可以帮助他们更好地渡过难关。军队精神病医生也赞同图书能够帮助战士分散注意力、缓解心理焦虑和战争带来的紧张感。阅读不仅可以提升士气，而且可以调节心情，避免出现精神障碍等。根据一篇文章的观点，"当我们阅读小说或剧本的时候，我们会根据自己的需要、目的、防备以及价值去理解"，并且，读者会"吸收符合自己需要的含义，排除那些威胁自我人格的含义"。从图书中，士兵获得了勇敢、希望、决心、自我人格感以及其他特质，从而填补了战争带来的心理空虚。

许多在战争中受伤的人士兵在康复的过程中，都能够从阅读中找到希望，获得治疗。查尔斯·博尔特牢记着那重要的一天，当时他受了伤，在非洲接受治疗，因面临腿部截肢而对未来感到苦恼。一位朋友(他也因为枪伤正在接受治疗)走近博尔特的床，炫耀地摇晃着一本欧内斯特·海明威的《第五纵队与49个故事》，他在医院图书馆里找到了这本书。博尔特从其中的一篇英雄故事中找到了安慰，那位英雄发现哭号缓解了他因断腿而感到的痛苦。直到那时，博尔特还未敢哭过。读完这个故事，他把头埋进毯子里，痛哭一场。博尔特说："哭泣也帮助了我。"尽管他经历了多处切除手术，博尔特在整个住院期间都坚持读书，相信图书能够帮助他调整自己，使自己积极向上。"康复期间发生的一切可以让人觉得人生好辛酸，也可以让人觉得人生好甜蜜。"博尔特这样评论道。对他而言，更多的是后者。他说："那是我从文法学校毕业以后第一次有时间读我想读的书。"尽管还有很多事情一起帮助他治愈伤口，他把自己读过的数十本书放在极为重要的位置。好几万人分享了博尔特在战争期间的经验，在图书中找到他们需要的力量，减轻了身体在战场上受到的伤痛,获得治愈情感和心理伤疤的力量。

对管理胜利图书运动的图书管理员来说,读书的治疗效果,并不是一个新的概念。沃伦在她担任负责人前夕发表的社论中,讨论了读书如何能够舒缓痛苦、减轻厌烦感或孤独感以及让心灵遨翔。无论战士们需要什么——暂时的逃避、对家园的怀念、对忧伤心灵的慰藉或者注入新的勇气等——图书管理员们倡导的胜利图书运动主要致力保证每位士兵都能够找到适合他需要的书。

他们需要更多的书。训练营的藏书很快被借空了,因为士兵们离开训练营开赴海外时,可以随身携带几本胜利图书。几万册捐赠的图书被装上正要开赴前线的军舰。码头上堆放着一排排装箱了的图书也不是什么不寻常的景象;军人们在登上军舰前总会抓上一本书。这些旅行会持续一个星期,这是一段单调和空虚的时光,尤其难熬。读书是消磨时光的好办法。军人们在开赴海外的时候,总有几百万册图书相伴,又有几百万册的图书补充到训练营,以满足读者的需求。

1942 年 3 月,沃伦离开了这一运动,她最好的朋友约翰·康纳取代她的位置,康纳曾是她的助手。康纳拥有商务管理学和图书馆科学学位,在加入胜利图书运动前是哥伦比亚大学图书馆的助理管理员。他强烈反对在战争期间实施的审查制度,还是人权运动的拥护者。尽管他有些固执己见(他的那些观点并不总是受欢迎),但他的翩翩风度使他广受欢迎。正如他的一位同事描述的那样:“他总是面带微笑,与你握手,亲切友善。”

在康纳的指导下,1942年早春,图书管理员们进入到高速运作阶段,并且因为图书捐赠量的上升而受到表彰。他们不厌其烦地强调士兵们需要的图书类型,为最受到欢迎的图书做宣传,以及提醒(恳求)公众捐赠。分类中心高兴地报告说,这些努力影响到的不仅是捐赠图书的数量,而且也影响到了图书的质量。到1942年4月,图书捐赠量攀升到了660万册。

如果继续保持这个势头,那么这一运动的目标似乎很快就会实现。胜利图书运动向白宫求助,提出把1942年4月17日(星期五)定为胜利图书日。总统同意了。在一次新闻发布会上,他"要求全体公民通力合作,报纸、电台等共同完成此项大业"。记者们问罗斯福总统,人们应该捐赠何种图书的时候,他打趣地回答道:"所有图书都可以,但代数书除外。"他接着指出,大众捐赠的图书应该是他们自己阅读过而且喜欢的。陆军和海军都由公民组成,他们的阅读品位和后方的人民一样。

罗斯福把自己描述成也会终生"读书、买书、借书以及藏书的人",他高度评价了胜利图书运动以及其他组织图书的活动,因为他真诚地相信,在思想战争领域内,图书是民主和武器的象征。在宣布4月17日为胜利图书运动日后不久,罗斯福发表了一份声明,宣称在为自由而战中,图书起到最核心的作用:

我们大家都知道,书可以被焚毁——然而,我们更知道图书不可能被火给消灭。人会死,但图书永存。没有任何人和任何力量能够毁灭记忆。没有任何人和任何力量能够把思想永远禁闭在集中营里。没有任何人和任何力量能够拿走那些表达人们永远与任何形式的暴政作斗争的书。在这场战争中,我们知道,图书便是武器。

随着总统胜利图书运动宣言的发表,康纳让志愿者疯狂地工作,为最后的冲刺做准备,以便达到募集1000万册图书的目标。公众的积极响应给图书馆管理员们留下了深刻的印象。一位在纽约唐人街的人费力地骑着人力车,从一所公寓到另一所公寓,挨门逐户地搜集图书。送奶工人从客户的门阶那里搜集图书。图书馆张贴显眼的跟踪图书捐赠情况的"晴雨表",就连小孩子也都参与其中。男童子军和女童子军走上街头,挨门挨户地恳求他们的邻居捐书。一支男童子军一天之内就搜集到了1万册图书,真是令人震惊。在全国,一堆堆的图书被装进捐赠箱里。到1942年4月末,运动募集到了将近900万册图书。

还有100万册的目标有待完成。由于大多数大学的毕业典礼在五月举行,胜利图书运动决定请求美国的大学把书集中起来捐赠,以抗议德国的焚书风潮——这一风潮是从德国的大学开始的。倡导这一提议的信件被送到了美国所有的大学。倡议信建议把书展示在某个显眼的位置,比如毕业庆典中心等。这会形成强烈的对比:美国大学收集成堆的图书来捐赠给军队,并用这种方式来纪念被纳粹焚毁的成堆的图书。在这一事件中,各大学都希望对图书搜集的意义进行评论,胜利图书运动以弥尔顿的《论出版自由》中的一段话作为回应:"书籍绝对不是死的物品，相反，它们蕴藏了生命的潜能，与创造它们的灵魂一样活跃。不仅如此，书籍还像一个宝瓶，保存了孕育它们的创作者最纯净的菁华。”

尽管胜利图书运动的倡议信直到 1942 年 5 月初才寄出，很多学校都在毕业典礼的同时组织了最后关头的图书募集活动。这些学校包括阿肯色大学、陶格鲁学院、丹佛大学、堪萨斯大学、斯克兰顿大学和鲍登学院。有些大学把胜利图书运动的提议列入自己图书典礼的设计方案，亦即朗诵弥尔顿的那段话。

胜利图书运动不是让人回想起 1933 年五月焚书的唯一组织。九年时间过去，战争正式打响，人们对当年的焚书事件有了新的认识：焚书预示了接下来的毁灭活动。在这九年时间里，城市被毁坏，数百万人失去了生命，整个欧洲像遭受了瘟疫一样，遍地荒凉。一家报纸评论道，“饥饿、强迫劳动、监禁、集中营、手无寸铁的逃难者遭受来自空中的屠杀，民族被无缘无故地屠杀”——这些“就是接着焚烧图书篝火后形成的景观”。

1942 年最受称道的焚书纪念节目是电台节目《他们把书烧了》，由斯蒂芬・温斯特・毕纳德主持，他是普利策奖获得者。毕纳德以史诗《约翰・布朗的遗体》和短篇小说《魔鬼与丹尼尔・韦伯斯特》而知名，同时还以在一些引人注目的散文中显示出来的将历史与寓言混编在一起的才能而闻名。通过哥伦比亚广播公司的传播，《他们把书烧了》引起了巨大轰动，它的脚本立即付诸印刷，并以书的形式出售。接下来的四年里，这一节目被反复转播无数次。

《他们把书烧了》节目从一个严重的警告开始："为敌人辩护。安抚他。原谅他。谅解、宽恕或接受他。通过任何一种聪明的思维过程，你都会到达恶魔的、折磨人的、卑鄙的德国世界，以及她的轴心国伙伴那里。"然后是敲钟九下，之后柏林焚书活动被重现给听众。叙述者介绍了几位作者，他们的书被烧毁了，又重述一遍纳粹要把他们的书付之一炬的理由。一位是犹太诗人海因里希·海涅，他的名诗《罗蕾莱》曾经由弗里德里克·希歇尔谱成名曲：

我不知道出于何种原因
我的心如此悲伤。
那逝去了的传奇世纪
徘徊在我的脑际无法离去。

夜幕降临，凉风徐徐。
平静的莱茵河昼夜悄悄流淌。
远处的山峰金光闪闪
那是夜幕降临前的一轮残阳。

《罗蕾莱》的歌词已经被无数德国人牢记在心，焚毁那本诗集也无法取消它的存在。相反，纳粹，"以极权主义的礼貌……留下了这首诗——但是清除了海涅的名字"。"自 1842 年以来最著名的作者，从

1933 年后无人知晓了,”讲述者嘲笑道,“这便是他们对人类的战士所做的一切,这便是他们如何抢夺战士手中的剑。”

在讨论了海涅、阿尔伯特·爱因斯坦、西格蒙德·弗洛伊德、托马斯·曼、欧内斯特·海明威、西奥多·德莱塞以及很多其他作者的著作后——他们的著作都被焚烧了,讲述者强调,这些书会在读过它们的人心中继续存在,但是似乎只有美国人民选择为保存它们而战斗,为知识自由而战斗。解说员吟诵道,“这场战争不仅是一场土地之战,不仅是一场征服之战,一场力量平衡之战,更是一场人类思想之战”。尽管在 1933 年时,美国没有认识到焚书是希特勒发动战争的开始,“但我们现在明白了”。正在进行的这场战争是为所有被焚的图书而进行的,是为所有纳粹企图禁止的声音而进行的,是为所有无辜的人民的流血牺牲而进行的。很多人企图镇压人民的思想自由,历史上有很多这样的例子,但是最恶名昭彰、敢冒天下之大不韪的是阿道夫·希特勒。“我们正严阵以待,阿道夫·希特勒。图书正严阵以待,阿道夫·希特勒。万军之主耶和华正严阵以待,阿道夫·希特勒。”

到 1942 年,戈培尔在 1933 年那个沉闷的夜晚说的话开始产生结果了,但不是他希望得到的那种结果。人们还没有忘记焚书在贝贝尔广场上留下的成堆的灰烬。那些灰烬象征着自由面临危急关头,象征着轴心国带来的危险。现在图书的数量远比过去多得多。作者无须沉默。新的凤凰就要升起:一支由言论、思想、理念以及图书组成的军队即将出现。

柏林焚书后第九年的一个月内,胜利图书运动募集到了最后100万册图书。这一运动的目标已经实现。全美国的图书管理员们热烈庆祝。一封封感谢信从军队飞来,强调成箱的图书的重大意义。驻扎非洲的一位士兵写道:“我想告诉你们,你们想提升海外军队士气的努力没有白费。”“我们航行到这里,有几千人在战舰上,我们发现有很多书可以看,可以用来打发闲暇时光,我们的激动之情难以言表。”一位驻扎在阿拉斯加的陆军航空兵中尉感谢胜利图书运动,因为他们没有忘记那些在遥远角落战斗的士兵们。他解释道,甚至在写这封信的时候,士兵们还在读胜利图书运动送去的图书,“我可以准确地告诉你,他们很感激”。驻扎在美国罗德岛海军军港的一位上校报告说,士兵们如饥似渴地读那些书。由于驻军未获准离开军港,阅览室成了士兵们少有的可以休闲的地方之一,在那里,他们完全沉浸在图书中。

然而,随着军队规模的膨胀,对图书的需求量也增加了。很多人认为胜利图书运动虽然已经实现了它的目标,但是不能够因此而停止工作。而且,即便它继续努力也还远不能满足军队对图书的需求。此时出现了两个问题:一个是捐赠图书的来源已经枯竭,另一个是几百万增加的士兵需要轻装行军。精装书适合于训练营使用,甚至一些战舰上都适用,但是士兵们带这样的书上战场就太笨重了。

1943年胜利图书组织努力恢复这一运动。它顶着来自伊莎贝尔·迪布瓦的严厉火辣的批评,她是海军图书馆服务部的负责人。迪布瓦监管着1000所海军图书馆和8所医院,她花大力气制作了一份优质的图书名单,以便收藏它们。胜利图书运动侵犯了迪布瓦的权属,她不欣赏这种“入侵”。她反对 1942 年的胜利图书运动,更激烈地反对 1943 年的运动。1942 年夏天,在收到一批胜利图书运动送来的图书后,迪布瓦写信给康纳,询问她收到的图书是否是“一些经过图书管理员分类整理过的样书。这是我看到过的对我专业的最坏的指控。这些都是一些相同的选题,都是我在 1917 和 1918 年期间就丢弃了的书,25 年来它们再没有显示出任何价值”。她还补充说:“当我想到在运输和处理过程中的巨大浪费的时候,留给我的只有惊骇。换句话说,它们配得上叫作赠书吗?正如你所知,我从不认为它们值得当作礼物,我这个态度现在比过去更坚定。”

胜利图书运动还遭到政府官员查尔斯·塔夫脱在政治方面的坚决反对,他不愿再次批准图书运动的资金,尽管他抱怨说自己是“积极的,并不是要在那些大的中心制造某种印象”。他确信“这是因为图书管理员当上了主席”。他说,“在第一次开会的时候,我便就图书馆管理员的能力问题提出了非常严肃的质疑”。“如果这仅仅是一次短期的捐书活动,我倒不会作任何评论,但是如果这要变成一项持久的努力,那么,除非你们制订一项基本政策,把那些生龙活虎的门外汉安排在各大中心负责这项工作,不然,我倒是宁愿它就此止步。”从 1870 到 1900 年间,图书馆管理事业从业者由 80%是男性转变成 80%是女性,尽管男性主要负责一些高管职务,女性多为二把手。毕竟,胜利图书运动的第一负责人,曾经被描述为“女性图书馆管理员第一人”。塔夫脱很显然不是女性主流群体的粉丝。

当约翰·康纳和胜利图书运动渡过了资金的难关后,他写信给艾尔斯·沃伦,描述了他的痛苦经验。“塔夫脱再次开始了他那长舌妇般的念叨,一会儿说图书管理员人手不足,一会儿说他宁愿让商人来完成这项工作。他有资格说他那些闲言碎语。”康纳说道,但是当其他人“赞扬了那些在胜利图书运动中做出努力的图书管理员后,查尔斯便无言反驳了”。康纳期待得到同情的回馈,沃伦没有让他失望。她说道:“多么值得庆幸,我错过了查尔斯·P.塔夫脱先生!他没有让你想到退却并且想打他的嘴巴吗?他有满脑子的批评言论,却没有一丁点儿建设性的建议。”

1943 年,这一运动募集到的图书比 1942 年略少,并且其中很多书不适合军队阅读。康纳作出安排,把不想要的图书分发给某些团体和需要它们的地区。作为一名种族平等主义的忠实支持者,他送了一部分图书到日本战俘收容所,并请求部队送更多书到驻扎非洲的美军中。

康纳还送书给美国的战俘,尽管这很不容易,并且要通过基督教青年会的战俘援助机构。捐赠给基督教青年会的图书必须严格地分类,按照规则分清哪些书是获准分发的,这是一项繁重的工作。比如,1939 年 9 月 1 日后,任何出版物都不允许捐赠;任何与地理、政治、工程技术、战争或军队有关或者“任何可疑题材”的书同样不被允许。图书必须是新的;不许出现上一位读者所做的任何标记或清除痕迹。凡是被写下的东西,包括犹太作家的材料或“来自敌方或敌方占领国的移民”都遭到排斥,因为这类图书不允许出现在德国人控制的战俘营中。

胜利图书运动转向出版公司求助。在 1943 年 3 月一个月内,运动从芬克及瓦格诺出版社募集到了1500册图书，从哈珀兄弟出版公司募集到了1500多册图书，从双日、多兰出版社得到了4000册，从诺顿和康帕尼出版公司得到2000册，从G.P.普特南森公司得到了1000册，从阿尔夫雷德·诺夫出版公司得到了1600册——这里列出来的只是一小部分出版公司的名字。所有公司都慷慨地捐赠了它们流行的平装本口袋书。1943年3月，运动得到了5000册口袋书，以补充上个月获得的60 000册图书。军人们非常喜爱这些书，因为它们比传统的精装书更轻便小巧，也更容易在军营、医院及海外驻地循环流通。

随着公众捐赠图书的速度持续放缓，问题便出现了：为什么军队不把提供几百万册图书作为预算的一部分呢？在1941年到1943年间，陆军和海军尝试给各部队分发杂志。这个项目的成功结束了胜利图书运动的使命。

尽管有早期的挫折，到目前为止，给前线士兵分发流行期刊仍然是他们娱乐方式的最大的转变。最初，陆军和海军花了几万美元订了十几种杂志，并且把它们分成套，把每套杂志装订成一册，再放进单个的行李包里，运送到世界各地。在陆军中，一套杂志估计会发放到150人手中。实际上，有50磅的包和70磅的包，每包中有相同的杂志200册，它们堆放在海外邮递分发中心，要在那里苦等数月。通常，各种杂志根本没有分类，相反，几百本相同的杂志最终被送到了同一个驻地。下个月，同一个驻地可能收不到任何杂志。这种随意的分发方式对服役士兵而言，是多么地令人沮丧。正如普利策奖得主漫画家比尔·莫尔丁注意到的，杂志到达了，“即使它们到了，也终归是晚到的，且已经破破烂烂的了”，并且，“一半杂志刊载了连载故事，有些士兵读了前面部分，却没有读完后续内容，这是非常令人头痛的事情”，因为他永远得不到下一期杂志了。军队几乎花了两年时间才消除这一现象。

1942年陆军特别服务部改组，过去这个部门主要为提升士气服务，他们结束了随意地分发杂志这一工作。军队特殊服务部在纽约始发港附近建了一个大型的组装仓库，在那里可以接收到数千万册杂志，经过分类，再装订成套。首批赠送杂志，包括《美国杂志》《棒球杂志》《矿工之家》《侦探小说杂志》《飞行》《步兵日报》《生活》《观看》《现代电影》《新闻周刊》《博闻》《大众机械》《大众摄影》《广播新闻》《文摘》《超人》《时代周刊》以及《西部踪迹》等。每周装订成套的，由大部分杂志构成，每种1册；而有些杂志，比如《生活》和《时代周刊》，要提供3册才能满足读者需求。（1945年，“陆军妇女军团杂志包”出现了，这些杂志被分发到驻海外的医院及陆军女军团，包括《时尚巴莎》《魔力》《好管家》《妇女家庭杂志》《麦考尔之家》《小姐》《个人恋情》《真实忏悔》《真实故事》和《妇女家庭同伴》等。）

第一个分装好的杂志包寄于1943年5月，从那时起，杂志交付变成了定期的，并且一些流行的杂志被陆续添加进来。从1943年7月到1946年1月间，分发给士兵们的杂志包增加了7倍。由于需求激增，每个包中都增加了一些额外的杂志，包括《海外喜剧》《纽约客》《匹克》以及《运气包》等。为了使陆军和海军能够支付得起杂志费用，出版商们按成本价出售。100本的套装月刊在1944年9月的均价仅3.86美元

(每套分四周邮寄,每次邮寄 25 本。)。

为了降低成本,以及向纸张配额让步,一些杂志尝试印刷军供版。通常,这些出版物不带有任何广告,使用 20 至 25 磅的纸张,取代传统的 45 磅或 60 磅的纸张,而且比通常的尺码小。《新闻周刊》出版了一个“战地宝贝”版,《时代周刊》印刷了一个“浓缩版”,《纽约客》《科学新语》以及《麦格劳-希尔海外文摘》等都发行了海外特别版。所有这些杂志都大约是 6×8 英寸[1] 的规格,使用类似新闻纸的纸张。微型版节约了纸张,但是字号太小对眼睛很不利。《新闻周刊》的“战地宝贝”是正常杂志的复制本,只是版面缩小了,导致其中的文章字号接近七号字。桑德森 · 范德比特中士是一位热心的读者,他开玩笑说“眯着眼睛看几年《时代周刊》的海外微缩版后”,他肯定会成为一位盲人。一位历史学家附议这种观点:“即便在明亮的灯光下,人们一次读书时间都不能太长了。”

另一份采纳战时微缩版的杂志是《星期六晚邮报》,这份杂志是所有缩印版杂志中尺寸规格最小的一份,仅有 3×4.5 英寸大小,名叫《邮报奇谈》。这些小册子只有衣袋大小,却包含着论文、故事以及漫画。世界各地的士兵们收到了 1000 万册《星期六晚邮报》,使一些文章从一个读者传递给另一个读者。本 · 希布斯,《星期六晚邮报》的编辑,说道:“之所以设计这些故事,是因为战地记者们总是告诉我,美国士兵和水手们,无论何时何地,只要安放好了帐篷和吊床后,最渴望的就是阅

1　1 英寸约为 2.54 厘米。——译者注

读。”他说那些故事便是《星期六晚邮报》“为使战士过得快乐一点而做的努力”。这些故事被分发下去，“不收费，作为《星期六晚邮报》和后方乡亲们表达感激和崇敬的象征”。“战地宝贝”“浓缩版”以及《邮报奇谈》等都是非常引人注目的杂志。体积小、重量轻以及趣味性强等，它们受到的欢迎程度无可估量。

所以，为什么不是书呢？这些轻便、微型的杂志的扩散，让那些笨重的精装书和胜利图书运动显得有些过时了。如果借鉴杂志设计的形式，出版并分发更小型的书，那么，陆军和海军部队都很难忽视这样一个机会。

第四章

思想战争中的新武器

刚开始在海上的那几天，我们的船似乎在漫无目的地打转。然后我们完全停下来，抛锚停泊一天。但是最终我们与其他船黄昏时分汇合了——离开伦敦五天后——我们缓慢地驶入一个提前安排好的编队中，就像漂浮着的拼图碎片，最终构成了一幅图画。夜晚，我们随着船的起伏来回翻滚，第一批体弱的人晕船了……

过一会儿，大海平静了下来……士兵们要在早上6点半起床，早上10点有一小时的船上救生演习。除此之外，他们几乎无事可做，只好在甲板上闲站着，或者躺在船舱里读书。

——恩尼·派尔，《航行到非洲》，1942年

1943年5月，《纽约太阳报》曝出新闻，陆军和海军都不再需要胜利图书运动捐赠的图书了。陆军计划通过一个自称为战时图书协会的组织，每月购买几百万册平装书。这种情况还是首次出现。“太多人把

志愿者运动看作是一次扔掉他们手上根本没人想要的那些书的机会了。”《纽约太阳报》评论道。第二天,《纽约先驱论坛报》继续报道这个新闻,以“公众运动失败,陆军要买书了”作为头条。文章说:“如果陆军必须自己买书,那么,美国士兵就有书可读了。”

由于相信1944年仍会继续这一运动,胜利图书运动志愿者们听说他们的工作被认为是失败的时候,都感到非常失望。《纽约太阳报》和《纽约先驱文坛报》的文章发表后几天,美国劳军联合组织通知胜利图书运动,1944年它不再为这一运动提供任何经费支持。胜利图书运动除自己关门外别无选择。伴随着沉重的心情,经过长时间的讨论后,美国图书馆协会工作人员通过投票决定,自1943年10月1日起停止这一运动。全美国的志愿者都收到了胜利图书运动指挥部的来信,信中宣布陆军指挥部计划自己购买图书,胜利图书运动将停止募集捐书的活动,因为陆军部不需要了。愤慨的图书管理员们把他们的观点公之于众。一位图书管理员写信给胜利图书运动,要求他们就结束这一运动的原因作出解释,因为士兵对图书的需求根本无法得到满足,“我们的库房几乎是空空荡荡”。一位来自克利夫兰的图书馆管理员愤怒地说道,“如果图书馆打算放弃他们特殊的战争义务和做贡献的机会,那么,它们只能期待被越来越冷漠地对待。”另一位来自美国商船队图书馆协会的图书管理员愤怒地写道:“当然,运动形成的需要未得到完全实现——事实上,[它]几乎没有减少过。”

然而这一决策难以争辩。捐赠的图书数量有限,有用的图书也有限,现在到了大规模努力的时候了:出版那些专为战时美国人所选择的新书。设计跟主题的选择一样重要。漫画家比尔·莫尔丁记录了自己在法国、意大利以及缅甸的军队生活，一度努力向后方亲人解释步兵平日面临的严峻局面。他提议：

> 下雨的时候在你家后院挖个洞。坐在洞里，直到水漫过了你的踝骨。把冰冷的淤泥倒在你的衣领上，再在那里坐上48个小时，这样就不会有打瞌睡的危险了。想象有一个人潜行到你身边，正等待机会用棍棒打你的头，或放火烧你家的房子。
>
> 从那个洞中出来，把箱子装满石块，提起箱子，另一只手中握着霰弹枪，在你能找到的最潮湿的道路上行走。你一边想着天上巨大的流星重重地击打着你，一边每隔几分钟便摔个大跟头。
>
> 走过10或12英里[1]后（记住——你仍然握着那支霰弹枪和手提箱子），开始溜过潮湿的灌木丛。想象某人设陷阱，在你前方的路上布置了响尾蛇，如果你踩到它，那么，它肯定要咬你。给朋友一支来福枪，让他往你的方向不时放一枪。
>
> 到处侦察，直到找到一头牛。努力寻找到一条道路绕着它潜行，不要让它发现你。当它确实看到你的时候，你便疯狂奔跑，回到你后院的地洞里，放下箱子、霰弹枪，然后钻进洞内。
>
> 如果你每三天重复一次这个表演，那么，几个月后你便会明白为何一名步兵有时会累得上气不接下气。但你仍然不会明白当事

1　1英里约为1.61千米。——译者注

情变得严峻的时候,他的感受是如何的。

实际需求让一个步兵,或任何在前线的战士,把所有不必要的东西从他们的行李中去掉。“检查每件东西,尽量找出那些你可以扔掉的东西,以便为你那长水泡的脚减轻点儿负担。”莫尔丁说道。甚至防毒面具都经常被丢弃,因为人们发疯似的渴望减轻他们负担的重量。精装书不能幸免于被抛弃的命运便不奇怪了。正如中士拉尔夫·汤普森辛辣地说道,如果“你能看看步兵们的包袱都装了些什么东西,那么,你就会明白为什么他们不愿意跑出去买几本有1000个页码的历史书,来加满他们的行装”。

然而他们渴望读书。军队的报纸及杂志,比如《星条旗报》《美国军队周刊》都颇受欢迎。每当国内流行杂志到达的时候,它们都被一把抓过去,被认真阅读,并且被传递给排队等待的另一个人。莫尔丁说:“前线士兵甚至读应急口粮包装袋上印的商标内容,只是想读而已。”他们想要书,但不是精装书。陆军和海军需要的是轻巧的书籍。

很显然,平装书便能解决这一问题,但软面书还未被所有出版商们接受。战争(特别是值得注意的配给制度)引发了一种新趋势,使图书包装从硬皮本走向了小巧的软皮本,这多半由报纸出版商和印刷商提供。这种转变十分明显。1939年,美国仅有不到20万册平装书出售;到1943年,平装书的销售数量上升到超过4000万册。1940年代以前,出版业和书店都很冷落平装书。图书销售商拒绝在他们的商铺里摆放低档的软皮书,书店里摆满了精致厚实的精装书。精装书的利润、价格大约是平装书的十倍，除版式外，利润成了出版商在思想上最明显的障碍。然而，当出版商们需要的纸张受到配额削减影响的时候，形势发生了转变，他们用于制作精装书封面的棉布的消费量也受到了严格的控制（政府需要用这些棉花制造伪装网）。由于每个出版公司都面临着只能得到一部分他们需要的纸张以及特别需要的棉质纸张，他们明白了一个道理，即他们再也不能够用传统的方法，用那么多高质量的纸去生产精装书了。

口袋书是美国出版公司批量生产的第一批平装书。事实证明，在杂货店和专售廉价商品的商店（比如沃尔沃百货店）销售平装书，而不是在传统的书店里销售，同样能够保证出版商丰厚的利润。正如它的名字所提示的那样，口袋书印刷开本小，使用更少的纸张。即使是精装书最顽固的坚持者，也不得不承认平装书很适合于克服战争时期的限制，引发了一场美国出版业的革命。《时代周刊》宣称，从平装书初出茅庐到成为热门畅销书之间，1943 年“是美国 150 年出版史上最值得注意的时期”。

在 1942 年 2 月的一个决定性的日子里，当 G.P.普特南森公司的宣传部主任克拉伦斯·波特尔与《纽约时报》的乔治·奥克斯共进午餐时，战时图书协会这一概念变成了现实。奥克斯提到《时报》最近翻新并重新装修了时代大厅——曼哈顿第 44 大街上的一间剧院，接受由开化组织提供的剧目。波特尔相信图书在提振士气和思想斗争中起到最核心的作用，他提议出版商们在时代大厅聚会，讨论如何用图书去赢得胜利。波特尔这样说,“图书出版者、枪支制造者以及使用者一起共担责任”,以确保获得胜利,维护和平。两人一致同意去询问一下各自的同事,看看他们对这个提议是否有兴趣。

回到办公室,波特尔把他的想法告诉了普特南的总裁梅尔维尔·明顿。后者非常感兴趣,并建议他们与马尔康·约翰逊——双日与多兰出版公司的负责人见见面,做进一步的讨论。对约翰逊来说,出版工作是他的第二职业,他毕业于麻省理工学院,获得化学工程学学位,之后又为美孚石油公司在中国的一个项目干了七年。然而,自从他涉足出版业,约翰逊知道,他找到了自己真正的事业。来到双日公司前,他在《大西洋月刊》做主编。约翰逊的后半生都在出版业工作。他成了业内的杰出人物,如果他对波特尔的观点表示支持将显得很有分量。十分幸运的是,他支持这个观点。

来自几个大出版社的代表以及出版界的几位关键人物组成了一个工作委员会。波特尔被选为小组的主席。包括约翰逊在内,这个小组还有兰登书屋的唐纳德·S.克洛普弗、《出版周刊》编辑弗雷德里克·梅尔切、W.W.诺顿出版公司的总裁威廉·沃德·诺顿、美国图书销售协会的罗伯特·M.科尔斯、《纽约时报》的乔治·奥克斯和伊凡·维特和图书出版商局的史丹利·亨尼韦尔,图书出版商局是行业领先的贸易组织。在1942年3月的一次会议上,这个小组投票组成战时图书协会,宗旨是探索图书如何为战争时期的国家服务。一星期后,又召开了另一次会议,会上诺顿提出协会的标语——“图书是思想战争的武器”。它当场就被采纳了。会员规模迅速扩张到了来自出版界的七十名代表。

在协会出现的早期,它似乎是一个“寻找项目的委员会”。所有人都相信图书在战争中有一定的作用,但是怎样才能使它行动起来呢?1942年春天,协会在时代大厅主办了一次出版界专业人士会议,讨论这一问题。为了鼓励讨论,每位受到邀请的客人都收到了一篇短文,这是由协会成员提前准备好的,标题是“图书与战争”。文章一开始就写道,全面战争正在进行,战争的硝烟不仅弥漫“在陆地上、海上以及天空中”,而且延伸到“思想界”。文章说,“这场战争中使用的最强大的单一武器”不是“飞机、大炮以及强大的坦克”,而是《我的奋斗》。这本书教育一个民族去“焚毁那些让人们心灵拥有自由的伟大的图书”。协会宣布:如果美国的目标是夺取胜利,保卫世界和平,那么,“我们所有人都必须未雨绸缪,比我们的敌人想得更多,知道得更多”,“这场战争也是图书的战争……图书便是我们的武器”。这封公开信准确地指出了协会一直希望能有所作为的事情。作家和出版商们都在思考他们在战争中的特殊角色,到处都议论纷纷。参加时代大厅会议的兴趣越来越浓厚。要求参加这次会议的人如此之多,以至于很多人被拒之门外。

1942年5月12日,时代大厅里挤满了作家、新闻工作者、编辑、出版商、政府要员以及其他与自由印刷、出版文字有关的人。他们花了两个晚上聚在一起检查了协会的短文的主题。主讲人助理国务卿小阿道夫·A.伯利作开场白,他要求:“任何人,只要你与图书有关系,就请多关注,图书有它们自己相应的位置。”伯利说,希特勒发动了思想战争,“如果作者们还能继续写作,如果出版商还能继续印书,如果大学还能继续上课,那是因为,仅仅是因为,成千上万的人仅仅为了信仰便准备献出他们的生命,他们孩子的生命,他们所做的一切都是为了捍卫那种权利”。《纽约时报》专栏作者安妮·奥黑尔·麦考密克接着站上讲台。她认为,在战争时期有三种紧迫的需求,只有图书才能给予缓解:美国人民需要那些能够澄清包裹在战争中的有争议的话题的书,证明那些看似是不能解决的问题实际上是可以解决的,增强士兵们的斗志并帮助他们度过困难时刻。“那些在美国表达并激发出伟大的思想、伟大的梦想以及成熟稳重的目标的书,那些为全美国人民写的书,它们是千万支枪,是千万艘出征的战舰。”麦考密克声音高昂,迎来了潮水般的掌声。

时代大厅会谈后,协会着手考虑了一系列计划,包括两个重要的广播节目和向读者推荐相关的图书。首先是电台。聚焦大后方,协会重点推出了一系列关于图书的节目,这些图书澄清在战争危急关头的一些价值观,并且发起讨论——国家为何而战?如何才能实现和平?这些节目——《图书就是子弹》《容易挑起争端的话》《力能胜剑》以及《话说战争》——由一系列作者访谈录、图书评论、剧本构成,一共播放了100多个剧目,其中最轰动的是根据塞尔登·梅尼菲《任务:美国》一书改编而成的《话说战争》。这本书不是聚焦战争如何使一个民族为了共同目标同仇敌忾,而是揭露所谓的为民主而战、为自由而战,实际上是企图掩盖社会不平等和冲突在国内泛滥这一事实。当一名解说员对梅尼菲于各地发现的问题进行评论时,《任务:美国》广播剧版有如让听众进行了一次火车旅行。一切都历历在目——劳动争议、孤立主义、偏见、种族主义、反犹主义。它被证明是那十年中最有争议的广播节目之一。

该节目在 1944 年 2 月 22 日星期二深夜 11:30 首播(播出时间如此之晚,制作人抱怨不会有任何听众)。在节目开始的时候,一位解说员向观众解释说他们将会听到演员们重复梅尼菲的经历,以及梅尼菲与全国各地人们的谈话。梅尼菲访问的第一个城镇是佛蒙特州的伯瑞特波罗镇,在那里听到一位狂怒的父亲不允许女儿跟一位爱尔兰人结婚。“我的女儿中没有像你这样降低身份的!”他高喊道。解说员这时评论道:“在新英格兰,你会发现一种完善的等级制度——一种种姓制度,在美国,除了在南部白人和黑人的关系,其他地方已经没有与它相似的。”火车继续往波士顿前进,在那里,梅尼菲看到了一张残缺不全的爱国海报——上面的“美联邦”改成了“犹太人联邦”。“孤立主义、反犹主义、绥靖政策等在波士顿泛滥,比其他任何地方都有过之而无不及。”解说员长叹道。宣传反犹的传单在地铁里分发,解说员说,他预料到了这种直接针对犹太人的暴力情景发生在德国,却没料到这也发生在美国。

火车通过南部,在阿拉巴马州的莫比尔镇停了下来,在那里,解说员看到了造船厂的“繁荣”景象,年轻的女孩子们在街上拉客,骚乱的男孩们抢劫商店、饮烈性酒。由于住房短缺,而城市又接纳过多的贫困家庭到这里寻找工作,一位当地居民告诉解说员:“战争一结束,我们就得把他们赶出船厂,让他们离开城镇,回到自己的小村庄和沼泽地,他们是那里的人!”火车通过密西西比和路易斯安那州时,解说员观察到,

“大部分人对在他们地区保留黑人,比对希特勒和东条英机更感兴趣”。他最后总结说,“出现这种纷争一定让戈培尔感到很高兴”。当被问及“种族问题”的时候,一位当地的政治家说,不存在这方面的问题。他说:“白人至上,永远是白人至上。我们不能容忍在华盛顿的伙计们,不能容忍他的反私刑法案、他们的反人头税法案以及他们在战争条约中的反歧视条款。”

火车突突地越过中西部,在那里,解说员评论说,芝加哥的黑市交易十分猖獗;底特律的种族骚乱“比在南部大部分地区见过的都更严重”;明尼阿波利斯的反犹太主义非常泛滥。在西海岸,可以听到加利福尼亚、俄勒冈以及华盛顿州的居民埋怨食物供应不足、房屋短缺、旷工、劳工流失以及罢工等。解说员提到士气低落也困扰着兵工厂,管理人员责骂工人们偷懒、作风放荡,工人们又指责管理人员安排的工时太长、工作条件艰苦等。每个人都责备政府:没有住房、幼儿园以及社区设施等。

然而,在对全美国的不同地区做了这些该死的描述之后,解说员要求梅尼菲给他一个对美国的整体印象。节目的结尾显得有点乐观。梅尼菲说:“尽管犯了某些错,但在这场战争中,人民还是做了许多有意思的工作。”民意测验显示,美国人民知道他们在为什么而战,也知道他们必须赢得这场战争和维护和平。梅尼菲总结说,美国人民一般都赞成美国在战争中的路线,他们愿意为和平和自由而战。

《任务:美国》引发了争论。梅尼菲的描述和简短评论得罪了一些美国人,另一些人却认为节目的某些片断令人耳目一新、以诚实的方式讨论了国家的问题。杂志和报纸也兴奋地抓住这个机会去报道这个有争议的节目。《综艺》杂志报道,“如果《任务:美国》在晚上早一点的时段播送”,那么,“呼入的电话将会烧焦(美国)全国广播公司的电话线”。广播剧的主旨是“烧热空气,灼伤你的耳朵”;这个节目正是全国人民需要的。《纽约时报》称它是当年“最勇敢、最具冲击力的节目”。舆论传开后,全国广播公司迫于压力,改在更早的时段重播了这一节目,以便更多人能够收听。当这个节目重新播放的时候,某些城市——比如波士顿、马萨诸塞州的斯普林菲尔德以及阿拉巴马州的莫比尔——拒绝播放这个节目。根据《时代周刊》报道,波士顿对节目的重播“并不觉得开心”,“当这个节目第一次播放的时候,他们已经听了所有他们喜欢听的内容”。广播对战争的努力真的有帮助吗?当然,它展示了新闻自由的严格性和持不同意见并提出批评的声音的权利。协会为这个节目大受欢迎而高兴,并且对能制作这样一个广播剧感到很有成就感,因为它引起了人们对困扰战争后方的一些问题的讨论。这正是协会想要达到的目的。

在协会的广播节目大受欢迎的时候,协会的成员们也在担心每周推荐的图书数量可能会淹没公众。协会决定启动一个新的项目,专门推动那些选题特别的图书,比如国家为什么会参战,什么价值观正在受到危害,在什么条件下可以结束战争等。战争图书专家组因此成立,他们负责提名和选择一些图书,然后在协会认可的名义下出版。专家组成员包括:《纽约先驱论坛报》编辑艾丽塔·范多林、《星期六文学评论》助理编辑艾米·洛夫曼、《步兵杂志》编辑约瑟夫·L.格林中校、退役海军上将哈利·E.雅纳尔以及《纽约时报书评》编辑小唐纳德·亚当斯等。专家组定期聚会，以便讨论选题，投票决定哪本图书可以获得正式的资助。被选择出来的图书会得到出版，并且标上“紧急”字样，首页还会印上一个大大的 I 字母作为装饰。协会所有成员都有义务宣传推广这些书，把它们作为核心的阅读文本——甚至那些竞争对手的公司出版的书也是一样。当通过提高图书销售量可以获得利益时，出版商们以前所未有的通力合作来宣传他们对手出版的图书。图书馆、书店都张贴海报，帮助宣传图书项目，以及那些被选中的图书。

第一本被印上“紧急”标签的书是《他们是可牺牲的》，作者是 W.L.怀特。这本书是 1942 年 11 月选定的，讲述了在菲律宾的美国军人在日本人的进攻下驾驶鱼雷艇的经历。故事从四位幸存者（从六人中幸存下来）的角度进行讲述，这本书没有回避它在题目中所宣称的观点，即这些人是可以被替换的，他们也知道这一点。一位幸存者提议道：“假如你是一位中士机枪手，并且你所在的部队撤退了，敌人逼近了。”他继续说：

> 上尉把你带到覆盖整个路面的机枪旁边。他说：“你就留在这里，坚守在这个位置。”你问他：“坚守多久？”他回答说：“不要考虑这个问题，坚守就行了。”这时你便知道，你是可以被牺牲的了。在战争中，任何事物都是可以被牺牲的——金钱、汽油、设备、绝大多数人……他们期待留在那里，用机枪扫射那条道路，直到你被杀

死，或被俘虏，把敌人拖住几分钟，或者甚至是宝贵的一刻钟。

评论把这本书当做已经出版的最有意义的讲述个人的战争经验的书。一家报纸评论说，它完全配得上杰出的“服务奖章那个‘I’标志着的紧急”。

大约四个月后，协会宣布另一部标志为“紧急”的书是约翰·赫西的《进入山谷》。赫西讲述了他作为战地记者在瓜达康纳尔岛的经历。从 1942 年 10 月起，他随同一支海军陆战队执行占领马塔尼库河的任务，这条河从日本境内流出。根据赫西的讲述，经过长时间的行军，他们进入到茂密的丛林，敌人的狙击手就在那里，机枪在周围不停地响着，迫击炮不断发出射击的响声——它们发出的尖叫给人们一个瞬时的、可怕的警告：又有一枚炮弹要爆炸了。赫西放哨，其他美国人则由于无法架设机枪而被迫后撤，抬着受伤的和濒死的伤员回到营地。《进入山谷》为真正的战斗提供了一个现实可靠的叙述，它描述了军舰上的英雄主义行动，但没有将他们的经验过度浪漫主义化。

1943 年 5 月，经过挑选，第三本“紧急”图书问世了——温德尔·威尔基的《天下一家》。这本书详细地讲述了作者作为一名美国大使在 1942 年秋天的盟军之旅，记录了他对遇到的领导和普通人的印象。威尔基力劝美国人摆脱他们的孤立主义倾向，更要认识到世界各国必须互相合作才能实现和平，以及在战后维护和平。1943 年 7 月公布的第四本“紧急”图书是沃尔特·李普曼的《美国外交政策》。这本书争辩说，美国没能够重新调整它的外交政策，以至于它在 1898 年占领菲律宾和第一次世界大战期间德国的入侵使它对1941年的战争完全没有准备,并且威胁到它缔造和平的能力。李普曼提供了简短的美国外交关系史和战争史,挑战美国的孤立主义思想,并且劝说美国人认识到他们应承担的国际义务。这本书受到广泛称赞,评论认为它使外交政策更贴近大众,扩大了讨论的范围,从原来的狭小的知识分子群体讨论扩大到成千上万人参加的大众讨论。

第五本"紧急"图书是约翰·赫西的另一本书《钟归阿达诺》,这本书是该项目资助的唯一一本小说。希特勒的政治宣传认为美国内部的差异性是它的弱点,赫西这本书挑战了这一观点。(1941年9月,戈培尔宣称:"今天的美国对我毫无危险。没有什么比在美国发动一场流血革命更容易的了。任何国家都没有如此多的种族和社会张力。我们可以在那里玩很多把戏。")赫西小说中的英雄是一位意大利裔美国人,名叫GI,他参加了入侵西西里的战争,因为有一共同的血统,他赢得了意大利当地人的信任。赫西进一步提出这一概念:美国的武装力量在世界具有独一无二的优势,准确地说,他们是文化和民族的大熔炉的代表。

第六本,也是最后一本,贴上"紧急"标签的书是1944年9月提名的埃德加·斯诺的《人民站在我们这边》。斯诺是《星期六晚报》的一位战地记者,从1942年起,经过整个1943年夏天,他旅行了17个国家。最初他关注的是俄国、中国和印度,斯诺描述了折磨着这些国家的政治、经济和社会问题。

我们并不完全清楚为什么"紧急"项目即将结束。第七本书的推选工作已经启动,但是战争图书专家组对两本书的投票结果票数相等,并且似乎这个平局导致了一场僵局。1945 年春天,专家组选择了拉尔夫·英格索尔的《战争就是回报》,但是这本书已经是一本畅销书,似乎不需要冠以"紧急"之名,因为已经有几百人在读了。当时,战争的结束已经近在眼前了。

尽管出版的图书数量有限,"紧急"图书项目还是取得了成功。事实上,正如好莱坞与电影业的关系,战争有利于促进阅读和发展图书业。与 1942 年相比,1943 年美国人订购的图书数量增加了 25%。平装书获得意外的成功,因为美国人在危难时期渴望简单的快乐。图书购买量的增加是图书购买者市场扩张的一个表征。正如《时代周刊》观察到的,到 1943 年,"图书阅读和图书购买超越过去狭隘的知识分子范围,变成了全美国受教育民众的巨大的贸易"。图书不再跟财富和地位联系在一起了,它们已经成为普遍的消遣和民主的恰当象征。

协会最大的成功不是它的广播节目,也不是它的"紧急"丛书系列。1943 年,它把注意力转向了美国服役人员对图书的需求。出版商们知道士兵、水手以及海军陆战队员们渴望得到书,但痛恨胜利图书运动募集来的笨重的精装书。尽管协会接触到了胜利图书运动组织,以便在为服役人员提供图书方面给予帮助,但这两个组织之间的关系从未热乎过。事实上,1942 年 12 月,当协会成员理查德·西蒙(西蒙与舒斯特公司)和约翰·法勒(法勒和莱因哈特公司)与胜利图书运动成员会面时,法勒神秘地将这次会面描述为"相当复杂和不确定",然后他补充道:“我做了最好的口头报告。”两个组织从未有过真正意义上的合作。

1943年初,没有一本书能够满足驻扎在前线的服役人员的需要。它必须被“创造”出来。当出版商们苦苦思考如何负担起出版这些小规格平装书的费用的时候,少数几个人制作了一份蓝图,正是这份蓝图引发了出版业的革命。在与陆军中校陶德曼以及平面艺术家斯特利·汤普森商量后,马尔康·约翰逊给协会提了一条建议,重新设计一种版式——从里到外。尽管他们散会的时候留下的问题多于结论,计划还是得到了一致的同意。这样,“军供版”图书诞生了。

接下来数年,这些图书的出版遭遇了一系列的挑战。但是在美国几家大型的出版公司、海军部及陆军部的合作下,协会成功实现了出版史上最重大的计划。这个苦苦寻找项目的组织终于找到了一个持久的项目。

第五章

随手抓起一本书，乔，继续

亲爱的先生们：

我想对军队里最好的一种待遇——你们的军供版图书——说一百万遍感谢。无论我们把它们带到哪里，它们都会像家书一样受欢迎。它们就像画报女孩一样流行——特别是在我们的驻地，要是没有你们的军供版图书，我们根本不可能轻而易举地得到书。

——列兵 W.R.W 及其同组

出版商们面临一项令人生畏的任务：在战争时期的严格管制下，制作一种新式的适合大批量生产的图书。首先，印刷用的纸张有配额限制。出版商在 1943 年使用的纸张配额仅为 1939 年的 37.5%。当国家处于思想战争中的时候，出版商们发现这是一个令人愤怒的限制。正如《芝加哥每日新闻》一位专栏作家说的，“在美国我们不烧书，我们只减少纸的配额。两种动机完全不同，但它们的结果完全一样”。但是政府把图书当作必需的武器装备；正如铝、橡胶被提炼后交到工厂，以便生产飞机，政府同意每季度提供900吨纸用于印刷军供版图书。

为了使这些能够印刷的图书的数量最大化，以及保证军供版图书适应服役人员的具体环境，协会采用了空前的设计和生产技术。当然，协会必须依靠平装书。这种书节约空间，减少重量，书也柔软，更容易塞进口袋里或装入背包中。再者，每本书的尺寸都必须缩小。在1940年代，标准的小本精装书的规格是5×8英寸，厚度可以达到2英寸，军供版图书可以有两种规格：较大规格的是6.5×4.5英寸——类似杂货店里销售的大众平装书；较小规格的是5.5×3.375英寸。最大的军供版图书厚度也只有3/4英寸，最小的少于1/8英寸厚。这些规格不是随意做出的。协会研究过标准制服的口袋尺寸，以确保大号的军供版图书能够装入士兵们的裤袋中，小号的图书能够藏入士兵胸前的衣袋中。甚至多达512页厚的图书，也能够放进裤子后袋中。较小的图书实际上只有钱夹那样大小。甚至前线的士兵也能够迅速塞一本书到口袋里。

任何现存的图书出版社都没有印这种小书的能力。协会转向通过杂志印刷厂来解决这一问题。这个决定带来了很多好处。也许最重要的是这些杂志印刷厂用的纸张都比通常用来印刷精装书的纸张薄。这可以有效地保证军供版图书重量轻、体积小。多亏这些平装封面、小规格、超薄纸张，军供版图书与同类精装书比起来少了五分之一或更多的重量。

由于杂志印刷厂没有印刷袖珍型图书的经验，协会于是采取“双联”印刷：每页纸上都印两本书的内容，一本在上，一本在下，然后把它们水平切开。《读者文摘》印刷社曾经生产过较小规格的图书，较大的书则送到廉价杂志出版社印刷。双联印刷的一个弊端是它迫使协会把一本书跟另一本书匹配起来印刷，这要求员工计算页数、字数、字符等以便将相似规格的书配合印刷。这是一项很零碎的工作，既耗时又乏味。如果把不同规格的书放在一起印刷，那么，内容少的那本书会有空白页——这是对纸张配给制度的亵渎。实际上，在早期军供版图书中，军队就注意到了出现的空白页面，它坚持要求协会用人物简介、谜题以及类似的东西将其填满。当空白页面过多的时候，协会被迫将作者介绍都印刷到书中。在配对书的过程中，协会花了很大力气来确保这些书不是为了合适的字数或版式大小而编辑的。如果书的内容有所压缩，封面总是会包括一则免责声明。

考虑到战争局势很紧张，照明条件也不可能符合理想的阅读环境，协会计划制作一批保护视力的图书。传统的精装书每行文本长4—5英寸，并且长度比宽度大。对于军供版图书，协会规定了书的宽度，使它们的宽度大于高度，以便使每个页面能够容纳两列2.5到3英寸的文本。人们相信，对于疲惫的战士们来说，短行文本更容易阅读。这种双列格式的另一个好处是每页能够多容纳12%的文字。完成的样本“小巧、轻便又有吸引力……即使在较差的灯光下和运动环境中也能够阅读”，协会在一份关于该项目的备忘录中这样评价。

协会计划尽可能使军供版图书外包装既有吸引力，又有实用性。协会对封面进行了重新设计，而不是缩小精装书的护封。原版图书封面的缩略图出现在新的封面上，书名和作者也都突出显示了。封面用特别坚固、厚重的纸张印刷，使用耀眼的颜色。为了提醒读者在那个月的图书中可以得到的其他书，封底内页上列出了协会最近一期赠送图书的书名。每本军供版图书的封底都提供了该书的内容简介。

图书封面由卡曼德-罗斯公司独家统一印制，然后再交给几家印刷商印制内文。军供版图书印刷工作因此形成了分印组装模式，那些联印的书要切分成两部分。尽管精装本图书通常采用胶粘和缝合装订，但早期的军供版图书却采用订书机装订。（根据一家报纸报道，订书机装订颇受欢迎，因为很多士兵驻扎的地方都有昆虫啃噬粘胶的问题，而驻地潮湿的丛林或天气也容易造成粘胶溶解或脱落。）一旦图书印刷完毕，它们就会被运送到由陆军部和海军部设立的各分发站。

除了尺寸规格和重量方面的改进，为了符合陆军部和海军部的预算限制，还要尽可能让读者买得起这些书。协会决定按成本价卖给政府，加上 1 分钱版税，这份钱分给作者和原出版公司。根据协会的说法，“军供版图书的生产价格，跟美国同类图书的生产价格比较起来，也许是最低的”。最初，每册书的平均成本仅为 7 分钱多一点儿。但是，这些书引起了轰动，以至每年都需要加印数百万册，这使得平均印刷成本降到了每册 5.9 分钱。

在计划开始的时候，陆军部和海军部要求协会每个月提供 50 种书，每种书各提供 5 万册——总共 250 万册。80%分发给陆军，20%分发给海军（大致根据各自服役的人数比例分配）。到 1943 年 7 月协会与海陆空三军签署合同时，它从最初的每个月50种书减少到每个月30种书，因为印刷和编辑方面的挑战令人望而却步。

四分之三的程序集中在选题上。首先，出版商从他们的书单中选出那些服役人员需要的书。接着，协会的阅读小组——这个小组的人员来自出版界外——对每本书的优缺点提出看法——收缩选择的范围。第三步，通过代表军方的陆军中校陶德曼与海军图书馆服务部领导伊莎贝尔·迪布瓦，去寻求政府的批准。然而，任何时候陆军部和海军部都可以要求协会印刷某些图书，并且从士兵那里反馈回来的信息也总是受欢迎的。对图书选择的主要考虑是多样性。目标是让每个系列的图书都包括若干子题，以适应每位士兵的阅读趣味。最受欢迎的文体是当代小说（军供版图书中几乎20%的图书属于这一文体），其次是历史小说、神秘小说、幽默故事以及西部小说。其他类型包括冒险故事、传记、漫画、古典文学、新闻动态、奇幻小说、历史、音乐、自然、诗歌、科学、航海故事、自救、励志书、短篇小说集以及游记。

协会的军供版图书的一个最突出的尝试是它设置了宽泛的标准，尽量规避士兵阅读面临的审查制度。这并不意味着协会被允许印刷任何一本书而无须考虑它的内容如何。协会曾经收窄了潜在的军供版图书的书单，协会的阅读小组把那些触犯到美国联邦、帮助敌人或让敌人觉得舒服、与美国的民主精神相冲突、触犯任何宗教、触犯种族、触犯商业以及违反专业知识的段落标识出来。这些指南被随心所欲地解释，但它们确实起到了防止某些图书出版的作用。比如说，尽管通过了陆军部和海军部的审查，协会还是建议取消出版乔治·桑塔亚纳的《人世沧桑》(自传),因为那本书表达了“民主是可疑的”的观点。当赞恩·格雷的《荒野情天》(西部小说,女主角跟一群带枪的牛仔是朋友,他们强迫她脱离摩门教会)即将开印的时候,阅读小组的一位读者拒绝这本书,因为它“严重地攻击了摩门教”。

两本书都被拒绝了。协会通常相信宁可不印一本书,也不要花力气去修改、消除其中冒犯性的词句或段落。后者散发出太重的图书审查制度的气息,而协会不想改变作者的意图或故事。随着政府以提振士气之名为这个计划提供资金,便不难理解为什么协会要避免那些遭到某些群体反对的或包含着对某些群体带歧视性语言的图书。

尽管如此,合计起来,军供版图书还是产生了很多的书单。约翰·贾米森是第二次世界大战期间的一位出版业专家,他说军供版图书包含了“除技术图书、少年读物以及女性生活图书外的所有文本”。有古典作品(《大卫·科波菲尔》以及莎士比亚的诗歌等)、现代经典(《布鲁克林有棵树》《了不起的盖茨比》)、西部小说(《斜阳侠影》《六枪对决》)、神秘小说(《哈佛大学有个杀人犯》《凶手掌握了一切》)、传记(《乔治·格什温的故事》《本杰明·富兰克林》)、喜剧和艺术(《士兵艺术》《为战士而作的漫画》和《冒失鬼》)、运动图书(《布鲁克林道奇队》《1944 年最佳体育新闻》)。其他的还有数学类图书(《数学与想象力》)、科技图书(《您卑微的仆人》)、历史书(《共和国》)、时事(《美国外交政策》)。有些是搞笑类图书(《一笑而过》《欢乐故事》等),以及其他一些有关人们追问自身一些问题的图书(《性是必需的吗?》《人们的麻烦来自何处?》)。有些选题是大家都适合阅读的。到协会完成使命的时候，它出版了差不多1200个选题的图书。

那些有书入选军供版图书的作者会得到数百万的忠实读者。那些书会很快传开，且得到人们永远的喜爱，甚至传回到大后方去。斯科特·菲茨杰拉德的《了不起的盖茨比》就是从默默无闻的作品中被选拔出来，一举成为美国文学的经典作品。

对于作者，当听到他们的作品达到了军供版图书的出版标准的时候，都会感到一种巨大的荣誉。埃米莉·金布罗，她和科妮莉亚·奥蒂斯·斯金纳共同创作了《年轻快乐的心》，她说她和斯金纳都感到"入选这个版本比入选每月一书名录更让我们感到骄傲"。大卫·埃文是《乔治·格什温的故事》和《流行音乐人》的作者，他曾经说，他自己的两本书都被选入军供版图书，"真是有非同一般的意义"。当时他"正在部队服役，仅知道一批慰问图书会送到那些劳累、孤独的人驻扎的偏远地方"。当大卫·拉文德得知他的第一部小说《一个人的西部》被选入军供版图书系列时，他非常感激得到了如此的赞誉。"53 000册，我几乎不敢相信这个数字……我更倾向于相信这53 000册图书的广泛传播，紧接着平装版的加印，都将为这本书产生三个精装版奠定良好的开端。"至今，这本书仍然不断再版。

每个月选出来印刷的书成为一个系列。早期的每个系列都会附上一个字母，每本书都会编一个号。比如，第一个月的图书构成了A-系列，标上1—30号，分别为A-1、A-2，等等。从J-系列开始，每个月的数量加到32本。Q-系列开始，每个系列的图书增加到了40本。T-系列是最后在书上标有"字母-数字"联结在一起的图书（尽管协会的记录里继续保留着“字母－数字”的标记方式；Z－系列后面紧接着是AA－系列、BB－系列，等等）；此后，从665号开始，每本书仅标计一个数字。随着时间推移，每个系列的印数都稳定增加，到印刷Q－系列开头的时候，每本书印刷了125 000册，并且，当印刷到W－系列至Z－系列的时候，印数已经令人惊愕地达到155 000册了。

范·多伦·斯特恩负责军供版图书的生产管理，他以前是口袋书的执行编辑，有平装书方面的经验，对平装书编辑和生产业务都很熟悉。斯特恩面临巨大的困难。作为协会的军供版图书分支机构的负责人，斯特恩不得不与陆军部和海军部五个不同的办公室、一家纸张公司（巴尔克利·邓顿）以及它的工厂、五家印刷厂、十多家打印排字公司、战时图书协会的全体成员（个人名义来说他们是出版商，集体名义上他们是管理委员会）、图书遴选咨询委员会保持紧密联系。即使有十位专职人员的帮助，斯特恩监管的项目和经手图书的数量也是大得令人吃惊。月复一月的选书、印刷、分发，这些琐碎而繁重的工作都证明了各相关部门的努力与贡献。当然，这个计划并非没有棘手的地方。

比如，在会见了十多家出版商并确定印刷成本后，协会决定与五家出版商合作：库尼奥出版社、斯特雷特及史密斯出版社、W.S.哈勒公司、拉姆福德出版社以及西部印刷公司，他们答应给予较高的折扣。然而，到了1943年11月，西部印刷公司开始抱怨这笔交易，甚至威胁说要退出。陆军部的代表直接与西部印刷公司的代表商量，努力说服他们继续出版军供版图书。一位沮丧的上校劝说协会应该宣称军供版图书项目是政府主导的，以避免此类事件发生。最后，斯特恩被迫谈判，答应把付给西部印刷公司的价格提高10%，以保证这家公司继续服务。整个计划中，斯特恩都会面临类似的、威胁到军供版图书及时出版的障碍。应对这类问题，他已经变得很熟练了。

1943年9月，A-系列图书送到了陆军部和海军部，一共150万册最小的平装书，这种书以前从未在美国出版过。仅仅7个月时间，军供版图书这个理念就被实施出来了，“计划，组织，并高效执行”；起草、签订以及执行合同，最后印刷成书并发放到军队中。作为整个战争期间最佳的协调生产项目，军供版图书将在历史上留下浓墨重彩的一笔。

由于1942年到1943年，美国媒体一直密切关注着胜利图书运动，所以，种种好奇心围绕着协会的军供版图书计划。毕竟，几百万人为胜利图书运动作出了贡献，他们想更多地了解这一取代运动的组织。首先开始发难的是《新共和周刊》。它一开始便解释道，事实证明胜利图书运动不能满足士兵们的阅读需求，因此，协会正在印刷专门供给士兵的特殊的平装书。有文章报道，协会每个月印刷5万册包括25种图书的微型再版书。每年都会印刷多达3500万册军供版图书。尽管有这样令人惊叹的成绩，《新共和周刊》却对协会的工作发表诋毁的言辞。文章说：“图书本身便设计得廉价、方便和耐用。”把书印在“脆弱的新闻纸上”，书的重量会比精装书小，但是该文作者，马尔科姆·考利怀疑它们是否耐用。考利还写道：“根据我对军供版图书的印象，经过两三个人阅读后，它就会变成碎片。”

协会已经忙碌了几个月，他们制造出了与众不同的图书，并以破纪录的时间将这些新鲜的文学事物生产了出来。所以,它对这些贬损性的描述深感失望也是可以理解的。协会的执行理事阿奇博尔德·奥格登给《新共和周刊》的编辑写了封信,为军供版图书辩护。奥格登形容那篇文章"有点儿不公平",并继续澄清事实。首先,军供版图书不是印在脆弱的新闻纸上的。奥格登解释道:"选作军供版图书用的纸张比新闻纸高两级,它比新闻纸贵,也比新闻纸耐用。"关于那篇文章声称的那种书在一两个人读过后就会变成碎片观点,奥格登估计每本书至少经得起六个人阅读(而且,如果人们不粗暴地对待图书,这个数字可能还会更高)。他解释说这些图书"与市场上任何同类的平装图书比较起来,都要结实得多"。最后,针对"不值得保存"的说法,奥格登解释说,军供版图书被廉价地生产出来,是为了提供几百万册好书给那些驻扎在世界各地的人们,以与他们的环境相适应。一位士兵可以选择他感兴趣的任何图书,带到执行任务的任何地方,当他读完后还可以传给另一位读者。每月增加的新书可以补充那些状况良好的书,也可以替换那些损坏了的书。

最后,《新共和周刊》单独表达了对军供版图书的担忧。跟其他的项目比较起来,这个项目取得了巨大的成功。在马尔科姆·考利的文章发表几个月后,《纽约时报书评》刊载了一篇关于军供版图书的特写,其中报道:"堆成山一样的书——都是好书,包括经典著作、当前畅销书、历史、传记、科学以及诗歌——正在分发给我们驻扎在海外的部队,这是在美国图书出版商和陆军部、海军部两者之间的一种新的安排……这些书被包装成一扎扎的,一部分通过飞机送到安齐奥海滩。其他的要在几天之内送到驻扎在塔拉瓦的海军那里，那时那里的日本反动派残余势力已经被消灭在那些珊瑚礁上了。有些书将会被降落伞送到那些驻扎在孤独的太平洋岛屿上的前哨部队，其中很大一部分要送到世界各地的后方医院，以及分发给那些参加海外运输工作的士兵们。”

《纽约时报》的叙述得到了很多寄给军供版图书作者的来信确认，那些信来自海外各地。比如，莱奥·罗斯顿的《海曼·卡普兰的教育》（以伦纳德·Q.罗斯的笔名出版）是第一本出版的军供版图书，收到了无数封来自士兵们的“感动的，甚至是‘心碎’的”信。其中有一封信一直留在他脑海中，甚至在他的书作为军供版图书出版四十年后，他也依然记得。那封信说：

> 我想深深地感谢您，为我自己，而且更重要的是，也为那些生活在这地球上倒霉的地方的人们。白天我们像生活在油锅里，晚上又像生活在冰窟窿里。我们在波斯湾附近的地方做什么呢……没有任何人知道。我们所有的……娱乐设施只是乒乓球台——且只有一个球拍。
>
> 上星期，我们收到了你关于卡普兰的书。我读了它，简直是乐不可支。作为试验，一天晚上我在篝火边读了这本书。人们都大笑起来。我有好几个月没有听到这样的笑声了。现在他们要求我每天晚上读一个关于卡普兰先生的故事：这是一个令人愉快的合理要求。我读这些故事时带着口音，希望您不要介意。
>
> ……

1943 年 9 月，当第一批军供版图书运抵陆军部及海军部时，军方高层欣喜若狂。陆军部立即要求协会增加每月出版图书的数量。考虑到这项计划尚在实施的初期阶段，出版 30 种书是一项重大的任务，协会没有立即答应军方的要求。然而，当 B-系列的 30 种书印刷好，准备于 10 月中旬发货的时候，陶德曼要求协会将每种书的印数从 5 万册增加到 6 万册。同样，协会未做任何承诺。1944 年 1 月，陶德曼出席了一次协会的会议，并做了一个报告说，军供版图书甚至送到了最偏远的地方：瓜达康纳尔岛、博拉博拉群岛以及南太平洋上的其他小岛。陶德曼还在多本书中盛赞这一项目的成功，并恳求增加印数。或者说，他直接下令协会这样做。协会被命令把印数从原来的每月每种书 50 000 册增加到每月每种书 77 000 册，从那以后，每种书每月的印数增加了 3000 册。

协会渴望了解军人们是如何评价新版图书的。尽管军供版图书的作者们收到了来自军人们的书信，协会自身却几乎没有得到任何信息反馈。考虑到这是一个重大的计划，印刷这大数量的图书所消耗的资源，以及为实现这一目标而在从前的竞争对手之间展开的空前的合作等，很多人希望协会不会是白干一场。问题无处不在。如果西部作品太多会怎么样？传记书和历史书有人要看吗？有哪些体裁的书是被协会忽视了的？军供版图书经受得起战争的残酷和多次阅读的考验吗？协会为军队出版了文学、幽默、传记、诗歌、非虚构类图书以及短篇小说等，他们只能希望这些书在军队受到同样的热情欢迎。

并非所有的会员们都有耐心等待海外传回的信息。法勒·莱因哈特出版公司的斯坦利·莱因哈特写了一封信给他的朋友查尔斯·罗林斯——《星期六晚报》的战地记者，询问罗林斯是否可以就这一项目的进展情况给他提供一些消息。1944年6月，罗林斯从驻扎在澳大利亚的前哨站给他回信——几乎是在第一批军供版图书发往陆军部和海军部的9个月后，他感到非常诧异：协会竟对他们所做的努力仍然一无所知。罗林斯在回信中写道："什么，斯坦利，你的意思是说，没有人告诉你们出版商，这些柔软、细长的小书正在发挥什么作用吗？我告诉你们！你们应该被授予'杰出服务勋章'。"

> 这些书上到了前线，它们折角了，破损了，弄湿了。因为它们就是那个样子，因为它们能够插进裤子后袋里或者塞入双肩包里，在这太平洋西南的战场里，人们正在读之前未曾读过的内容。我已经看到士兵们带着它们在霍兰迪亚海滩上待了有三天时间。孩子们饿了……啃噬着应急干粮，在这些令人绝望的沼泽地里，他们把裤脚挽到齐臀高。但是，确实是他们，保卫俘获的日本飞机，抵御那些抢夺战利品的人，或者待在海岸营地上他们的睡袋里，饭后发一阵呆……读一本书。

罗林斯说了一个故事。一天，他开着吉普车，看到营地服务商店外面有一大群人，他感到好奇，想知道是什么引起这样的骚动。他说："甚至卖外卖的冰激凌店都无人问津。"有传言说，人们在等待期待已久的打火机，罗林斯断定“打火机不可能引起这么大的轰动，这种东西我也要弄一件到手”。所以，他踩了一脚刹车，加入到那场混战中。原来打火机不是主要的吸引物——“是你们送来的书”。罗林斯说：“它们送来时用牛皮纸包扎得结结实实，似乎被保护得很好，营地服务商店正在帮忙剪开那些包扎的绳子，然后把它们放入一个大的箱子里。”士兵很快排起了长队，并互相催促。一名士兵喊道：“根本没有时间看书名，随手抓起一本书，乔，继续往前走，今后你可以用它去跟别人交换。”罗林斯说，有一位士兵很幸运，他抓到了《布鲁克林有棵树》——“抓到那本书的家伙高兴得大叫起来”。抢到这样一本流行书，就意味着要很快读完，把它传给下一位排队等候的读者。罗林斯说：“他得早日读完这本书。”图书不仅在陆地上受到欢迎。罗林斯继续说，他随一艘军舰去澳大利亚，随船运去了两捆军供版图书，“我们在船上待了整整二十五天，每天都在读书。没有别的事可做，每个人都为有了这些图书而心存感激。他要协会坚信，对这些书的任何担心和怀疑都是杞人忧天。罗林斯在信尾鼓励出版商不要放弃，因为2000万册图书几乎不够。他同时要求“协会——像我这样——不要因为没有人关注自己做的好事就感到失望”。

其他战地记者主动报道了协会组织的这件重大的工作——在他们发表的文章中和直接给协会成员写的信中都提到了协会的这些书大受欢迎的情况。1930到1956年间，刘易斯·甘尼特的专栏“图书及其他”刊登于《先驱论坛报》。当他看到军供版图书的运作后，觉得有必要为协会写点文章。甘尼特是一位精装书爱好者、德高望重的新闻工作者,一生评论过 8000 多本书。他对协会图书项目的观点至关重要。

军供版图书工作得到了甘尼特的赞赏和尊重,协会对此非常高兴。甘尼特说:"从英格兰的医院到诺曼底的黑人士兵部队以及……正在包围布雷斯特的部队——到处都可以看到你们的书——在前线、后方、吉普车里、碉堡里、飞机上以及基地里。"这些图书是最受军队欢迎的。无论何时何地,士兵们一旦有空,便开始读书。甘尼特说,他曾经"看到一位实习飞行员,对往返于雷恩和查尔堡之的空勤飞行任务感到很厌倦,有时便让飞机自动飞行一下,自己则从身边取出一本书来读"。他还回忆道:"在美军某师,那些在将军帐篷后方的列兵和士官们全都在读书,并时常讨论着——很多时候他们的工作仅限于值班,除值班外,他们无事可做,他们想要好书。"甘尼特说,军队中"有很多士兵渴望有书读",并且很多"士兵很孤独,他们有大把时间"。在描述军供版图书在士兵们中的接受情况时,甘尼特说:"看到那些士兵如饥似渴地阅读你们的书时,才显示出你们的一片好心。这是一件伟大的工作。"

另一位新闻工作者格里塔·帕默,是早期对协会作出评价的人之一。帕默是从《纽约客》开始她的职业生涯,同时也为《星期日世界报》和《世界电讯报》等刊物写稿。帕默以通过争议性话题表达思想而著名,她从不隐瞒她坚定的看法,不管那些观点多么富有争议和不受欢迎。作为一名战地记者,她在地中海战区待了几个月,写了大量带攻击性的报道,批评她所看到的现象。用她的话说,她发表了"一些坏脾气的文章,指出了许多我认为在军队和平民组织中存在的不正确的现象"。当协会收到来自帕默的信时,出版商一致认为他们可能会受到刻薄的评价。

情况恰恰相反。鉴于她关于其他战争组织的批评文章，她写道："我唯一能做的是为你们协会献上花篮，我相信，在所有为提振士气而努力的组织中，你们的工作做得最好。"帕默感到惊异，士兵们"获准带一本军供版图书进驻到卡萨布兰卡市的一家旅馆，并且可以把它带上飞机，再带到马赛的医院中，给另一位士兵读"。她观察到，这些图书的版式对"医院里的病人正适合：它们是我看到过的，唯一能让病人平躺在床上舒舒服服阅读的书"。执行任务期间，她两次住院，就她自己而言，在康复期间，她非常感激军供版图书为她排忧解闷。帕默说，选题也不能更好了。她写道："如果不是有点鲁莽无礼，我真想代表全体士兵感谢你们，但是，我至少可以因你们给我许多快乐的时光而感谢。"

整个战争期间，军供版图书为精疲力竭、疲乏困顿的战士提供了精神依托，一再得到印证——那些依赖这些书的人很少有觉得失望的。1944 年夏天到了，协会提供振作士气的图书这一使命变得前所未有的重大。盟国准备发动一场精心策划、等待已久的反攻战。

第六章

胆量、勇气以及超常的魄力

最近有人告诉我，在我们最初进入法国的十一天里，有超过3000名美国士兵牺牲。

谁牺牲了？让我来告诉你。

十多年前，有一个小男孩睡在他的婴儿床里。夜晚，天空电闪雷鸣。他醒过来，吓得哇哇大哭。母亲来到他身边，重新帮他把毯子盖得严严实实，安慰他道："别哭。没有什么敢来伤害你。"

他牺牲了……

有一个男孩，骑着一辆新自行车。当他经过你的屋前时，他空手骑车，把晚报折成一团，扔在你家门口。当你听到门上发出的声音时，便跳起身来说："哪天，让我好好教训那个家伙。"

他牺牲了……

有两个男孩，其中一个对另一个说："我来负责说话。我只想让你来给我壮胆。”他们来到你的门前。那个承诺负责说话的男孩问道:“您想修一下草坪吗,先生?”

他俩牺牲了。他们曾彼此打气……

他们全都为国捐躯。

除非我们能够确信,在整场战争中,我们都尽到了自己的责任,否则,我真不知道,我们这些生活在大后方的人,有谁今晚能够安心入睡。

——贝蒂·史密斯,《谁牺牲了?》,1944 年 7 月 9 日

到 1943 年底,盟军是否反攻已经不是问题,问题是在何处、何时开展这一战役。德国面临三线作战的局面,设防的区域巨大。东线与俄罗斯相对,战线长达 2000 公里。地中海前线,贯穿非洲和欧洲,战线长达 3000 公里。而在西欧,德国军队有长达 6000 公里的战线需要布防。当成千上万名美国士兵军正为这一巨大的风险做准备时,他们把军供版图书随身携带。

与此同时,希特勒也指挥他的政治宣传工具对美军发动宣传攻势,为下一步入侵做准备。德军最伟大的一件武器居然是一个美国人的声音。米尔德里德·吉拉尔斯出生在美国缅因州,后移居柏林,士兵都在心里称她为“轴心国的萨莉”或“柏林的婊子”。战争爆发后,她担任第三帝国广播电台的主持人,并且很快在美军士兵中走红,他们喜欢她的美国口音、性感十足的语调,以及她播放的流行音乐。但是,在她的声音和音乐背后,设计的是一些打击听众的勇气的节目。“嗨!伙计们。

我是蜜琪，正在呼唤今晚在世界各地的美国远征军。”节目就这样开始了。她故意歪曲一首流行歌的名字，说：“嗯，孩子们，你知道，我想对你说：‘把你的烦恼都打包进行囊吧。’但是，我知道，你们的烦恼太多了，那小小的行囊怎么装得下你们无尽的烦恼呢……德国根本不会被打败。”尽管这个节目是为了政治宣传设置的，但它坦率直白，经常逗得士兵们哈哈大笑。然而，“轴心国的萨莉”可不是省油的灯，她一次次地暴露一些不可思议的情报，激怒了那些最忠实的听众。有天晚上，她说：“嗨，向来自 E 公司第 506PIR 以及奥尔德本第 101 的人们问好。希望你们上个周末在伦敦玩得愉快。另外，顺便告诉一下市政工作人员，教堂上的大钟慢了 3 分钟。”她的消息准确无误。美国人喜欢萨莉的音乐，但他们也渴望不再被她嘲笑。

到 1944 年春天，攻入法国的作战细节已经确定了。战斗将在夜间打响，盟军会从空中和海上发起全面进攻，攻打德军在法国海岸的炮台，同时刻意炸出一些弹坑，以便步兵进攻时用作掩体。美军和英军的伞兵会在轰炸区域后方着陆，保护各种桥梁及地标，为早晨稍晚开始的大规模登陆行动保驾护航。瞄准海岸和堡垒的海军炮火在登陆艇上岸之前会停止攻击五分钟，以保证他们能够运送坦克、各种武器以及步兵上岸。工兵团和轻型火炮团将随同第一波步兵登陆，紧随着的是另一批部队和补给。每一部分的进攻都经过精心设计，时间精确到分钟。这样一份周密的计划要求参与行动的联军之间，海军、空军以及地面部队之间密切配合，以使每个部分都能及时地执行任务，因为下一个行动紧接着就要开始。

当士兵们越来越多地了解到即将面临的危险时，他们觉得自己在劫难逃。一位列兵回忆说：他的朋友获知关于行动的简单介绍，预计第一波进攻时军队的伤亡率在 30%，“我们就是那 30%”。危险就在眼前，很多人相信，伤亡率应该会更高。正如一位历史学家解释的：“第一波冲击奥马哈海滩的美国士兵，不得不在没有坦克、登陆舰引导的情况下从军舰直接上岸……[同时]在迎面而来的内陆的炮火射击下，开辟他们的道路，通过大约 150 米的潮汐滩，被重机枪和来复枪交叉扫射，大炮弹和迫击炮弹从耳边擦过，嗞嗞作响。”下一波美国兵“会受到三重交叉火力的攻击，来自各方的重机枪和大炮的射击，前面的小型武器的阻击，还有来自天空的迫击炮弹的攻击”。带刺的铁丝网和雷区（德国人在海滩和悬崖边布雷多达 650 万枚）等待着那些从登陆战中幸存，即将跨越海滩的美国士兵。军队需要钢铁一样坚硬的决心和无限的勇气。

在德怀特 · D.艾森豪威尔将军的指挥下，诺曼底登陆计划定于 1944 年 5 月 30 日正式实施，预定进军时间为 6 月 5 日。在最后几天开始上登陆艇的时候，士兵们准备好了一切。他们在背包里塞了十多磅重的弹药、食品、额外的武器以及其他必需品。虽然军方建议大家不要携带超过 44 磅重的装备，但据估计，有些人带了足有 300 磅重的行装，他们背着重重的包袱，步履蹒跚。

因为登陆行动只能在晴朗的天气条件下进行，所以，直到战斗前夕都无法确定准确的日期。考虑到在抵达英格兰和登陆行动开始前，部分士兵会等待较长时间，军队特殊服务部门越来越关注士气的维持。至少在最初，很多人在待命期间保持了良好的精神状态。甚至听说要在他们制服上涂上一层带臭气的油渍，以免受到芥子气的攻击时，士兵还是大踏步地前进。《纽约时报》的一位战地记者报道，一位水兵注意到有人在看他涂鞋，便开玩笑地喊道："这是我第一次试着让一双鞋子怀孕，先生。"

另一位也在涂鞋的水兵反驳道："毫无疑问，你还试过其他一切东西。"随着登陆临近，轻松的时刻变得越来越少。

艾森豪威尔将军尤为关注军中的士气。正如他在自己的回忆录中说的，"士气，跟别的事物大致相当，在战场上至关重要"。众所皆知，艾森豪威尔通过阅读西方小说来放松自己、缓解压力，而一个即将参加战斗的人所配得的不会比他少。把完成这项任务所需的人全部集合起来，这需要时间，厌烦和焦虑伴随着这无趣的等待时光，艾森豪威尔将军工作人员批准了特殊服务部门的建议，向待命的士兵分发军供版图书——人手一册。当 C-和 D-系列送抵陆军和海军部的时候，工作人员专门为参加这次登陆行动的士兵保留了大约 8000 套图书。其中包括以下系列：《斯蒂芬 · 文森特短篇小说选》、查尔斯 · 考特尼的《失控的冒险》、劳埃德 · C.道格拉斯的畅销书《圣袍千秋》、以斯贴 · 福布斯的《保罗 · 里维尔传》、马昆德的《刻不容缓》、约瑟夫 · 米切尔的《麦克索里的美妙沙龙》、马乔里 · 金南 · 罗林斯（M.K.罗林斯）的《十字小溪》、贝蒂 · 史密斯的《布鲁克林有棵树》、查尔斯 · 斯伯丁和奥蒂斯 · 卡尼的《一见钟情》、布思 · 塔金顿的《彭罗德》以及马克 · 吐温的《汤姆·索亚历险记》和《哈克贝利·芬历险记》等。另有数十种其他的图书也一起分发给了那些在英吉利海峡等待进攻的战士们。

因为登陆计划的所有细节都是保密的,协会不知道特殊服务部计划在军队等候区给士兵发放军供版图书。实际上,1944 年 5 月下旬,协会还担心军供版图书“堆在库房里,运送到陆军和海军部的时间会被推迟”。协会的一些成员担心,这些堆积如山的书暗示着军供版图书不受青睐。当协会后来得知,这些书是为即将到来的诺曼底登陆准备的,这让他们感到莫大的安慰。而且,军队实际上已经考虑到图书对提振士气的重要性,因此安排了近 100 万册图书专门发放给即将登船的部队。

在进军诺曼底之前,特殊服务部门在大不列颠海岸上地毯式空投了战士喜欢的东西。战士们把一包包雪茄捡起揣进衣兜里,手里抓满了糖块,但是,所有这些东西中,最受欢迎的是军供版图书。根据特殊服务部门的一位工作人员回忆,在集结地,气氛极度紧张,“对许多人而言,图书是唯一能够缓解他们紧张情绪的东西”。开始上船的时候,很多人意识到他们的背包太重了,便在泊船区附近停下来卸下背包中的部分物品。各种物件扔满一地,但是,“后来卫生清理队在打扫这一区域时”, 在大量被丢弃的无关紧要的东西中,“很少发现有被丢弃的军供版图书”。一本书仅几盎司[1]的重量,军供版图书成了军人可携带的重量最轻的武器。

所有人都上船后,军舰无处可去——军队还得等待艾森豪威尔将

1　1 盎司约为 28.35 克。——译者注

军的命令，他希望天气、月亮、潮汐以及日出的时间等条件都符合盟军的要求，然后才能宣布进攻。同时，人们除了焦虑、祷告、读书以外，无事可做。全军弥漫着沉默的气氛。很多人手里都拿着一串念珠。根据事后人们的回忆："牧师职业迎来了黄金时期。我甚至看到犹太人去参加圣餐仪式。每个人都怕死。"萨莉向他们保证："我们等着你们的到来。"当人们听到轴心国广播电台的另一位"萨莉"这样说的时候，这一切都无济于事。几乎所有人都很害怕上战场。

6月4日清晨，第一艘军舰开始出发，驶入英吉利海峡。然而，天气很快变得糟糕起来，从毛毛细雨变成了冷冰冰的大雨。步兵登陆艇和坦克登陆艇不能提供任何保护，军舰上的战士就这样被抛下来，他们的制服被海水浸透了，海流又很湍急。情况真是糟糕得要命。由于天气恶劣，艾森豪威尔将军不得不将登陆行动延迟一天，这只能让情况更加糟糕。厚厚的云层使得空军的炮击行动无从实施。平底战舰坚守岗位，在翻滚的海水下摇摇晃晃，许多初次乘船的人从在船上待命的时候起，便一直晕船。（当他们终于到达法国，看到那些先到之人的尸体，有人忍不住说道："他们都是一些幸运的混蛋，终于不再晕船了。"）其他人在港口或河口停泊，没有任何人获准离开那些拥挤不堪的战舰。他们只能诅咒、呕吐，还有等待。

登陆艇上的情况变得更加严峻。直到若干年后，还有很多人回忆起当年弥漫在甲板上的恶心气味，混合着柴油味、厕所味以及人们的呕吐物味。许多人听收音机，以此打发时间，但是当收听到另一位轴心国"萨莉"主持的广播时，他们宁可立即关上收音机。她已经把歌词自由地重新改编成流行歌曲，把"我的亲爱亲爱的你"改成了对登陆行动的威胁："我敢打赌如果你敢过来。我敢打赌如果你敢过来。脱下你那高帽子吧，别再吹牛。闭上你那吹牛的嘴，保住你的小命。你敢跟我打赌吗？"

感谢上帝，战士们有军供版图书。据一位少尉回忆："很多人把兴趣转移到了读书上，对不舒适的环境倒是没那么在意了。"《纽约客》的战地记者A.J.列伯灵观察到，在等待行动的过程中，军供版图书减轻了人们的厌烦和焦虑。他看到第一师"分散在步兵登陆艇上……很多人都读着平装书，即军供版图书"。第一师的士兵都很安静，列伯灵评论说："他们看起来就像去演习一样，而不是参加致命的进攻行动。"正如一位步兵告诉列伯灵的："这些小书可伟大了。它们能把你带去另一个地方。"

当命令终于下达，诺曼底登陆行动将在6月6日清晨开始，这个消息才是最大的安慰。在一些空军士兵穿上了执行夜间任务的制服时，轴心国萨莉在盟军"拜访"德国之前，发出最后一击。"晚上好，第八十二空军师，"她亲自向他们问好，"明天早晨，你胸中流出的血就会洒在我们坦克那凶恶的轮子下了。"有些人的心情会被萨莉的话扰乱，另一些人则只是耸耸肩，满不在乎。毕竟，她玩弄这种把戏已有一些时日了。由于陆军和海军准备把德国的碉堡和沿海的防御工事炸成碎片，当他们得知要向结束轴心国萨莉的威胁迈出实质性一步时，都感到很安慰。

与此同时，在国内，罗斯福总统于 6 月 5 日晚上发表了重要的广播讲话。他宣布罗马是轴心国陷落的第一个首都，是全面征服敌人的标志性的重大事件。罗斯福很快承认："在全面打败轴心国前，我们还会面临很多更重大的战斗。"他说："在进入德国本土前，我们还要经历长时间的更加艰苦卓绝的战争。""我们离前面的胜利目标还有一段路程。"但是罗斯福总统让美国人民确信，"在适当的时候我们会完成这一进程的——不要害怕"。在祝贺胜利和感谢参与意大利行动的人们后，罗斯福在结束他的演讲时总结道："愿上帝祝福他们，看顾他们，并看顾我们所有勇敢的战士。"尽管他的听众没有得到任何暗示，但总统知道，在他讲这些话的时候，进军法国的战斗已经打响了。

6 月 6 日早晨，罗斯福为盟军在法国取得胜利起草和背诵了一段祷文。随着黑色的窗帘落下，总统一夜不眠。有关登陆计划的详细报告源源不断地呈送到白宫，通知总统什么时候第一艘船启航，稍后，什么时候盟军开始登陆。第二天早晨，罗斯福总统向国会派发了一份他的祷告词，祷告词在众议院和参议院被诵读；同时，祷告词还通过报纸传至全国，以便全国人民在那天晚上都能够在总统发表广播讲话时，跟随总统一起朗诵：

全能的上帝：

我们的儿子、我们国家的骄傲，在今天开始了一项巨大的工程、一场伟大的战争，以保卫我们的国家、我们的宗教以及我们的文明，还要解放那些正在受苦受难的人们。

请指引他们走正路、追求真理；让他们的手臂充满力量，坚固他们的信心，让他们对您的信仰坚若磐石。

他们渴望得到您的祝福。他们前面的路很漫长，任务很艰巨，敌人很强大。他们会反击我们的军队。胜利不可能一蹴而就，而是要通过我们一次又一次的努力才能达成；我们知道，有了您的恩典、您的公义，我们的事业、我们的儿子便会取得胜利……

有些人将永远不再回来。恳求您拥抱他们，我们的父，请接待他们——您英勇的仆人——进入您的国。

我们这些在家里的人——父亲、母亲、孩子、妻子、姐妹、兄弟，他们都是远方勇敢的人们的亲人，我们的思念、祷告将永远和战士们在一起——全能的上帝，我们需要您的帮助，让我们再次献上伟大的牺牲，在这个时刻重申我们对您的信心……

还要恳求您赐予我们力量——让我们每天都充满力量，再加倍地做贡献，以便在体力、物质方面支持我们的军队。

让我们有勇敢的心，经受住漫长的阵痛，承受可能到来的遗憾，把勇气赋予儿子们，让他们所向无敌……

请指引我们，拯救我们的国家，我们的兄弟国家，让我们结成一体，永葆和平……让人民生活在和平自由的国度，收获他们诚实劳动该得的嘉奖。

愿您的旨意得以成就，全能的上帝。

阿们。

在犹他海滩和奥马哈海滩登陆的美国士兵，有截然不同的经历。美军第四师在犹他海滩涌上岸，几乎没有遇到任何抵抗。实际上，登陆战斗如此虎头蛇尾，很多人对此还有点儿失望。他们把这次登陆战斗描述成好像是某次入侵演习一样。相反，那些较早在奥哈马登陆的几批部队却面临过必死的情形。当运输舰放下吊桥时，正在撤退的士兵便被推上火线。德军的重机枪把战船撕成碎片，立即杀死船上无助的士兵。对于第一批到达奥马哈海滩的步兵登陆艇来说，死亡率几近100%；没有任何人逃脱那片海滩。稍后的几批部队面对着岸上令人悲痛的场景。许多士兵患了炮弹休克症，站在原地，无法向安全的地方撤离。其他人蹚水穿过机枪形成的火力网和迫击炮轰击区，冲向岸边悬崖顶部寻找躲避处，一路上承受着伤害，根本无法前进了。许多士兵的躯干散落在海滩上，留在那里，直到医护人员前来收拾。那天晚些时候登陆的士兵将永远不会忘记，那些身受重伤的士兵靠在悬崖边读书的场景。

在行动的最初 24 小时，有 1465 名美国士兵阵亡，3184 人受伤，1928 人失踪，26 人被俘。随着战争向内陆推进，这些数字急剧上升。登陆行动进行到第十一天，有 3283 名美国士兵死亡，12 600 人受伤。

整个战争期间，媒体报道的美国士兵的伤亡率不断上升，这一直没完没了地折磨着那些还在打仗的美国士兵。很多人反对用“GI”（General Infantry 的缩写，泛指美军）这个匿名代表美国军队。军士长弗兰克·特曼解释说：“我们想到 GI 这个词的时候，就觉得这是一个有问题的用语，但是我们没有问题。”特曼说：“当我们从那些阵亡的伙伴身边走过的时候，我们不应该称他们是死了的 GI。当再次回到家乡，看到我们伙伴的亲人时，我们根本不应该说：‘你的儿子是个死了的GI’。”“任何人都可以是一个 GI，但是不能用来指任何一名士兵、水手或海军成员。”对于那些还在前线战斗着的士兵而言，死去的战友并非无名无姓的死人。战争要求人们理解和爱，这是一种折磨。只有那些驾驶着飞机穿过高射炮射击区域的飞行员，才理解那些受到致命攻击的同事；只有那些驾驶着两栖登陆艇冲向岸边，却受到了狙击手进攻的人，才知道朋友中有谁倒下了；当日本飞行员驾驶着飞机冲击盟军的战船，破坏或消灭盟军的时候，那些幸免于难的水手知道谁不在了。对于那些在交战中的人，死亡对人的折磨只能独自承受。他们轻易不会提及这件事情。

在整个战争期间，发生的很多事情都成了难言之隐。士兵们知道他们所经历的战争的极其残酷——这不需要讨论。所有经历过战斗的人都对此感到恐惧。随着时间的推移，积累起来的精神和情感包袱，很少有渠道能让他们放下这种重负。很多人甚至很少向家人吐露这些经历。每一封寄回家的信都经过了审查，以确保没有任何敏感的信息泄露出去，避免信件落入敌方手中。因为每封信都由身边的另一位士兵读出来，很多人拒绝利用这个机会告诉亲人他们的悲惨处境；此外，士兵不想让家人为他们不快乐和压抑的现状担心。他们不能描述战场情形，或者不能与家人分享他们的感受，很多信被简化为天气报告和一些模糊的客套话。

然而,图书为很多人提供了宣泄的渠道。这种难以理解的心情通过某些军人对图书的专注而变得清晰了。凯瑟琳·安妮·波特是一位不太可能获得广泛关注的作家。她的短篇小说巧妙地揭露了私密的、个人深层的经验与情感,这些会让读者觉得,她了解他们的内在思想与情感。成千上万的士兵在读了她的军供版图书后写信给她:有些人说书中的描写能与某些实际的人物联系在一起;另一些人觉得在读了她的散文后,似乎身上的孤独感和隔离感被冲刷干净了。通过给那些触及他们心灵的人写信,军人又回到了阅读的作品里那些人际关系中。这些书信通常深入到令人难以置信的个人经历与情感中;实际上,他们会把很多没有向亲爱的人说的话,告诉作家。

有一位军人对波特的《短篇小说选》珍视到这样的程度:整个战争期间他都随身带着那本书,回到家里还保存着它。他说:"缓慢地往东航行,越过漫长的满是废物的太平洋,朝着回家的方向,我有机会再一次读了一些你写的故事——在平装本军供版图书中。假如在休闲时,以局外人的心态,在合适的条件下我们能获得更好的阅读体验;而且,我已经比以前更能欣赏你的作品。"波特小说中的什么内容能够如此深深地吸引他呢?是因为她能够"抓住一些小小事件,刚好这些事件与你我都相关",以及"捕捉到那些令人恐惧的情感,我们所有人都一度生活在这些情感中——遭拒时便丧失,被爱时便获得,遭滥用时便成了女巫骑着的某种动物"。

另一位士兵也从波特的作品中获得了巨大的安慰,他写信告诉波特自己的感受。他收到了波特的回信,欣喜若狂,波特问他是否住院了,并且把他关心的问题透露给了她在第九野战炮兵团的侄儿。这位士兵立即回复,承认他“几乎可以骄傲地说我是一个病人”,如果这样能够“引诱”波特跟他保持通信的话。过去四个月他都在住院,因为他患了黄疸,他很感激有书可读——比如波特写的书。波特提到了她的侄子,这揭开了这位士兵对同属第九野战炮兵团的一位朋友累积的愧疚。“我担心他胜于担心我自己,他是一个好人,自从很久前他在非洲登陆以来,他经历了种种地狱般的生活。一次又一次地,他的朋友就在他的面前被杀死;1 月,他小组里五名士兵——他最好的朋友——阵亡,他本人被击中。我自己想:‘亲爱的上帝!一个人只能承受这么多!可是他一次又一次地遭受这些。’”这位士兵承认“他愧于给以前[的朋友]写信,说自己住在医院里”,因为他的朋友面对的是死亡,他自己却到意大利旅行,听音乐会,看歌剧表演,住豪华旅馆,然后驻扎在离前线 30 英里的后方——总是在危险范围之外。与他的朋友相比,他觉得自己不是一名真正的士兵。向波特倾诉了良心的不安后,他感觉好多了。

战争结束后,波特回顾自己在战争中所扮演的帮助者角色。她说:“在我自己家里有三位军人,有战士们写给我的 600 多封信,我希望自己能够被原谅,我认为这是一支非常杰出的军队,有这些信为证。当然也并非所有信件都是称赞我的。我提及这些时感到骄傲和快乐,至少有一些美国军人认为我非常理解他们。”

贝蒂·史密斯的《布鲁克林有棵树》也许是所有军供版图书中最受欢迎的。它讲述了生动活泼的童年故事,许多人都认为史密斯写的是他们的童年。当消息传开说史密斯出版了散文《谁牺牲了?》,这本书个性化地描写了成千上万个诺曼底登陆中的伤亡故事,许多军人都写信向她索要一册。史密斯一直不断收到世界各地的来信,士兵为她的作品在他们身上产生的作用而感谢她。

一位军士长写信给史密斯:"当我第一次拿起你的书的时候,我垂头丧气,我是个冒失鬼,正如那位男孩说的。"但是,当他继续阅读时,"我的精神不断提升,终于找到了我自己,有很多可笑的人物让我发笑"。他需要鼓劲,《布鲁克林有棵树》提升了他。几个月来他一直感到压抑和孤独,在阅读史密斯的书前,没有任何事物能够安慰他。他说:"从八个月前我来到这里起,我从来没有真正地笑过。"一位在陆军航空兵部队服役的军人说,史密斯的书勾起了他的思乡之情,而且这是"我生命中第一次犯思乡病"。他感到很吃惊,史密斯的文字能够把他送回家乡般的生活——一种他非常怀念、极其想回去的生活。他没有写信抱怨。"在军队的短暂时间里,我阅读了各种小说和经典作品,可以真诚地说,在读了《布鲁克林有棵树》后,我才真正感到满足了。"许多写给史密斯的信都表达了同样的情感共鸣。一位在第七一六轰炸中队的士兵感到跟史密斯写的人物有非常紧密的联系,以至他把《布鲁克林有棵树》比作"一封来自家乡的珍贵的信"。

在一家医院里,一位军人写道,对他而言,阅读《布鲁克林有棵树》是永无终止的享受,因为这本书让自己想起了在布鲁克林的童年时光。他说,"对我而言",那本书像是"让我重新生活了一遍"。又有一位军人写信,希望史密斯能够"护理好另一株文学的幼苗,使它长成大树"。史密斯的出版人收到一份来自一位军人的报告,报告说他以前从不关心书,“但是,我第一次找到了一本真正喜欢读的书,这就是贝蒂·史密斯的小说,书名叫《布鲁克林有棵树》”。他希望知道她写的其他作品。他说,幸亏有史密斯,“书是我们很少得到的快乐之一”。

《布鲁克林有棵树》与其他书一起,帮助士兵免除了每天都可能萦绕心头的烦恼。在一封来自R.H.的充满激情的信中,贝蒂·史密斯“听腻”了一位讨厌的室友的话。R.H.与乐天派格斯生活在一起。一天,格斯来到他面前,手里摇晃着一本《布鲁克林有棵树》,并且说道:“这是一本好书。”“格斯把一切东西都称为好东西。”R.H.抱怨道,“他似乎不知道其他修饰性形容词,只知道不加区别地使用‘好’这个字。他的女孩是个‘好’女孩,《龙种》是一部‘好’电影,他的同伴是一个‘好’男孩,B-29飞机是一架‘好’飞机,今天是一个‘好’天气——几乎他每一开口,就会从他那可恶的嘴巴中弹出一个‘好’字。”R.H.开玩笑说,总有一天他要痛扁格斯一顿,但这没有任何好处。“现在我可以看到,他自己从地板上爬起来,然后大笑(不要相信我真的会生气),接着说:‘吉,这是很好的一击,你把我打倒的,朋友。’”R.H.说,言归正传吧,他开始阅读《布鲁克林有棵树》,这本书立即使他和格斯之间的怨气烟消云散。R.H.说:“我无法告诉你,正如我想的那样,这本书让我多么感动。”“但是我知道,从现在起,当格对我说起这本书,并称它为‘好’书的时候,我不会生气,一点都不生气。”

史密斯估计,她每天大约收到四封士兵们的来信,或者说一年收到1500封。她几乎给所有来信者回信。当士兵们收到她的回信,有时还随信附有亲笔签名照片(这是最常见的要求),都感到吃惊。回信从不漏落，这些纪念品变成了珍贵的财富。一位军人从医院写信给史密斯：“感谢……感谢……你的回信。”这封信在一个完美的时刻到达，因为他要经过“即将到来的艰难的一周。每位医生都希望做手术。我不知道在做完手术后，医生会怎么对待我剩下的躯体。给我一碗肉汁，在我的嘴里塞一个苹果。我这么猜想”。史密斯的信给他勇气，使他能够面对这次手术。

一位士兵写信给史密斯说，“我收到[你的]信时，我便想，好的，贝蒂已经送出了一张圣诞卡片，就像那些名人认为他们为小孩子做了什么事一样，但是，你瞧，还是贝蒂自己。我仍然可以吹牛。我告诉我的同伴，这是我的前妻，因为他们不像我那样熟悉你的相片”。那位军人带着史密斯的相片从德国到比利时——他跟史密斯之间保持着定期通信——他要求换一张新的相片。他说：“我需要另外一张，因为我随身带着这一张去了雪地、雨中、沼泽以及战场，这张相片也像是经过了一场战争。”另一位定期跟史密斯通信的军人也通过看她的相片获得了巨大的安慰。他说：“在战场，筋疲力尽、压抑难受的那些日子里，你帮助并激励了我。我带着你的照片——因为它帮助我记住我爱的那个人（指他的妻子），并且鼓励我在生活中追求更好的事物，这也是我打仗要追求的。”他还补充道：“在我可能面临生命的最后关头时，你的小小相片给了我最真诚的幸福和快乐，我多么需要它。”几个月后，这位军人在战场上受了伤，在医疗队康复期间，他写信给史密斯，坚持认为史密斯让他的生活起了极大的变化。他回家后，他的妻子计划生一个孩子，如果是个女孩，他们就给她取名为贝蒂·史密斯。

鉴于《布鲁克林有棵树》的读者来信如洪水泛滥般向史密斯和协会涌来,协会决定重印这本书。史密斯告诉一位朋友:“军供版要重印,这真是太美妙了。”“毫无例外,我收到的信绝大部分来自在海外作战的军人。他们认为《布鲁克林有棵树》中的一切都是真的,而不是在读小说,好像重新生活在布鲁克林一样。”她承认,“有些信催人泪下”,“那些远离家乡,身处海外的军人对那本书有那么多的认识,我真的深受感动,我感觉自己做了一件对世界有益的事情”。

罗斯玛丽·泰勒的《快乐无疆》是另一部在军人中大受欢迎的作品。《快乐无疆》的叙述者是一位青春期的女孩,作品讲述她的母亲管理一所繁忙的公寓时发生的有趣事情,安抚一长串滑稽的人物,供应令人垂涎欲滴的晚餐。战争期间,许多军人无法控制感情,变得多愁善感,但是这本书止住了这种感情,还带给他们健康与智慧。

一名中尉写信给泰勒表示感谢:“感谢你带给我那么多快乐,感谢你送给驻扎在几内亚的其他工作人员和军人的快乐。”他说,《快乐无疆》使他们的“生活有新鲜感,我们现在暂时把它放在脑后,它是一份富有而又快乐的遗产,它等着我们回去”。还有一位军人从中国写信给泰勒说,《快乐无疆》是他最喜欢的书,泰勒描述她妈妈做饭的样子使他想起了自己的妈妈。“做饭不用任何量具、调料,也不用计时。”这本书让他回想起故乡,他认为读那本书就像请假回一趟家一样。“它把我带回家几个小时,减轻了我的思乡之情。我真的忘记了战争,还能大笑,暂时回到那间奇迹般的房子里,与那些美妙的人们一起生活。”他唯一抱怨的是泰勒“对她妈妈烤的土豆的绘声绘色的描写,切碎的青豆、沙拉、甜点——这些几乎超过了感官能够承受的程度。甚至提到一下冰水都足以让我们兴奋不已。”他这样自嘲道。他在信的结尾处要求泰勒多写几本像《快乐无疆》这样的书，因为“我们需要它们”。

一位士兵从阿留申群岛写信告诉泰勒，他无法抵挡给泰勒写信的诱惑，“这里有一个人在阅读和享受你的《快乐无疆》这本书，但是他原来并未打算读这本书”。他说，实际上，“我提起这本给士兵的书时，不是说‘一个’或‘两个’，因为我看到这本书在我们特殊的营房里的上下铺之间传阅，听到读书的人不时捧腹大笑，紧接便是把所谓的精彩段落跟屋中全体人员一起分享”，并且还会有“来自邻屋，至少是板墙隔壁的人们的共鸣”。这位士兵回忆说，“有人把‘快乐’带在身边一起工作时”，他“回来后几乎一夜都不能控制自己的热情”。这本书是最热门的商品。因为对于那些驻扎在阿留申群岛的士兵来说，阅读是唯一可以得到的消遣。这位士兵说，他和他的朋友在阅读方面已经变得非常有鉴别能力了。他解释说，他对《快乐无疆》产生共鸣，他周围的人也产生共鸣，是因为书中的人物都是“思乡之人，每一个读这本书的美国兵都带着乡愁，想起他们自己家乡的同样的人们”。他说：“我代表我们中的大多数人，感谢你，你给我们带来了很多的乐趣。”“我们所有人都希望罗斯玛丽·泰勒写更多书。”他们如愿了，协会又出版了泰勒的《骑上彩虹》一书。

正如早期的确证显示的，图书在战争中发挥了特殊的作用。它们安抚了陷入困境的思想和心灵。它成功了，但其他娱乐方式没有成功。

对于许多面对战争的男人而言,图书有很多可取之处,各方面都证明了这一事实。正如一位学者在评论战争中图书的作用时指出的,人们对图书充满感激之情,因为它们"使士兵想起了家,或表达了士兵心中的情绪和思想,很大程度上这些情绪和思想都被军营中的嘈杂、碌碌无为以及混乱的生活压抑住了"。图书允许人们通过阅读别人的故事,来应对自己的情况,图书发挥的这一治疗性的功能使人们愿意读更多的书。他们的环境了无新意,也了无生趣,幽默题材的图书却让他们大笑。以家乡为背景的故事传说把他们送回了他们思念并渴望再次见到的地方。通过读书,人们收到了最贴心的东西,舒缓了战争带来的紧张感。一位列兵从法国写来信,他说,"图书常常成了逃脱'美国大兵'身份的唯一的方式","我看到很多人,他们从前根本没有读书的耐心或爱好,此时他们手捧一册协会出版的书,专心致志,而且要求再来一些"。

陆军中校陶德曼试图解释军供版图书大受欢迎的原因。他观察发现,二战期间的美国士兵都是受过 11 年教育的公民,他们之前读过的书很大一部分都限于学业的要求。很多学生没有进过社区的图书馆,他们的阅读习惯是大概每周读 300 页的小册子,内容从连环画到报纸、杂志文章不等。随着战争开始,这些青年被派往世界各地,许多地方不说英语,没有英语阅读材料,任何英语报纸、杂志或图书都必须从几千英里外运过去。几乎跟家里的来信一样,这些图书和杂志都备受珍爱,因为它们能够使士兵接近美国本土的生活。士兵读到某些英语图书,或他们曾经热爱的某些杂志时,能从中获得安慰。

如果人们对军供版图书的价值仍持有任何怀疑,那么,1944 年夏天，这种怀疑应该平息下来。随着美军长途跋涉穿过法国巴黎，在太平洋上从一个岛跳到另一个岛，他们身边除了战争，一无所有，要说还有什么东西，就只能说他们能从书里获得一点儿安慰。

第七章

荒漠甘霖

这几天我一直在军人俱乐部里翻找，又劳烦红十字会，把我们图书馆的书架搜索了一遍，还想方设法去军营搜罗——找什么???找G-183！G-183！G-183！

——B.S.中士

在盟军向巴黎进发的同时，太平洋也正进行着迥然不同的战争。盟军从澳大利亚北部开始，向日本海岸推进，缓慢地前进，从日本军队手中抢回一个又一个岛屿。太平洋战争中最惊心动魄的一幕上演了，驻太平洋美军面临着一连串自杀式攻击。在一场登陆战中幸存下来的战士又要开赴下一个岛屿展开战斗，他们很清楚前方将面临一场什么样的恶战，士气持续下跌。随着时间推移，太平洋战争中野蛮的战斗和岛屿生活的可怖条件，一时臭名远扬。当战士们为争夺一些荒无人烟、无足轻重的岛屿而作战时，他们感到一种强烈的孤独感。为什么有人会对诸如他们攻取的这样一些并不令人欢迎的岛屿感兴趣呢？要士兵理解这类问题太困难了。

如果说在哪个地方亟需提升士气,那就是在这些被战士们形容为地狱的岛屿。要抵消战争状况下生存条件的残酷,娱乐和休闲项目是关键。在登岛战的早期,图书成了少有的娱乐项目之一,它的体积很小,没有太大重量,便于士兵随身携带。在读书中逃避现实,即使是短暂的几分钟,对战士们而言也是一种幸福。不论是上刀山还是下火海(好像两者都是),特殊服务部工作人员都会尽最大努力把图书尽快送到这些岛上。

美军最早发起的战役之一是瓜达康纳尔岛之战,紧随中途岛战役胜利之后。瓜达康纳尔——战地记者将其描述为"一只蒸笼,遍地瘴气的'丛林'地狱","岛本身没有任何价值",但有战略意义,可以在那里修建飞机跑道——被日军顽强地守卫着。岛上条件非常艰苦。经过一整天严酷的战斗,睡觉几乎不可能。连续不断的炮声和夜袭把海军陆战队员一次又一次地从铺盖卷里震落到散兵坑中,他们似乎随着炮火的声浪潮起潮落。湿漉漉的热带雨林使他们的卧具保持潮湿状态,活泼的蚊子也像日本兵一样追击着美军。太阳下山后狙击手蜂拥而上,海军陆战队员夜不敢寐,时刻警惕着。有人试图要闭一会儿眼睛,都必须让另一位朋友为他警戒。他们一边被讨厌的蚊子骚扰,一边被时断时续的迫击炮声惊扰,还得麻木地入睡。有一位士兵说:"晚上在潮湿和寒冷中度过,白天在沼泽和污秽中度过。"用一位战地记者的话说:"在瓜达康纳尔岛的最大快乐就是……还继续活着。"

相对于海军陆战队在岛上受到的折磨，水兵在外海也没少受苦。"有史以来最糟糕的失败发生在一场势均力敌的战斗中"，1942 年 8 月 9 日，在萨沃岛战役中，仅仅三十二分钟，日本帝国海军击沉美军四艘巡洋舰，并驱赶了第五艘军舰，日军自身仅受到了轻微的损失。接下来的几个月里，海军继续蒙受严重的损失。到 1943 年 2 月瓜达康纳尔战役结束的时候，有很多舰船遭到鱼雷袭击而损坏，或被击沉，以至于瓜达康纳尔、萨沃以及佛罗里达岛之间的水域得了一个绰号：铁底湾。

瓜达康纳尔之后的战役比上一战役更残酷，那些从太平洋极端残酷的战役中幸存下来的战士发现他们自己于 1944 年 6 月泰然自若地入侵塞班。第一批到达的军队面临着死亡之溪。日本军队制造了一个错觉，让人觉得入侵会很容易，他们一直耐心地保存着火力，直到海军两栖运输车进入到 1000 码以内时，突然对美军发动一轮密集的火力打击。伤亡人员盖满了海滩。那些在这轮海滩战斗中幸存下来的士兵，经历了无法言说的暴行。在入侵行动的两天中，日本坦克在美军的战线及海军陆战队的散兵坑上来回碾压。一位海军说："在这种情况下，你要保持头脑清醒，日本兵的坦克会从狭长的掩护壕沟和散兵坑碾过去……希望他们能够从你的位置跨过去，而不是运行踏踩到你所在的坑。"一位茫然的副排长说："一辆坦克从我所在的掩体碾过去。"坦克过后，他"便点燃雷管，把一整包破坏性的炸药包投掷到那些该死的东西上面"。伤亡率惊人地上升。超过 5000 名海军陆战队员受伤、死亡或失踪，经历一个月的时间，到达战役尾声时，塞班战役成了太平洋战争最血腥的战役——残酷的最高点。

为了缓和战争的压力，使在死亡包围中的军人转移注意力，娱乐和休息非常关键。特殊服务部门创造奇迹，以创纪录的速度把提振士气的装备送到每个岛上。第一位美军士兵登陆塞班岛的四天内，海军就迎来了一艘满载图书的船只。三天后，一间图书室便建起来了。士兵们只能忙里偷闲——读一小段幽默故事或西部小说的一个片断，短暂的消遣能解决很多问题。当军供版图书到达的时候，他们会如饥似渴地抢到一本，收藏起来，带着参加战斗。有些人从未成功过。正如一位在塞班的海军士兵分享他在作战时期协会的图书时说的：

> 经过敌人迫击炮炮击的令人煎熬的一夜后……我沿着道路走着，看到一些尸体正被轻轻地装上大卡车，卡车一边走一边停下来收捡死亡的士兵，以便把他们送到公墓管理处。我也到处张望，看有没有我认识的死亡的队员。有五六个士兵四肢僵直，有些叠在他们的身上，还有几个脸部朝下。后者之一是一位年轻、金发的列兵，他刚到部队不久，是位补充兵员，充满热情，是战斗前线一位成熟的海军士兵。我低头看他，发现了某些我永远不会忘记的东西。从他的裤子后袋里掉出一本袖珍版图书，显然在空闲时间他一直在读那本书。仅有标题可见——《年轻、快乐的心》。

项目实施一年多，在军队中按月发放图书九个月后，协会想从更多军人那里知道他们是怎样收到军供版图书的，于是求助于《星条旗报》——一份军队主办的、为军人服务的报纸。该报在“邮件点名”这一标题下为出版者安排了一则小广告，请求信息反馈，希望军人自己提建议。协会的选题合适吗？在即将出版的图书中，军队喜欢哪些书？军供版图书能够坚持下去吗？

军人很乐意接受提问并说出他们的看法。他们受到严格管制的生活方式使他们很少被问到他们想什么这类问题；他们通常被告知应该做什么和服从命令。让他们的声音见诸他人的这种机会使他们自觉重新回到了公民身份。装满信件的邮包寄到了协会，这些来信赞美协会的努力、要求新的选题，并讲述在战火中读书的大胆的故事，或者痛苦地抱怨某本书。协会读了每一封信，对其中大多数来信做了回复。

一封封热情的来信宣称军供版图书无处不在，在军队中广受欢迎。一位红十字会现场指导员说："在长长的队列中，看到人们在读一本军供版图书，这一点儿也不奇怪。他们把书带到电影院，等待电影开始；在有限的空闲时间里阅读；用它们去消磨睡觉前的几分钟时间；在医务室里等候治疗的同时读书；在理发店里等候理发时读书。"驻南太平洋的一位陆军少校报告说，每位士兵的衣兜里都塞满了军供版图书。他说："士兵随身带着你们的书，他们在吉普车、水陆两用车、水陆平底车、登陆车以及坦克登陆艇、登陆的驳船里、在指挥所等待煮咖啡的时候，都会读你们的书。"美国"独立号"战舰上的一位士兵来信说，军供版图书"如此受欢迎……以至如果有人裤子后袋没有装一本书，那就显得格格不入"。另一位来自英格兰的医院的士兵参与讨论，他说："从前线的空降兵团到后方的财务及行政人员，你都可以发现有人在读书，从前他们根本不会这样。"

许多来信称赞军供版图书是军队生活中最好的福利。一名少尉宣称，“最后证明，虽然抛下了妻子或女朋友，又要接受严格的管理，但是，参加训练和派往海外，军人生活仍然有很多优势。我不是说这里有雪茄烟或巧克力块，我是说这里有激动人心的袖珍版图书——军供版图书，它来自某种崇高的意志、幽默感，同时兼顾了众多的欣赏趣味，真正是既朴素又富于想象力的出神入化的作品”。还有一位士兵写道：“我不知道你是谁，也不知道你的组织是如何开始的……然而，我想感谢你，你为我们所有军人提供了这么多便携的图书。”一位驻扎在印度的中尉表达了他“最最衷心的感谢”，感谢出版从赞恩·格雷到柏拉图的各种图书。一位在意大利的士兵评论说，给士兵们发放图书如同让“沙漠降甘霖”。他还说：“在很多时候，他们仅有的娱乐、消遣和精神休息只是读书，可想而知军供版图书在军队中多么受欢迎。”

任何一个在海上长途旅行过的人，都知道一箱军供版图书会带来什么不同。一位从加利福尼亚去珍珠港的水兵写道，船上有 800 人，有“整整六天无聊的等待时间”，但是，当图书馆送来军供版图书的箱子时，水兵们便“将书一抢而空，像孩子们抢巧克力一样”。他说：“水兵在海上工作时，那些图书带给水兵许多欢乐和消遣。”另一位水兵写道：“从我服役以来，我没有看到任何东西比军供版图书更有价值（或类似其他可比的方面）。”

很多人欣赏协会选题的折中方案，因为每个月的选题中总有种种题材和体裁送来。一名可疑的步兵害怕军供版图书选题被限制在一些基本的品种上，比如赞恩·格雷西部文学和泰山故事等，他写信给协会说他“非常满足、非常高兴……你们避开了这样一些怪物”（协会最终出版了格雷的几部西部文学和泰山的书）。另一位士兵说协会的选书人“该授予奖章”，因为他们将“普通士兵的求知欲”展现了出来。

当士兵得知大家喜欢的作者的著作出版了军供版后，他们便会想方设法弄到一本。因为军供版图书的封底内页都列有那个月已经出版了的书名，人们可以查到他们想要读的书，在他们的分部搜寻那些书。更有一位士兵说：“这几天我一直在军人俱乐部里翻找，又劳烦红十字会，把我们图书馆的书架搜索了一遍，还想方设法去军营搜罗——找什么??? G-183！G-183！G-183！”他说，“确实，就是 G-183”——H.艾伦·史密斯写的《图腾柱上的低等人》。史密斯是这位中士喜爱的作者，他恳请协会送一本给他；他甚至愿意付钱买一本。一位驻扎在英格兰的士兵想要得到《圣袍千秋》和《布鲁克林有棵树》，他已经到处去搜索那两本书了，又去劳烦特殊服务部，但是一本也找不到。他补充说道：“你们根本不知道，这些书带给我们多少欢乐。”

当协会请大家提建议的时候，许多读者渴望得到自己喜欢的作家的书和其他流行图书，建议像风暴般袭来。各行各业的人员，以及那些阅读品位完全相反的人，都写信要求得到更多的书。对这些信件的一份抽样调查显示：协会只需要尽可能地把更多不同类型的书放入出版系列中便行了。

还有人写信说，除了大仲马、巴尔扎克，士兵们还喜欢《安娜·卡列尼娜》（文学类图书）。然而，他建议大家“看些轻松的历史小说”，因为“花一个月时间看一本经典作品，不会有什么害处”。有一封像是恳求信，落款为整个部队，他们想要两本书：一本字典和阿萨·威尔格斯写的《泰德·波特》。《泰德·波特》写的是一位年轻人必须做出选择：要么在故乡新英格兰农场上继续生活，要么跟心爱的女人搬到城里去生活。琉球群岛战地医院的一位图书管理员支持他们获得《泰德·波特》的要求。那位图书馆管理员说，那本书根本无需打广告。"要让美国士兵读者有兴趣，你只需翻到第一页，从一个在春天回家的男孩的故事说起。"另一所医院，士兵们提出想要更多的戏剧——莎士比亚、乔治·萧伯纳以及百老汇的喜剧。一个人热爱的经典作品可能是其他人的梦魇。"我要提出一点小小的批评，"一位中士肯定协会做的大量工作后说，"我相信大多数同胞都更喜欢小说，特别是现代小说。"还有一位士兵来信说，他唯一不满意的是运动类图书太少了。一位工程师写信说："我个人偏爱历史传记类图书，但是，我通过观察得知，你的选题没有一个是无足轻重或不受欢迎的。"

很多军人喜欢读有关各个参战国的书。一位驻扎在太平洋的下士写信说，他感到很吃惊，美国人对外部世界知道得太少了。他要求协会帮助他们摆脱这种局面，出版一些关于远东文化和历史的图书。一位驻扎在新喀里多尼亚的上等兵写信说，虽然协会出版了关于英国和北非的历史图书，但是他很失望，因为没有关于法国、俄国、中国以及印度的图书出版。除了关于这些国家的历史图书，他还要求协会出版"介绍轴心国的人民和历史的图书"，以便"士兵和水兵理解我们的外交政策，知道它到底是怎么回事"。

在写给所爱之人的书信中，士兵流露出了对协会图书的热心，并提到对某些选题的特殊要求。很多人对协会的工作给予了极高的评价，以至于焦虑不安的母亲、妻子、姐妹以及女朋友都纷纷给协会写信，看看能否作为特殊的必需品买几本，或者作为下次补充包裹的内容。一位在德国的美国战俘的妻子要求协会送给她一本书，以便她丈夫能按照书上的要求去遵守德国人的一切严格规定。一位海军护士写信给协会，谈起病人在收到军供版图书的时候多么热情高涨。但是，她在军中的哥哥，在一封信中抱怨说，他没有足够的阅读资料，因此她希望协会送书给哥哥。一位体贴的姐姐写信给协会，谈到关于她弟弟的事情，他告诉她所有在驻地流通的图书。有三类题材是他最想读的，但是找不到，他希望姐姐能够帮助他。那位姐姐说："他说要是我能送给他这三本小书，那将是比什么都好的礼物。"

在回复索要军供版图书的信中，协会提议通知特殊服务部，许多特殊的战场或部队需要图书。尽管协会雇员想满足战士们对军供版图书的要求，但他们必须按照合同，把印刷出来的全部图书交给陆军部和海军部。美国财政部想要500套军供版图书，以租借方式安排送往澳大利亚，协会甚至不得不拒绝这一要求。

然而，协会偶尔也会打破常规。一位把房屋提供给美军住宿的荷兰人写信给协会，谈及一位跟他一起生活几个星期的军官。无可否认，这位军官热爱读书——他带了很多军供版图书，但是没有他最喜欢的《人猿泰山》。"下个月他的生日就要到了，我希望能在那个时候把这本书送给他。"那位军官的房东这样说道。唯一的问题是，他无法在荷兰买到这本书的英语版。虽然他知道这不合"协会送书给公民的惯例”,但是希望协会给他破个例。

另一个海外的请求来自澳大利亚军队的一名士兵,在一次与美军共同执行任务时,他偶然发现了一本军供版的《卢·格里克》。他说:“作为一名棒球运动的爱好者,我发现这本奇妙的书给我的刺激无法用语言表达。”尽管他设法在美军离开之前把这本书匆匆浏览了一遍,他仍旧渴望好好读这本书,他忍不住向协会恳求:“我知道,你们的军人可以索要所有的书,请匀一本给我吧,为此我会非常感激的。”

尽管像这样的呼求每天都被协会拒绝,某些时候也有例外:一册《人猿泰山》被寄送到了荷兰,那位澳大利亚士兵也收到了一件包裹,其中装有几本棒球类的书。

当消息传开说有些书特别好的时候,一些名单被列出来,让下一批士兵有优先阅读权。那些还没轮到的士兵便通过贿赂,使自己的名字排在前面(所谓贿赂便是给几包雪茄烟、一点儿钱或者几块糖等)。协会收到大量的信,都是要求提供更多士兵酷爱读的书。

一些士兵索要经典著作、运动类图书、现代小说、历史书籍,这倒没什么,但另外一些要求在协会内部引起了争议。一位驻扎在西非黄金海岸的军人说,诸如《琥珀》《奇异的果实》以及《三个火枪手》(蒂芙尼·塞耶尔版)这类的书才是军人真正想要读的。他说:“那些最受欢迎的书至少有一个本质——直截了当地说吧——包含着性爱,有时甚至有很多这方面的内容。”他的部队很幸运,有很多本《琥珀》和《奇异的果实》(很可能是某位士兵让他亲戚送给他们的),这两本书的阅读率太高了，光是要求阅读《琥珀》的排队名单就至少有30位，《奇异的果实》的情况也差不多。显然，他们需要更多的书，最好是协会的军供版本。很多人提出了对这些书的请求。来自阿留申群岛的报告显示，许多人是凯瑟琳·温莎的《琥珀》的发烧友。另一位士兵说："如果你看到有一本书被翻得破破烂烂了，那么，那本书肯定就是《琥珀》。"

对这类书的需求在协会中引起了某些争议。首先，《奇异的果实》和《琥珀》被认为是下流的书，波士顿市曾经颁布禁令。（对某个上尉而言，这是一个卖点。他说："我们都在期待着……《琥珀》，因为它似乎在大后方引发了强烈的反响，我们对被波士顿市禁止的所有图书都充满好奇——有谁能不好奇吗？"）但是，出于同样的理由，莉莲·史密斯的《奇异的果实》在家乡却是一本畅销书，甚至埃莉诺·罗斯福都曾经称赞那是一本好书，因为它促进了对社会敏感问题的矫正。该书说的是一对来自不同种族的情侣，他们发生关系后，女孩怀孕了。但是这对恋人不能结婚，因为法律禁止这种婚姻，孩子的父亲遭到谋杀，一个无辜的人被私刑杀害。《奇异的果实》展现了在政府的民主形式下不平等的虚伪等事实，平等的权利并没有延伸到每一位公民身上。该书也正好包含着一些对原始诱惑的描写，比如对身体某些部位的暴露以及撕破衣服等。同时，《琥珀》也是一本十分畅销的书，它讲述的是一位年轻妇女琥珀的那些下流的故事。通过跟有钱人、有权势的人睡觉或结婚，她向英国的上层社会攀升。琥珀成了查理二世最心爱的情妇，但是，同时她还贪恋另一个男人。埃莉诺·罗斯福从未称赞过这本书。

军人的性需求通常都很难得到满足，但是通过含色情的书去迎合他们的这种想法,也让协会团队的职员感到慌张。争议变得非常激烈,以至于菲利普·万·多伦·斯特恩被迫在协会的执行委员会会议上把这个问题提出来。在会上,他披露编委会的某些成员“反对出版一些被认为是垃圾的书”。执行委员会不认同编委会的意见:“这些书是为某种目的服务,不管它们是哪种类型。”执行委员会会议纪要继续说:“如果这些书……使那些驻扎在海外的军人从紧张感中获得某种释放,那么,委员会应该感到高兴并批准出版这些书。”委员会一次又一次这样做,它宁可向军人提供各种各样的阅读材料,而不是限制某些类型的图书。正如美国军队为保卫自由而战,协会强调对军人提供不同主题的图书,甚至包括垃圾图书。

适时地,协会让军人确信,他们提出的“《琥珀》和《奇异的果实》会以军供版印刷”。全世界的军人都对协会的决定感激不尽。协会独立选书、自由地印刷有争议的题材的书,赢得了许多军人的尊重。有些士兵甚至写信给协会,要求协会抵制那些试图反对印刷某些书的宗教组织或其他组织。一位步兵写信强调:“别理睬,根本不要理睬任何试图影响你们选书的组织。”他说:“如果有正派的组织接近你,请你以最恶意的眼光斜视他们,并让他们忍受着。”军人不用担心。就连被禁止的书也会以军供版图书出版,协会主管阿奇伯尔特·奥格登似乎感到特别带劲儿,他想方设法对波士顿的报纸表现出幸灾乐祸的样子。在《波士顿军中服役子弟正在读那些可怕的书》这一标题下,有人引用他的话:“现在情况看起来像是,一位作家的书要进入军供版图书系列,只需要被波士顿市禁止就行。”

协会收到一些有趣的信件,信上描述了阅读跟战争纠缠在一起的情景。一位军人从卢森堡来信报告,“刚刚爬出我那潮湿、泥泞的掩护壕沟——我们通常用这个词来指我们的散兵坑——呼吸几口不属于美国的新鲜空气,因为我们知道,绝对过不了几分钟,我们便不得不来一个半后空翻,潜回水中,以免受到[德国人的]死亡之雨的攻击”。他玩这种猫和老鼠的游戏有好几天了。稍早些时候,一有新一轮炮弹向他所在的方向飞来,他便退回到他的“深挖的、屋顶厚实的堡垒里,在一阵疯狂的祷告后,开始借助于美军电筒,读军供版图书,托马斯·R.圣乔治写的《C/O 邮政局长》”。他说,“这位下士的经历让我处于良好的精神状态”,尽管空气中响彻着死亡的声音。

有一位上校指挥官感到有义务分享《布鲁克林有棵树》如何帮助了他自己和他的小组在遭到进攻时保持头脑清醒。这位上校指挥“一个轻型高射炮营”,他把这个称为“反飞机、反坦克、反人力”。他解释说:

> 不久前,在一个极端严峻的情况下,我正开始检查一组电池,当敌军用88毫米口径的步枪射击我们的时候,我们就躲在枪炮掩体里。这不是什么好事情,在听到子弹的嗞嗞声后,还得等他们靠近,直到爆炸(在别的地方——这是你希望的)。然而,我注意到在两阵枪声之间,有一名美国士兵在读书。我问他读的是什么书。他回答说《布鲁克林有棵树》。他给我诵读了书中的一段“把吉西

给孩子”,在两阵枪声之间,我们发出一阵狂笑。这书确实太有趣了。

他们全都从德国人的进攻中幸存了下来,这位上校指挥官决定读那本书。他到处搜罗,想找一本,在他最终找到并开始阅读的时候,他的部队又一次遭遇了德国人的进攻。“我们的纵队遭遇了一个营的德军,他们潜伏在路旁,我们猛攻那些掩体,打了一场恶仗。”他承认有一种诱惑力,诱使他“多读一点儿,而这时敌人把我们压得很紧,我必须上前线,下几道命令,在山那边执行”。战斗持续了一整天,虽然他最终受伤,但是这本书的主人公弗朗西·诺兰、纽约的布鲁克林等仍然在他的脑海中活蹦乱跳。他说:“即便在战事非常紧张的时候,我也会想着那本书,它真是太有趣了!”尽管在战前他从来没有读过什么书(他说他上的是美国国家军事学院,除了接受指令,从未在其他时间进过西点军校图书馆),但是他喜欢《布鲁克林有棵树》。他说:“我在前线的某个指挥所的帐篷里,停电的时候,写下这些纯粹的感激之情。”

另一封描述前线读书情况的信是一位列兵写的,他解释说,正当他前往参加战斗时,生活必需品送到了他所在的部队:雪茄烟和书。他拎到了一本利顿·斯特莱切的《维多利亚女王传》,读了几章,突然他的部队要开始行动。他们缓慢地通过重型炮攻击区,“然后又有迫击炮和重型机枪阻挡在战场上”。当子弹从他身边呼啸而过的时候,这位列兵感到恐惧,因为找不到地方躲藏。绝望中,他钻进一处“表面看来茂密的荆棘和灌木丛中”,由于他的体重太大,失去控制,一下从树丛栽进了一条深沟里。他在掉落的过程中受了伤,在狭窄的小沟里无法动弹。正当他扭动手臂的时候,他感到“包里有一个硬块,结果发现那是一本《维多利亚女王传》”。由于知道“外面的炮火很猛烈”——附近“每隔一阵子就会有一阵激烈的炮弹攻击”,除了等待炮击结束和援兵到来,他无事可做。

他开始读书。那位列兵说:“忧虑和烦恼毫无用处,事情完全超出了我的控制。”他听到一枚炮弹在离他仅 25 英尺远的地方爆炸,他觉得那炮弹“不如就在我头上爆炸还好点儿,但是我的任何行动都改变不了那个结局”。相反,他“只能把自己托付给完全的偶然性”,只能通过读一页又一页的《维多利亚女王传》来远离现实环境。读书使他心绪宁静,炮声消散后,他被送进医院。他一直卧床养伤,几天后他读完了那本书。

虽然军人写了大量信件赞扬协会,但是,批评还是有的,也许比表达称赞的信还要多。抱怨的信显示出,对于正在海外打仗的士兵,图书对他们的生活质量有多么重大的意义。有一个源于图书双联印刷的问题,好几个系列的军供版图书都出现过。在那些书的装订过程中,有时会出现页码标记错误的问题,有时出现页码脱漏的问题,甚至脱漏二十页而无法解释。一位下士发现他读约翰·T.惠特克的《我们躲不开历史》时,第 26—59 页遗漏了,同时,59—90 页又重复了。

还有一位男士,他花了大量时间读书,给协会写信说:“你们用军供版图书来增添我们的快乐,如果这是你们的使命,那么,我个人觉得,你们是失败的。简而言之,我觉得心烦。""这算是客气的了",这位失意的中士解释说,他"非常愤怒"的原因是,正当他读到《憔悴的女人》这部小说中的高潮部分时,却发现"至少有 25 页脱漏了"。他还进一步解释说:"请注意,不是叫人给撕坏了,而是在装订的时候根本没有装进去。"那本书说的是格洛斯特队长充满悬念的故事,他的船"憔悴的女人"号不得不小心翼翼地在纳粹的潜艇附近航行,以便避开可能的围捕,紧急上岸,就像一场浪漫的追逐。当这位中士发现那些页码不见后,他气得脸都青了,"把书扔到一边"。不知道"那位英雄是'救起了美人',还是'完成了任务'"。为了讲清事实,他说,他从来不是那种动辄写信投诉的人,但是,"有时候,这类好书很难弄到手,我觉得你们应该站在'讨厌的士兵'的立场上想想"。他恳求协会的印刷商在未来更用心点儿,杜绝这类失误再次发生,因为,至少对他来说,这会造成最大的"精神折磨"。

不到一个月,同一位中士给菲利普·万·多伦·斯特恩写了一封信,表达感激,因为协会已经给他送去了一本完整的《憔悴的女人》。中士还为之前怨气冲天的信表示羞愧。他解释说:"我们这些大老远出来打仗流汗的人,有时候也非常无聊。"军供版图书给他以及他周围的战士做了大量的好事。这位中士感觉到,由于有了军供版图书,他以及他的朋友们"在战后……会变得更有知识,[也会变得]更聪明"。

由于双联印刷而引起的另一个问题是,有时候本属于这本的内容会偶然跑到另一本上。一位上等兵在写给协会的信中举了一个例子。他的部队最近通过邮局收到了一包军供版图书,这通常是"我们许多欢乐和满意的阅读时间”的源泉。他花时间挑了一本书后(因为有很多诱人的书可供选择),他开始阅读本·艾姆斯·威廉斯的《陌生女人》。该书讲述了一个引人入胜的故事,一位善于操纵的年轻妇女设计暗算她的朋友和情人,从中获利,直到有一天她被自己的欺骗网罗住。这位士兵拿到这本书后,便“爱不释手”,他说:“我变得聚精会神了”。然而,“令人沮丧的是,掉了整整16页”,而那“16页是《亨利·亚当斯的教育论》的内容”。由于他不愿意漏掉任何一个字,他又拼命去找一本《亨利·亚当斯的教育论》,看看《陌生女人》中漏掉的页码内容会不会被错误地编排在那本书中。但是没有。他说:“我写这封信,完全希望你的组织能够修正这个看似微不足道的错误。”

印刷错误被指出来后,协会尽可能迅速地安抚那些受伤的军人。虽然政策规定不许发书给个人,但是,一旦有缺陷的军供版图书返回来,协会总是会来一个例外,立即将一本完美的书随道歉信一起寄出。

改正一本有错漏页码的书很容易,很多关于图书选题方面的投诉却难以补救,对某些书的选题的批评尤其切中要害。虽然协会采取了很谨慎的措施,以保证正在印刷的选题与正在打仗这一情况相符合,但是,少数士兵表示他们不相信有些军供版图书会被送到前线。一位愤怒的列兵解释说,他已经读完了《北非》,正在努力“寻找协会中的第五纵队的队员”。他感到很震动,“强烈地”反对把它列在军供版图书中,以至于他要求协会澄清:“我们为谁而战?”他问道:“从引导美国士兵的角度来看,协会如何解释用这么珍贵的纸去印刷诸如此类的书?”他说:“如果找不到更好的书,那么,建议协会什么都别印了。”《北非》中的大多数内容描述的是北非的地理、经济以及历史，这位列兵读到的令他反感的篇章，从积极正面的角度描写 19 世纪 80 年代法国在北非的扩张。（也许，这跟德国在欧洲的扩张非常相似）。

史洛安代表协会给这封信做了回复，向那位列兵保证："在我们的队伍中，第五纵队没有任何问题，据我所知，在我们收到的信中，你是唯一以这些理由来投诉这本书的人。"史洛安承诺，协会的成员"在未来的工作中会更加小心翼翼"，并且希望那位士兵相信：协会出版的其他图书都是可以接受的。虽然那位列兵来信的大多数内容是在责骂协会，但是，史洛安承认自己感到很满意，因为军供版图书做了一件他们希望的事，就是保持了美国士兵对知识的兴趣。

协会收到的比较温和的指责信是关于《钢铁之路》的，它是马克斯·布兰德写的一本西部小说。在这本书中，一名亡命之徒决定洗心革面，重新做人，就在这时，一名当地的犯罪分子抢劫了珠宝店并留下意图嫁祸之前这位歹徒的线索。尽管这本书没有明显的"亲德"的信息，协会还是收到了一封信，询问："你不觉得这是德国每月书选的书吗？"虽然军供版图书是"这次战争中最大的教育贡献之一——也许是最大的"，这位士兵感到奇怪，说"在你们协会里是否有负责任的成员"，在《钢铁之路》印刷之前读过它。

《星条旗报》希望美国陆军女子军团和海军志愿紧急服役妇女队提供服役人员的信息没有得到回复，明显被遗漏了。一些特殊的成套杂志被分发给陆军和海军女兵团，主要是一些针对女性读者的期刊，如

《好主妇》《妇女家庭杂志》等,协会没有收到来自女兵的信,这证明军供版图书只提供给男性。因为图书是用于提振那些面对恐怖战斗的人们的士气的,陆军部和海军部便认为没有必要为女兵提供这些便携的平装书,她们仅在一些非战斗人员的岗位工作。而且这些妇女可以在驻地图书馆借阅,那里有精装本图书。如果在第二次世界大战中有大量妇女参加战斗,那么,在军供版图书现有的1200个选题基础上还会增加些什么选题呢?

大体上,协会无须担心军人会对军供版图书做出什么反应。正如一位军队医务人员写道:“自从马恩战役以来,军供版图书是军用技术中除青霉素外最大的进步。”来自世界各地的信件表明其发挥的功效正如他们设想的那样:排遣无聊、振奋士气、带来欢笑、恢复希望以及提供暂时的逃避等。各种趣味的书都有,无论是喜剧《冒失鬼》还是柏拉图的著作。每个人都有书可读。正如有人说的,“我敢打赌,那些肮脏的美国兵,他们中一半人……以前从未读过书”。然而,他观察到士兵们读书,直到每本书“都很破旧,以至你看不清上面的字”。哪怕在环境变得恶劣时,士兵们都还拿着那些珍爱的书。他说:“你把书扔进垃圾桶里,就像殴打你的祖母一样令人难以容忍。”

第八章

审查制度和罗斯福的第四个总统任期

如果让师级以上的副官来决定军人只允许读些什么书，那么，我们不妨加入纳粹，和他们握手言和。

——《林奇堡每日进步报》，1944 年

1944 年夏天，随着赞誉之声涌向军供版图书，战时图书协会自己也发动了一场“战争”——反对书报审查制度。当协会按通常的标准对图书进行选择时(比如，避免所选图书能给敌人以安慰，或鼓吹歧视态度的书籍)，协会计划出版一系列包含各种观点的图书。这种开放的态度有时会与政府相抵触。1943 年，协会因为出版路易斯·亚当密克的《还乡》军供版而遭到攻击。问题在于，几年前出版的这本书中，某些段落包含同情共产主义的内容。当密歇根州国会议员乔治·A.唐德罗——一位共和党员——听说协会正把这本书发给军人时，他便指责协会选择该书,并且质问协会出于何种动机将一本批判民主的书发给正在打仗的美国士兵。结果是,在《还乡》修订版中,那些有问题的段落被删除了,后来军供版印刷的正是这个版本。澄清是非后,反对之声也就消失了。

1944 发起的对审查制度的斗争,是受到国会的《士兵投票法》修正案的刺激。在 1942 年的选举中,原先的法律条文没有为服役人员提供缺席票(1942 年几百万军人中仅有 2.8 万人投了票),国会承诺起草一个新的法案,以促进战争时期那些在军队服役的人,以及那些因为战时事务不在国内的人投票(比如,帮助红十字会志愿者投票)。与以往各州独立的甚至相互矛盾的投票法不同,联邦法律致力提供一种单一的投票方法。海军部长弗兰克·诺克思和作战部长亨利·斯廷森在写给国会的一封联名信中说:“军队不能够有效地管理依据不同法律行事的 48 个州的军人,以至无法让遍及世界各地的 1100 万军人都能进行基本的、特定的和一般的选举。”

整个 1943 年的下半年,国会都在争论新投票法案的语言问题。随着这项法案开始成形,俄亥俄州参议员罗伯特·A.塔夫脱——查尔斯·P.塔夫脱的哥哥、一位政治权贵——宣称,适当的安全措施是必需的,主要是为防止主政的民主党政府操纵选举,因为他们已经向军中几百万人派送了支持民主的图书。塔夫脱坚决反对罗斯福连任第四个任期。他不信任民主党,认为这项工作是向军队搞政治宣传,除非明确地禁止这样做。1944 年,塔夫脱对《士兵投票法》提出了一项修正案,该修正案以“第五条”(Title V)而知名。这项条款对在军队中分发含图书在内的文娱用品等,做了限定,只要是政府分发的,并且涉及了政治因素都算。正如查尔斯·塔夫脱威胁着不再提供资金,几乎要脱离1943年的胜利图书运动,他弟弟的军人投票法案会阻碍协会对军供版图书的选择,罗伯特·塔夫脱在挑战战争中岌岌可危的自由。在第二次世界大战中威胁协会图书计划的居然是一对亲兄弟,这是一个惊人的巧合。

1944年冬天,《士兵投票法》处于修订状态,并于1944年3月返回参议院和众议院,让各代表进行投票,以决定是否通过。参议院对塔夫脱的修订案没有做任何讨论,便通过了法案。参议员虽意识到这不是一项最有效的立法,但同意这项法案能提高军队服役人员的投票可能性。3月15日,众议院开始对该项法案投票,紧接着便发生了激烈的党派争论。

众所周知,在即将来临的选举中,美军中的大多数人打算投票给罗斯福。1944年2月,一份民意调查结果显示,南太平洋驻军中有69%的美国陆军、海军及海军陆战队的士兵会投票支持罗斯福继续第四任总统任期,而且77%的人更倾向于让美国回到"现任政府的领导下"。因此,共和党人出于政治动机,要把海外的投票复杂化,而民主党人则努力使其简单化。到1944年3月,当法案进入到众议院辩论时,它似乎不再是有关投票问题的法案,而是变成了两个党派操纵投票的法案。

众议院对法案的讨论情况不断恶化,成了互相揭发隐私的比赛:民主党指责共和党故意把投票变得复杂;共和党攻击民主党坚持缺席投票人应采用一种"截尾的投票"的方式(而不是像大后方的选票那样列出竞选公职的候选人名单,截尾选票要求投票人写出在选举中他们所投票的人,以及出任的相应的职位:总统、副总统、参议院等)。共和党认为,经过十二年的执政,任何人都知道民主党候选总统的名字,因此,截尾的投票有利于罗斯福。双方的代表都批评法案变得越发复杂。民主党代表丹尼尔·霍克说:“为了获得选票,士兵必须发三个不同的誓言。他必须以生命发誓。在发誓过后,如果他投的票能及时地到达大后方,并且令他所在的州当局感到满意,才能够得到统计。”霍克说:“如果我是一名士兵,我会认为这很恶心,会选择弃权,而不是投票。”紧接着,共和党代表利兰·福特说:“这是一个大杂烩,但凡以前塞进这个法案中的所有的措施,都一起构成了最终的决定,这就是所谓的士兵投票法案的结局。”他说,这项法案真是“莫名其妙”。

尽管辩论激烈,众议院还是投票通过了该法案,使其具有了法律效力。虽然罗斯福没有否决该议案,但是,他批评这项法律,称之为“完全不够格的”和“令人困惑的”方案。最后,如果在军队服役的人想投票,那么,他们不得不用截尾的投票,并且每个州都要向战时秘书处和海军部提交一份候选人的名单,以便在海外分发。

塔夫脱的修正案——“第五条”,迷失在争吵中,很大程度上被忽视了。这一规定禁止政府分发任何“杂志……报纸、电影、胶卷或其他文学材料,禁止以全额的或部分的政府基金支付……以及那些包含着政治争论或任何一种政治宣传目的、或企图影响联邦的任何选举结果的”材料。这听起来很简单,但是什么才算是政治宣传呢?任何非虚构作品都会有政治影响吗?如果有人违犯了该法律,那么,违背者将被指控为罪犯并被判有罪。惩罚可包括最高可达1000美元的罚金，一年的监禁，或两者并施。

陆军部立即通知协会，军供版图书会受到该法案的影响。相关部门警告，“第五条”“使用了含义最宽泛的术语（‘文学或材料’），意味着包含了所有信息及娱乐媒介”。相关部门还用了那个从句来补充说明：“政治争论或故意设计、精心策划来影响联邦选举结果的任何种类的政治宣传。”关于违背该法律的惩罚，陆军部表达自己的看法，对“‘设计或故意影响任何选举结果’都应该受到禁止这一说法表示值得怀疑”。如果有一本如此深入地触及政治的书，那么，协会将被迫不能印刷出版该书。自然而然地，协会成员希望避免进监狱的危险，但是他们同样也拒绝因法律压制而服从法律，因为法律限制了读者自由阅读的权利。

菲利普·万·多伦·斯特恩努力规避那些限制，要求出版商允许协会删除任何涉及政治的句子或段落，以保证军供版图书不会违犯“第五条”的规定。他起草了一封信，宣称“法律非常明确”，协会将顺应“第五条”。斯特恩说：“这不是一个可以选择的问题，而是必须这样做。”这封信先在一小部分出版商及陆军和海军部少数人手中传阅，然后再寄给协会的全体会员。之后，斯特恩的提议立即被宣布无效。理查德·西蒙——即西蒙与舒斯特出版公司的创始人西蒙，回信道：“我希望你没有寄出这封信。”西蒙认为在信中不仅“语调过于谦卑、害怕”，而且“那条法律也不清楚”。西蒙说：“‘故意设计、精心策划来影响上文提及的联邦选举结果的任何种类的政治宣传’这种说法很不清楚，几乎宽泛到我所能想到的这个词所具有的一切含义”。响应西蒙的反对意见的是陆军及海军部，两个部门都反对为了受法律认可而删减图书。海军部认为任何删除都会“导致对作者意图的掩盖”，也许更重要的是“这一过程毫无疑问将会受到人们的指责：陆军部及海军部仅让军队读到部分真实的内容”。这将是“人们最不希望受到的道德方面的影响，哪怕这没有危害。因为这牵涉我们为之奋斗的原则之一”。我们宁可忽略一本书，也不要去删改一本书。

同年春天，一系列令人不安的事件让协会成员怀疑：政府是否会像它宣称的那样热心保护自由。第一件事是与莉莲·史密斯的书《奇异的果实》的出版有关。正当很多批评家和评论者称赞这本书讲述了一个勇敢、尖锐的故事，触及了重要的社会及文化问题时，这本书很快便因“内容淫秽”在波士顿和底特律遭禁了。波士顿对这道禁令非常认真。马萨诸塞州的一位图书销售商亚伯拉罕·伊森达德无视禁令，在他的店里继续出售《奇异的果实》，他因此被捕，遭到起诉，被判有罪，因为他违反了该州的法律：“‘出售下流的、语言不纯洁的、有明显误导青少年道德倾向的’文学作品”。经过上诉，他被确定有罪。马萨诸塞州的最高法院解释：如果人们读这本书，会发现书中有“四处性交的场景”，其中有两处突出表现了“强烈的色情内涵”，易于“挑动情欲，引起人们心中好色的欲望”。

波士顿的禁书令成了全国讨论的话题，因为它跟正在进行的“自由保卫战”不相协调。在思想的对抗战中，美国政府告诉公众他们可以阅读任何想读的书，以实践自由的权利，抗议希特勒的焚书运动。但现实却是：不能是这本书，不能在这个城市。然而，对图书的限制并非从波士顿开始,也不在波士顿结束。波士顿禁书令颁布后不久,联邦政府开始介入监查,甚至扩大了对《奇异的果实》的限制。1944 年 5 月初,美国邮政部禁止邮递《奇异的果实》,并通知出版商,即雷诺及希奇科克出版社,如果他们要继续通过邮局发行图书,那么,负责人可能会受到联邦法律的起诉,以禁止他们邮寄淫荡图书。雷诺及希奇科克出版社公然反抗邮政部的限制,并说他们愿意承担风险。然而,邮政人员再次扩大限制范围,宣称任何含有《奇异的果实》广告内容的出版物均不能邮寄。主要的报纸、杂志,比如《纽约先驱论坛报》《星期六文学评论》等,都遭到邮政部的特别警告,要求停止刊登相关广告。诺曼·卡森斯——《星期六文学评论》的编辑——公开指责邮政局长的言行,声称他正有意出售广告空间,以推广《奇异的果实》一书。他说:"书报审查制度并非小事……就美国人而言,这涉及他们的传统。就我在邮局被指责应担当的责任看,这些传统不是被轻而易举地、无知地忽视了吗?"卡森斯还蔑视地补充:"我们不是抗议你的命令,而是拒绝遵守,因为这命令缺乏适当的法律程序。"

在对《奇异的果实》的禁令开始生效的同时,协会执行委员会在曼哈顿摩根图书馆召开了一次紧急会议,起草了一份决议,强调文学自由在战争时期的重要性,反对"政府部门对这种自由日益增多的侵犯"。"第五条"法案禁止出版发行包含任何一点儿关于国家政治或美国国家历史的书,邮政部对邮寄《奇异的果实》一书的立场,在这两者之间,协会记录下了"它对政府的这些不宽容的行为的焦虑"。协会指责邮政部诉诸"专断暴力行动,拒绝利用邮寄行动来诚实、勇敢地解决我们民主的基本问题”。

协会说:“书报审查不同于其他那类影响战时安全的问题,不能留给个人专断,即使是经过法律授权了的也不行,因为这可能造成严重危害,使新闻出版失去自由”。一经通过,这份决议就寄给了罗斯福总统、邮政部长、陆军及海军部长、众议院发言人以及参议院议长等。

接着,协会起草了一份新闻稿,稿中列出了因“第五条”法案而遭禁,不能作为军供版图书出版的图书清单:凯瑟琳·德林克·鲍恩的畅销书、首席大法官的传记《从奥林普斯来的美国佬》、查尔斯·A.比尔德广受称赞的美国政治史《共和国》、参议员詹姆斯·米德的海外服役人员的坊间逸事《告诉家里的亲戚朋友》、玛丽·桑多兹虚构的关于一个在内布拉斯加州家庭的小说《斯洛岗山庄》,以及E.B.怀特以前在杂志上发表过的文章的集子——《人各有异》等。新闻稿解释道:在正常情况下,这些书会被列入军供版图书系列,并且已经出版85 000册,然而,由于最近的立法,协会再也不能向军人提供这些图书,或者其他任何抵触法律的选题的图书了。

协会的决定挑战了法律,很多作家对此都表示欣赏。被禁的作家玛丽·桑多兹感谢协会为“被禁图书所做的努力”。桑多兹说,她相信整个法律都是惊人的政治手腕的作品,因为它并未提供一个有效的机制来简化人员投票制度的问题,并且这本书似乎也仅仅想要澄清该法案的真正本质。她还说:“即使临时对自由造成侵犯,也开了一个先例。”“第五条”使桑多兹想起了她在1938年参加的一次会议,会上她遇到了柏林大学的弗里德里希·舍曼博士。舍曼说:“纳粹不需要建立一条颠覆美国的禁书令，我们美国人会这样做。”她根本不相信舍曼的话。现在令她万分惊恐，舍曼的话似乎是正确的。

协会认为有义务发起一次抗争，以废除“第五条”。从经济的角度看，即使一本书被取消了作为军供版图书的资格，对协会也毫无影响，因为另一本书会入选进来。然而，协会不能忍受对军人阅读图书的审查，也不能忍受这一法规开创的先例。正如协会执行理事阿奇博尔德·奥格登抱怨的：“现在看起来，似乎从现在直到十一月，我们除了能够出版埃尔希·丁莫尔和鲍勃西双胞胎的著作，其他什么也不能出版了。”

1944 年 5 月下旬，协会发动了一场运动，向国会施压，以取消那则法规。美国各大报纸和杂志的编辑都收到了一封信，信中解释了协会的军供版图书，以及士兵投票法的影响。协会要求报纸和杂志，以及凡是真正看重新闻自由的人，都发表文章，提醒公众，政府侵犯了军队服役人员的基本自由。

媒体的合作程度非同寻常。整个 1944 年的 6 月至 7 月，正当协会努力印刷各种图书的时候，政府却忙于审查协会的书目，很多批评文章都感叹协会的悲哀处境。《雪城标准报》公开声明，“出于政治原因的新闻审查是法西斯制度，在美国没有存在的空间”，“把军队定为一个阶级，将它与公民区别开来，并控制其阅读范围”，这是件非常荒唐的事情。一篇发表在南卡罗来纳州的哥伦比亚的文章解释说：“实际上，除那些盲目地追随党派的人外，每个投票人都会基于政治、经济以及社会思想等方面的判断来做出决定,对军人的图书馆、阅览室、电影院等一切鼓舞社会、经济以及政治的思想实行禁令意味着什么,这一切只能由陆军和海军当局来解释,不管这种禁令多么间接。”那篇文章下结论说,人们很难相信美国的图书馆、阅览室会因为联邦的法律而屈服于“戈培尔似的清洗”。弗吉尼亚的《每日进步报》刊登文章哀叹道,依照这条法律,“除了烹调书、神话故事或者天文学、数学等教科书可以出版,其他所有的书一律被禁止了”。又说:“如果让师级以上的副官来决定军人只允许读些什么书,那么,我们不妨加入纳粹,和他们握手言和。”《圣安多尼奥新闻报》上的一篇文章说,“人们应该想想,那些正在为国家打仗的军人完全有能力自行决定他们喜欢读的图书”,并且“也许他们宁可跳过今年的选举,也不愿意让他们的阅读材料受到审查”。

《芝加哥太阳报》提议公众不要以法律和“第五条”的真实性来欺骗自己:这是共和党剥夺罗斯福的第四个任期的举动。“国会用计谋命令军人远离‘政治宣传’。这种想法是要保护那些无辜的青年,使他们不要受到第四个任期的邪恶企图的影响。”在考虑到在“第五条”法律下被禁的书后,《太阳报》评论说,他们中没有谁能够“在这么遥远的地方影响第四任期的投票”,并且,如果他们真的有任何政治的企图,那么,那个“企图也跟美国宪法和美国历史的企图是相同的”。这段插曲明显荒唐,《太阳报》说,协会“用最强烈的措辞抗议这项愚蠢的禁令,做得非常好”。

“第五条”产生的最令人气恼的反响是,一批没有明显政治内容的书也被列入了禁书的名单中。凯瑟琳·德林克·鲍恩的从《奥林普斯来的美国佬》、查尔斯·A.比尔德的《共和国》以及E.B.怀特的《人各有异》似乎都会影响即将到来的选举,因此列入禁书名单,真是太荒唐了。《罗切斯特时报联盟》仔细地检查了《从奥林普斯来的美国佬》的每一页后,得出结论:该书中仅首席大法官与罗斯福总统谈话那一段描写触及了禁令,仅占一个单页,且没有超出一般开玩笑的范围。《时报联盟》说:"如果这就是政治宣传,那么这也是你的'世界年鉴'。"同样,一家密歇根的地方报纸也彻底核查了查尔斯·比尔德的《共和国》,没有发现任何党派偏见;然而,书中确实有一段"讨论如何从基本制宪会议中发展出政府的基本原则"。最让报纸热衷报道的,还是对E.B.怀特的《人各有异》一书的禁令——这本书是散文集,描述了作者在新英格兰农场的所思所想,最初刊登在《纽约客》和其他一些期刊上,美军已经在他们收到的那些杂志上看到了一模一样的文章。(怀特自己一度承认他自己从不知道为什么《人各有异》被禁止,但是,他喜欢这种状态。他说:"这表明有人读我的文章。")

协会的媒体运动引发了一次雪崩,信件像潮水般涌向各报纸的编辑,舆论抨击"士兵投票法",并要求废除这一法案。民主在大后方茁壮成长:人民说出了他们的心里话,并且批评政府。对"第五条"的强烈抵制显示出:公众明白图书不仅仅是一些故事,书中也包含着一些重要的信息,帮助士兵理解他们为什么要打仗,为什么要冒生命危险。在战争的重要关头,书与价值观交织在一起,美国人民不能够忍受对他们阅读进行限制。

在极具象征意义的7月4日,美国陆军部发布了一份声明:由于士兵投票法案,军方被迫取消几种在陆军中使用的教材。几年来,这些教材主要用于军队的历史及经济学教学,它们落得今天的下场,主要因为其中包含了对政治或政府的随意评价。几天后,《时代周刊》报道:为了避免违反"第五条"法案,陆军的《星条旗报》被迫审查自己的新闻报道。比如,《星条旗报》的罗马版刊登了一则关于共和党总统候选人托马斯·E.杜威的故事时,报纸便被迫删除了杜威对罗斯福政府的批评。另一则报道又说,《星条旗报》的地中海版被禁止刊登美联社的政论文章。美国空军学院被迫停止四门函授课程,因为有些课本被列入禁书名单。《时代周刊》评论道,这些书"可能只有借助于废纸拯救运动才能免于国会的焚书命令"。令人费解的是,采取这些行动是为了遵守美国法律。《星期六文学评论》杂志诊断,国会患有严重的"审查症"(censoritis),治愈这一疾病的唯一办法是——废除"第五条"法案。

1944年7月3日和5日,协会会见了战时作家委员会,以便策划下一步的行动。两个组织都同意亲自接触参议员罗伯特·塔夫脱——"第五条"法案的发起人,向他施压,以便修改或废除该法律。协会成员的一个特殊委员会联同战时作家委员会、作家联盟,以及作家组织"笔会"(PEN),共同起草一封致参议员塔夫脱的信。信以"第五条"最近收到的宣传评论作为开头,指出通篇以缓和的语气行文,这封信坚持认为:没有人会相信塔夫脱的意图是要按照法律的字面解释去阻止图书发行,但是一些根本不含有政治宣传的畅销书遭到了禁止。协会警告,他们会利用新闻和广播,在国内及海外,向军人们通知"第五条"的内容,并且,这"意味着,海外的军人不再相信从国内派送去的阅读材料”。最后的选择是:塔夫脱会见协会,以商量一个解决办法。

中校陶德曼很快便通知协会,经与五位将军会面后,他们做出一项决定:该法案应该解释得比以前更加严格,将更多图书列入禁书名单。陆军部提议实际上是加倍促进了协会对法案的攻击。协会的一次会议记录草稿显示,菲利普·万·多伦·斯特恩“报道:陆军部非正式地告诉他,他们会继续严格地按照字面去解释法案,希望借此迫使废除或修改”“第五条”法案。斯特恩的评论在协会会议记录的最终版本中被删除了。

参议员塔夫脱,俄亥俄州一个有权势的家庭的后裔,总统的儿子,多年来都是白宫的竞争者,他并不想避免冲突。在接到协会要求修改“第五条”法案来信后的几天里,参议员给出了一个拒不认错的回应,坚持认为协会似乎不理解该法案。在外界指出可能会存在私人可购买任何图书并送至军人手中的情况时,塔夫脱辩解说,只有那些用政府基金订购的书才受到影响。塔夫脱自鸣得意地指出:“一项禁止人们在1944年大选前用政府的钱去印刷、分发那些包含有政治争论及政治宣传的充满智慧的条款,没有任何人敢质疑。”塔夫脱指责陆军部,认为他们把该法案理解得太过严格,他还补充说,他没有看出来《共和国》和《从奥林普斯来的美国佬》中包含有任何政治争论或政治宣传。然而,参议员同意前往纽约,讨论该项法律,并对此做可能的修改。

7月20日,参议员塔夫脱会见了协会的几位成员、陆军中校陶德曼以及其他几位陆军部的代表、《星期六文学评论》的诺曼·卡森斯以及战时作家委员会的卡尔·卡默等。一行人在曼哈顿的洛克菲勒午餐俱乐部见面，塔夫脱做了大约十五分钟的发言，解释说限制为前线作战的士兵提供图书资料，这不是国会的意图，国会也没有这方面的打算。他表示愿意修改该法律，以便缓解它引发的问题。作为回应，协会及其支持者给参议员提供了三种可供选择的方案：废除法案，去掉其中惩罚性条款（让违反该法案几乎变得毫无意义），或者修改该法，使它仅仅禁止那些从整体考虑明显属于政治宣传的书。

接着是一位陆军部的代表发言，他指出“第五条”如何妨碍了陆军部大规模信息及教育项目的开展。为了避免违反该法律，陆军已经采取那条座右铭——“有疑问时暂且中止”。教育课程被取消了，一些个性化的图书从图书馆的书架上下架。一位军方发言人说：“我们相信，有知识的士兵才是最好的士兵。我们相信，如果士兵知道世界上正在发生的事情，那么，他们就能够更好地打仗，更快地结束这场战争。”但是，最近对图书和教育课程的限制阻碍了军队目标的实现。

尽管参议员塔夫脱很顽固，但他也处在一个敏感的政治位置上，不想被人看作是对军人阅读材料实施审查制度的支持者。他也不想被迫放弃自己的立法。因此，在跟协会见面后，塔夫脱发表声明，重申他一贯的信仰：“禁止政府基金用于政治宣传这一原则应该得到承认，但是，该法律的一些条款太过严格，使军方管理陷于困难。”他公开地批评军方对法律的解释，但是承认他会支持对该法律的修改，以使其更具灵活性。

在国会采取行动前，参议员塔夫脱的处境变得更加糟糕。一群受尊敬的新闻记者报道 7 月 20 日的会议时，无意中听到塔夫脱描述目前的状况：如果有机会，75%的军人会投票给罗斯福，他反对士兵投票，因为那些在海外服役的军人“脱离了跟国家的联系，对一些问题及候选人都不了解，他们会把票投给他们的总司令，这是自然而然的事情”。那些听到塔夫脱这一席话的记者把它发表了出来。随着消息不断传播，塔夫脱的同僚开始疏远他。比如，伊利诺伊州参议员司科特·卢卡斯说：“塔夫脱显然没有认识到，这是一场全球性的战争。至于在 1944 年的选举中，什么才是美国真正面临的问题，我们那些在海外打仗，在天空中飞遍全球的人们也许比在国内的人更有见识。”

军方继续对愚蠢的塔夫脱“第五条”进行宣传。8 月 9 日，消息传出，将有更多针对军人的审查制度出台，陆军部宣布禁止军人观看电影《威尔逊》，前总统的传记，以及《天堂般的日子》，一对夫妇游览华盛顿的喜剧，由当时最受欢迎的电台组合麦吉和莫莉二人主演(一部不痛不痒的电影，人们早已经把它忘记了)。陆军部还证实了一条流言，流言说所有英国报纸全部被禁止流入美军，因为这些报纸毫无疑问在选举中支持某一方。两天后，陆军部宣布被迫禁止出售和分发《空军官方指南》，因为这本书中包含了一张罗斯福总统的相片，标明他是总司令，但这一举动将“第五条”彻底送进了棺材。这支军队知道如何在国内赢得这场战争。国会除了立即行动，别无选择。

到 8 月 15 日，特权及选举委员会的西奥多·格林递交了一份报告，宣称“第五条”的修改至关重要，因为美军的成员需要阅读各种图书，以保持士气和抵制敌人政治宣传的影响。根据格林的观点，法律的目的“不是让陆军和海军成员从美国公民平时都能接触、了解到的新闻和信息中隔离出来”。针对参议员塔夫脱指责陆军和海军都太过严格地理解法律的这一说法，参议员格林说，“对这种情况的纠正当然不是让军队宽松地理解法律”，相反，国会有义务纠正法律本身。参议员格林劝告国会，取消“第五条”中禁止阅读材料中包含政治内容的部分，将其修改成后方人民可以获得的阅读材料，诸如一般的图书、杂志以及报纸等，都允许分发给军人。法律经过修改后，对分发给前线军人的阅读材料的限制，唯一可令人接受的，只有“非常难于运送或其他战时紧急情况”，只此才能阻碍图书到达前线。这不仅仅是修改，这完全是撤销。

1944 年 8 月 15 日，参议院以非同寻常的速度一致通过了士兵投票法案修正案。第二天，众议院也通过了这一修正案，并将修正的法案送到白宫让总统签字生效。1944 年 8 月 24 日，协会骄傲地宣布以前被“第五条”法案禁止的三本书将以军供版图书形式出版：凯瑟琳·德林克·鲍恩的《从奥林普斯来的美国佬》、查尔斯·A.比尔德的《共和国》以及 E.B.怀特的《人各有异》。协会同时出版了《斯洛岗山庄》和《奇异的果实》，尽管有波士顿的禁令。

协会对“第五条”之战的胜利是它伟大的成就之一。通过鼓动媒体报道事件，鼓励美国人民实施言论自由，批评荒唐的法律，国家证明了它的民主精神。借用执行理事阿奇博尔德·奥格登的话：“在不到两个月时间内，连续战胜了参议院和众议院，来一个完美的咸鱼翻身，这真是有关民主精神的一个令人耳目一新的例证。”

也许在 1944 年的大选中，士兵集体把票投给了罗斯福，是因为罗斯福是他们在截尾选票上唯一能够认得的候选人名字；也许是因为“第五条”的惨败留下了一种苦涩的余味，许多人被迫跟罗斯福站在一边，而不是跟推动新闻审查制度的共和党人站在一起；或者也许，国家感到最信任的人是那位领导人民走过了十二年的人，而且军队支持他们的司令。不管出于什么样的理由，1944 年 11 月，选民们选择了罗斯福连任第四届总统，尽管只有大约 300 万选票的微弱优势。据估计，有 3400 万张选票是由缺席的士兵根据士兵投票法案这一机制进行投票的，也许这起到了关键性的作用。当哈佛大学发布 1944 年的《校友会公告》时，意味深长地说：“富兰克林 · D. 罗斯福，1903—1904 届毕业生，住址没有任何改变。”

第九章

德国投降与被弃的荒岛

有人关心他，有人不关心他，那些不恨他的人会让着他……但是他们碰不着他……因为他是泰山、曼德拉草、闪电侠。他是比尔·莎士比亚；他是该隐、尤利西斯、飞翔的荷兰人；他是所多玛的罗得、悲伤的黛德丽、森林中的夜莺斯威尼。

——约瑟夫·海勒，《第22条军规》

1945年，当美国人嘲笑死亡，在欧洲朝着胜利的方向迈进时，他们携带了成千上万册图书，这在他们脚踩着的这块大地上原是被禁止的。通过军供版图书，许多在德国被禁的作家再次露面了。美国军人携带着海明威的《短篇小说选》，杰克·伦敦的《海狼》《白牙》《斯纳克游记》以及《野性的呼唤》，伏尔泰的《老实人》等书走上战场。后期的军供版图书包括托马斯·曼的《短篇小说选》，斯蒂芬·茨威格的《象棋的故事》，H.G.威尔斯的《时间机器》《莫罗博士的岛》《世界大战》《众神的食物》，埃里希·玛丽亚·雷马克的《凯旋门》等。有什么武器比曾经被禁止、被焚烧的书更适合用来解放欧洲大陆呢？

在欧洲占领区，协会并未停止他们的工作，而是继续将几十万册图书分发到军人手中。协会同时也在考虑，在那些被纳粹限制、禁止出版和销售的图书重新回到欧洲国家的过程中，协会可以扮演什么角色？几年来，那些被德国人禁止的书都遭到没收和销毁，出版商及书店老板都没有获得任何补偿。凡纳粹认为是敌视德国的书，都从书架上被搬走了。图书馆遭到清理，人们喜爱的书不见了。纳粹控制着欧洲的出版商，仔细地审查那些出版物，严厉禁止在美国和英国出版的图书的发行和销售。到 1944 年，欧洲实际上已经没有一家独立的出版企业存在——或者，用美国战时信息办公室的话来说：一切需要“重新出发”。

了解到欧洲出版业衰落和购书难的现状，协会考虑到有些地区早在 1939 年便失去了美国图书的踪影，为这些地区出版图书迫在眉睫。1944 年，协会成员，法勒及莱因哈特公司的斯坦利·莱因哈特、亨利·霍尔有限公司的威廉·斯洛安讷、维京出版社的马歇尔·贝斯特与美国战时信息办公室接触，咨询它是否有兴趣提供资金做一个项目，在欧洲从纳粹控制下解放出来后尽快把美国的书翻译并发行到欧洲。美国战时信息办公室乐于跟协会合作做这一项目，协会负责搜集在全世界都有吸引力的 100 本书的书名，美国战时信息办公室提供特别基金来扶持这些“海外版图书”计划，这一计划完全与“军供版图书”计划区分开。因此，协会的一个新分支出现了——海外版图书出版股份有限公司。

万事开头难,海外图书出版股份有限公司刚起步时特别坎坷。首先,虽然战时信息办公室在理论上赞成海外图书出版股份公司,但是,它实际上未能提供基金,因此,这一计划搁浅了几个月。1944 年 8 月,获得启动资金后,该计划却陷入了更深的后勤方面的困境中。许多书需要翻译成法语和意大利语——事实证明,在图书出版中,这是耗时最久的一步。此外,得保证出版的成本最小化,一个完整的系列要在短时间内印刷出来。因此,在每本书完成翻译前,出版印刷工作便不能开始。当文稿终于定稿,即将开机印刷的时候,又出现了版权问题:出版商不能确定他们跟作者签订的合同中的授权是否包含了海外图书版权。在最后关头,他们只得对个别合同做了调整,以适应图书在海外的发行。

最终,1945 年 2 月,海外图书出版股份公司的第一批图书运到了欧洲。图书成品尺寸很紧凑(尺寸为 4.75×6.375 英寸,跟军供版大开本一样大小),包装也很平常,但是这些书抚慰了患上图书饥渴症的欧洲。战时信息办公室对第一批海外版图书非常满意,1945 年 3 月,它要求协会的其他图书选题,增加德语、汉语及日语版本的出版。资金问题再次困扰该项目,导致最终没有出版汉语和日语的翻译本。但是,最后总共 72 个图书选题都得以出版并推向了市场,这包括 22 种英语版本、22 种法语版本、23 种德语版本以及 5 种意大利版本。这些书往往是些采取美国视角的选题——斯蒂芬·文森特·贝尼特的《一本美国人的书》、凯瑟琳·德林克·鲍恩的《从奥林普斯来的美国佬》以及 J.C.弗纳斯的《美国如何生存》都在这些图书选题中。

一共 3 636 074 册海外版图书发行到了法国、比利时、荷兰、挪威、丹麦、罗马尼亚、捷克斯洛伐克、波兰、南斯拉夫、匈牙利、意大利、北非、叙利亚、土耳其、奥地利以及希腊。据估计,欧洲被纳粹销毁的图书超过 1 亿册。尽管与这 1 亿册相比,360 万册仅是九牛一毛,至少海外版图书还是把这些年来被剥夺出版的美国图书重新引进到了这些国家。

不仅那些纳粹统治之下的国家因缺乏图书而受到不良的影响,英国的出版业也受到了战争的严重损害:图书短缺,书店里的书架空空如也,不可能为皇家陆军及海军人员提供免费图书。像他们的美国同行一样,英国士兵也渴望读书。正如一位美国中尉回忆,当他的部队驻扎在英军运输船上的时候,美国人把他们的图书馆也搬了上去——塞满了图书的板条箱安放在两个油桶上——英国军人瞪眼看着那些书,要求给他们一点特殊照顾,让他们也一起读书。中尉的部队与他们分享了那些军供版图书,"有许多英国伙伴摇摇头,感到吃惊,美国士兵被照顾得多周到啊!"许多英国士兵都留有疑问:为什么自己的政府不通过向军队提供平装版图书来提升士气?

罪魁祸首是英国早期遭受的轰炸,紧接着出版业实行严格的纸张配给制度,这两股力量合力扼杀了英国的印刷能力。整个 1940 至 1941 年,德军对英国进行了狂轰滥炸,住宅区、农场、商业区,没有任何地方能够幸免于难。1940 年 12 月 29 日,德国人的飞机越过伦敦上空,把飞机上的炸弹全部投放到了英国出版公司的仓库和办公处,这两个地方紧挨在一起,"在城市的一个很小的范围内,在那该死的心脏地带"。17 家公司全部被摧毁了。超过百万册图书作为引火材料,熊熊燃烧了几个小时。一夜之间,伦敦的图书世界灰飞烟灭。

接着,纸张配额制度进一步限制了出版商,他们的纸张使用量严重减少,仅相当于1938年用纸量的37.5%。图书的需求量飙升,出版量却日益减少。书店没有图书库存。出版商疯狂地打破了传统的版式、页边的宽度、纸张的重量、排版以及装订——用最少的材料来出版一本书。尽管采取了这些措施,英国的出版商还是不能够出版足够数量的图书以满足公众的需求。英国皇家陆军和海军缺乏图书的原因是没有足够的图书流通。尽管英国也组织了类似美国"胜利图书运动"这样的赠书活动,但这个运动仅收到了有限的笨重的精装图书,且不适合于海外军人阅读使用。

凡是见过美国军供版图书的英国军人,都对其留下了深刻的印象。皇家空军中的一位队员说,当他跟美国的战斗中队驻扎在一起的时候,那才是他漫长军人生涯中最好的一段时光。每天晚上他都要"随意地漫步,进行一两次美妙的谈话……当然,离开的时候,衣袋里会塞进一两本……'超棒的'军供版图书,那是两三个美国朋友塞给我的。他们告诉我,待我看完后,把它们传给其他军人"。他说,军供版图书是给他的部队带来"长时间高度的满足与欢乐的唯一事物"。他对协会"极好的印刷和分发工作表示惊讶,这件事情,仅就我看到的,已经在海外存在了三年之久,可是在我们这边……却不存在这样的好事"。

那些住有美军和英军伤员的医院,成了军供版图书慷慨传递的温床。一位英国伤兵回忆,当他住在缅甸野战医院康复的时候,他患有抑郁症,病情不确定。他说:"在那些黯淡的日子里,幽默显得特别珍贵。”几名受伤的梅里尔袭击队（美军中一支特殊的行动小分队）士兵在他的病房里，他们注意到了他的阴郁情绪，把马克斯·舒尔曼的《衣冠楚楚的商人》一书放在他的床上，劝他读这本书。这本书写的是主角回到了后方，希望受到英雄般的欢迎，不料靠黑市汽油才把车开回了家，到家后却又只受到一顿剩饭的招待。更糟糕的是，他的办公室工作使他在女朋友眼里不是一位“真正”的英雄。该书讲述了一个一切事情均往糟糕的方向发展的滑稽故事。那位英国士兵在读该书的时候情不自禁，笑了一回又一回。

英国士兵极度渴望得到军供版图书，英国的出版公司听到了很多关于美国的小平装书如何受欢迎的故事。出版商已经准备努力生产大批图书了，他们发现出版像军供版图书这样的微型书的想法极为诱人。这些书不会免费地分发给英国的战斗部队，相反，1945 年，英国出版商开始销售平装书，它们与美国的军供版图书的版式离奇地相似。花两便士这么一点儿成本，伦敦的贝尔、哈德逊有限公司出版了贝尔口袋书，伦敦的 W.H.艾伦公司出版了艾伦超级飓风系列。一眼看去，贝尔图书和飓风图书都极容易被误认为是军供版图书——它们的规格是相同的，封面有一个拇指指甲图案，这是原来的封面设计；它们是用订书机装订的，书的内文有两列文字，用轻型纸印刷成书。当贝尔口袋图书面向英国公众解释它们的微型规格是由于纸张配额制度和纸张短缺造成的时候，飓风却在宣传它们适合“那些现役军人——因为它制作精巧，大小方便”，并且“是根据读者的衣袋大小来设计的——有两方面的意义”。协会感到满意的是，它的图书出版模式帮助苦苦挣扎的英国图书市场恢复了元气。在英国,纸张配额制度直到1949年才取消。

1945年春天,盟军徐行靠近柏林,后方精神高涨,欧洲胜利在望。但是,1945年4月12日,富兰克林·德拉诺·罗斯福由于健康状况严重恶化而去世,这件事很大程度上一直对公众保密。世界各地都感受到了这一损失。就像一名英国空军机械师弗兰克·斯拉格达下士说的:“这不是说又有一位政治家去世了,而是我们失去了一位朋友。”借用装甲炮兵部队的一名士兵下士路易斯·F.希尔所说的:“我们失去了一位伟大的领袖,我知道,战争造成这一损失。”他解释说:“我在法国的时候,有一位陆军少校指挥一支特遣部队,我们都尊重他,跟随着他。当他被机枪射杀的时候,我离他仅100码。从此之后,我们便很难团结在一起。这跟罗斯福总统的去世是一回事。”第二十八分队的一名步枪兵莫里斯·克拉维茨说:“我曾经看到有人死在前线,但是这对我根本没有影响。”当他们哀悼的时候,悲剧激发出了一种乐观和决心的斗志。用中将沃尔特·J.辛顿的话说:“我猜想,纳粹很高兴听到他去世的消息,但是,我们克服一切困难,向他们显示我们是什么感受。”

紧随着罗斯福去世的消息,约瑟夫·戈培尔和阿道夫·希特勒自杀的消息也传来了。虽然德国的领导集团垮台,它的城市被盟军摧毁了,但是,德国的军队还在继续战斗。几天后,1945年5月8日,哈里·S.杜鲁门总统宣布德国正式投降,“自由的旗帜在欧洲上空飘扬”。但是他提醒美国人民,战争只取得了一半的胜利,因为在“西方获得解放的同时……东方依然处在危险的日本暴政的奴役之下”。

很明显，德国投降后，在欧洲的同盟国军队似乎便要开赴太平洋，但许多在欧洲服役的美国人却产生了这样的幻想：他们会在欧洲胜利日退役回家。整个 1944 年，一些出版物，如《美国军队周刊》等，都在发表文章讨论陆军及海军在战争胜利后的遣散计划。这些文章制造了即将回家的虚假希望。严酷的现实是，在欧洲的大多数军队都只能在完成了对日本作战之后才能回家。在欧洲的军队不是被遣散，而是面临着重新部署的问题。

5 月 10 日，军方宣布：在欧洲的 350 万军队中，将有 310 万开赴太平洋。剩下 40 万将留守欧洲，作为占领军。陆军中只有很少的一部分人可以退役。海军宣布，不会削减兵力。正如一位军方发言人解释的：遣散欧洲的作战部队，而不是把他们重新部署到太平洋，这就像是用一只手在打仗一样。为了打败日本，盟军需要在太平洋上释放它的全部力量，以发动最后的、决定性的进攻。

陆军和海军都努力淡化重新部署这一消息，在重新交战前，为士兵在太平洋或美国本土提供休假时间。但是，对美军在感情上承受的痛苦来说，这点承诺起不到什么作用。正如上等兵贾斯汀·格雷在《美国军队周刊》中解释的："在太平洋岛屿上休假，就跟留在上帝抛弃的荒岛上差不多，远离一切欧洲文明。"事实上，他知道，有一支不幸的部队被送到了一个"休整营区"，他们发现自己生活在"椰子树丛中，与帐篷、杂物一起"，受命前往修建休息区。直到被召回战场前，他们都还未完成休息区的修建工作。一位中士抱怨说："就像我们的最爱用的词'倒霉鬼'那样，我们只好坐等着，直到有一天重新回到散兵坑中。"国内对重新部署的看法也是一派悲观。一家报纸解释说:“那些直接开赴太平洋的军队也不会喜欢这个想法……他们已经打完了一场战争,他们会认为自己的工作已经完成了。”军队在进行重新部署前允许士兵回家生活,这是最好的。他们可以从家庭中抽出两三个星期,享受一次快乐的同学会,然后开始新一轮的服役期。此外,虽然在欧洲逃脱了死亡,但是,许多人并不认为自己有足够的运气再逃脱一次,特别是在太平洋上。

欧洲的士兵通过报纸和杂志中读到岛屿战争,已经了解了太平洋战争的恶劣名声。随着盟军的跳岛战役逐渐逼近日本,战争似乎打得更加激烈了。宁死不降的日本士兵,会一直战斗到最后一个人。这种拖延是徒劳的战斗,仅仅提高了伤亡率。直到德国投降前才结束的硫磺岛之战被认为是海军陆战队历史上最惨烈的战斗,联合指挥官荷兰·M.史密斯中将说,在168年的海军历史上,他们从未如此“面对或挑战过自己的座右铭:永远忠诚”。也只有在这场海战中,美军的伤亡率超过了日军。两军完成部署后,攻取冲绳岛的战斗异常激烈。《纽约时报》报道:“士兵们陷入肉搏战,用手榴弹或者燃烧弹把他们从洞穴中驱赶出来”,“推进速度异常艰难而缓慢”。美军加快作战节奏,因为他们期待回家,在太平洋作战的士兵却一再把回家的日期推延。“回家时间活生生地从1945年”变成了“拄拐杖的1946年”,接着变成了“从地狱到天堂的1947年”,接着是“通往金门海峡的1948年”。其他人根本没有回家的希望,他们永远回不了家。

虽然在岛屿战役中士气受到了严峻的挑战，但是，太平洋战场，特别是在战争的后几年，从不缺乏为那些从火线上下来的军人准备的娱乐节目。很少有报纸或杂志相信特殊服务部门为这些部署在遥远地区的军队提供服务的重要性。一旦一个地区获得了安全保障，军人们就会尽力使岛美国化。他们在丛林空地上修建标准的阿布纳·达布尔德棒球内场，在用于游泳的池塘或湖边贴上标志，上面写着“琼斯海滩”或“老游泳海湾”。到1944年时，那些1942年到瓜达康纳尔的人已经认不出它了：从前的战场种上了蔬菜，一家冰激凌工厂每天生产出200夸脱冰激凌，几百件乐器可供人们娱乐，150家电影院（户外的屏幕前还有几株椰子树干和几个油桶）放映着C级电影，运动场馆可以举行拳击比赛或其他竞技活动。在马里亚纳群岛已经建了戏台，排球场、篮球场也修建成功，拳击赛场地也已经安装完毕，军队还给这里的战士分发了几千台收音机。

但是收音机是一把双刃剑。它能让战士们收听到他们喜欢的音乐和新闻，但正如欧洲有“轴心国萨莉”一样，太平洋也有自己喜欢的政治宣传电台——“东京玫瑰”。投身“东京玫瑰”的人是一名生活在日本的美国公民。玫瑰的广播节目很少像轴心国萨莉那样高水准、有令人难忘的准确性以及不安的宣告，但是她也曾红极一时。她似乎总能掌握美国军人伤亡情况的可靠信息，但是她宣布这些信息的方式非常残酷。“嗯，莫尔兹比港的男孩们，你们觉得昨晚拉布尔港的高射炮声怎么样？”在一档节目中她会这样问。“你们的公报没有公布这两处要塞的损失情况，是吗？但是，你的同胞知道，这个你不明白了吧？”接着她便带嘲讽地说,“你知道谁没有回来。”

不管士兵们驻扎在安全的岛上还是正在夺取下一个岛屿,他们全都转向阅读书籍和杂志来寻求心灵寄托。甚至在最遥远的荒岛上,人们都可以读到分发给他们的图书。在太平洋战场发报道的战地记者经常吃惊地发现那里的人们多么热爱读书。小弗雷德里克·辛普奇在给《国家地理杂志》写的一篇文章中报道:“对于南部海洋的水域及岛屿,许多美国人主要是通过麦尔维尔和史蒂文森的书了解到的,看来,读书是这里军人普遍的消遣方式。”他又说:“他们读些什么书以及读多少书,取决于他们能够得到的书和杂志的数量有多少。”困在岛上,无事可作,战士们发现自己随手抓起一本书都能读得津津有味,而他们当兵之前却不喜欢读书。当一名持疑心的水手得到赫尔曼·麦尔维尔的《泰比》时,他很不情愿地开始读书,完全是出于无聊,但是一旦他开始读这本书,他便一发而不可收。他评论道:“一本超棒的书!这家伙写了三个岛屿,我全在上面待过!”

由于对重新部署的不满情绪在军人中蔓延,陆军及海军都转向协会寻求帮助。他们面临着相当大一部分人的士气危机,解决这一危机的唯一的办法就是图书。

1945年,陶德曼出席了协会的年会并强调军队亟需更多的图书。协会在上一年增加了军供版图书的出版量——从200万册增加到500万册——军方对此深表感谢,但是他坚持提出,这个数量还仍然不能满足军队的需要。他说:“现在发行量的五倍才能真正满足军队需要。”

他说:“军供版图书供应量太少了,一个仅有 55 美元收入的士兵,竟然愿意花 500 法郎或 10 美元去预定下一个优先阅读协会图书的机会。”

为了阐明他的观点,陶德曼描述了他在欧洲的经历。让他印象最深的一件事情是,即使在作战条件下,一本书也很快就被读得破破烂烂的。“一位士兵站在雨中或雪中读书,而无任何遮雨措施,书很快就被士兵读坏了。”当要读书的人比书多的时候,“一个人把他读完了的一部分撕下来,以便留给下一位未读过该书的人,并且说‘我会把我读过的部分给你保留下来’,这一点也不奇怪”。陶德曼本打算带一本处于“战斗疲惫状态”的书做样本,展示给协会,但是遭到士兵的反对。他们对陶德曼说:“你不能把我们的书带走,对吧?留在这里我们可以继续读。”陶德曼如实地对协会会员说:“因此,我没能带一本受伤的书来向你们展示。”

陶德曼在欧洲战区考察期间,到处都可以见到军供版图书。圣诞节那天,在比利时的一家医院,他在手术室的地板上看到了一本军供版图书——封面上有血迹,几乎三分之二的页面都被弄脏了。他询问过一个战斗工程师排,这个排的士兵与其他人员分开了,陶德曼注意到他们分得的一捆军供版图书,共十本。那是他们整个队伍共有的。他们很珍视那些书,以至排长命令大家以小组的方式读书,以减少因传阅的人太多而造成的磨损。在纳粹的战俘集中营里,陶德曼发现军供版图书是通过基督教青年会分发的。他说那些书是减轻战俘痛苦的最重要的东西之一。在荷兰考察的时候,出于安全考虑,陶德曼把他的汽车小心翼翼地停靠在军队警察局旁边。那天晚上,他的车还是被小偷盯上了。所有贵重物品都在车里，唯独装了32本军供版图书的箱子被偷了。虽然这些图书似乎已经随军队一起传到了世界的每个角落，并且人们对此非常珍视，陶德曼说人们仍有一种强烈的抱怨："它们还远远不够。"

驻扎在太平洋的军人也跟陶德曼一起，请求增加图书供应量。比如，1945年5月，一名美国步兵给协会写信，声称军供版图书"为那些随部队一起滞留在外国的军人，提供了许多难得的宝贵时光"。在他写信的时候，他"正享受着再次进入日常作战前的某种喘息"。但是，他说："不值班的时候，对每个士兵而言，娱乐便成了相当大的问题。"在这种情况下，士兵们渴望获得图书及其他类型的读物。他宣称，"我们对阅读的欲望难以遏止"，"当前我们的娱乐消遣问题非常突出"，如果协会认为可以用"增加图书供应量来回应这个要求，那么，我向你保证，这些图书会在整个军团公平地分发，我这封信可以代表他们"。

要求增加图书供应的另一个压力来自特殊服务部。特殊服务部肩负着为驻扎在世界各地的军队提供鼓舞士气的阅读材料这一重任，他们担心不能满足部队重新部署时对图书的需要。在1945年一次有200名特殊服务部员工参加的会议上，他们估计，在作战地区，应要达到每人每月一本新书的供应量。用特殊服务部领导约瑟夫·拜伦将军的话说，军供版图书"是特殊服务部做的最重要的工作"。特殊服务部的一位工作人员，与作战部队一起工作了两年多时间，他越来越为他们提供图书的那些人担心，以至他写信给协会希望提供更多图书。他坚持认为，"似乎从来没有足够过"，并且，作战部队对以下作家的书特别渴望：索恩·史密斯、欧内斯特·海明威、约翰·斯坦贝克、H.艾伦·史密斯、蒂芙妮·赛耶、辛克莱·刘易斯以及劳埃德·道格拉斯等。那位工作人员还不断要求提供《布鲁克林有棵树》《快乐无疆》《琥珀》以及《奇异的果实》等书。

甚至军属也来信强调，太平洋驻军需要比以往更多的图书。在一封特别坦率的信中，一位妇女恳求协会帮助她弟弟以及整个部队，因为他们的理智处在危急状态中。她弟弟及其部队刚刚打完了一场非常艰苦的战斗，他最近写来一封信强调他们极度渴望读到好书。她说："你知道，我弟弟已经连续战斗 14 个月了……现在他一切都平静下来了。"但是，"他们又接到新的坏消息：他们还得继续在太平洋待 24 到 30 个月，之后才能够轮换。看起来他们很沮丧，并且吵嚷着要好的图书供他们阅读"。她在结尾处说："又及：如果你们实际上是每隔一段时间都会送出不同的书，那么，请把这些家伙保持在你们的邮寄名单上。这些海军陆战队员不仅正在跟日本作战，而且还要跟自然环境和疾病作战，请相信我，如果他得不到什么东西来使他们暂时忘记周围的一切，那么，他们肯定会精神崩溃。"

1945 年初，菲利普·万·多伦·斯特恩与军方官员会面，一起出谋划策。如何生产出更多的书呢？斯特恩向协会报告：军方正考虑要求战时生产委员会强迫印刷商生产军供版图书。按合同，政府有义务为协会出版军供版图书提供纸张，这时斯特恩获得一个机会，在政府提供的纸张外，还可以购买 141 吨纸，执行委员会授权斯特恩订购这批纸。美国军方及特殊服务部也努力争取资源，以最大限度地保证图书出版。

虽然做了这么多努力，但还缺一样东西来支持图书的出版，那就是金钱。1945 年 5 月，军方陶德曼报告：军方没有任何资金为协会支付额外图书的出版费用。增加出版量的唯一的办法是降低每本书的成本。陶德曼告诉协会执行委员会："如果能够得到足够的资金，军方会将他们的图书采购量增加三分之一，即每个月大约 16 万册至 17.5 万册。"但是，陶德曼对如何获得他所需的资金仍然没有头绪。他离开会议后，执行委员会讨论削减生产成本中所有多余的部分，包括分解到每本书中的一美分的有争议的版税。从一开始，有些作者和出版公司就反对从军供版图书中获得版税，但是协会保持其合同的统一性，所有的作者和出版公司都用同样的合同，避免起草几百份个别的合同，为不同的人、不同的偏好和想法制订不同的条款。现在，对军供版图书的需求比以往任何时候都大，协会便推翻了自己先前的做法，认为取消版税的好处胜过了对统一的格式合同的需要。作者和出版公司都会选择放弃一美分的版税。

然而，还有一个因减税而出现的问题。协会的编辑委员会向菲利普·万·多伦·斯特恩抱怨：他们"正翻出全部家底以保证新的选题"。他们想减少每个系列的图书数量——从 40 本减少到 28 本——以避免推荐的书乏善可陈。虽然斯特恩反对这个主意，但是他很同情编辑委员会的困难处境。因为战争，每年国内市场出版的选题数量已经大为减少。1942 年与 1941 年相比减少了 10%，而且还在逐年下滑。同时，出版公司收到的投稿又急剧减少。很多知名的、有抱负的作者或者从军,或者发誓把自己贡献给战争需要的工作——他们此刻没有写书。正如一份报纸评论的那样:“虽然笔和剑相比较起来同样有力,但是起草委员会在他们的议事原则下一无所获。”

最终,斯特恩提出了一项妥协方案。在一次执行委员会会议上,他提议:协会每个月增加重印数量。委员会支持了斯特恩的计划——建议每个月的28个选题是新的(即从前从未作为军供版图书出版过);剩下的选题可以由再版的或“做”的书组成(后者指委员会编译的故事、广播稿件、诗歌,等等)。最后,重印了99个选题的书,编译了73个选题,这减轻了编辑委员会的负担。比如,协会“做”的书包括:《逍遥法外的〈纽约客〉记者》《五个西部故事》《敦维奇小镇恐怖故事及其他诡异传说》《爱情诗选》,尤金·奥尼尔的《戏剧选》以及埃德娜·圣文森特·米莱的《抒情诗及十四行诗》等。

尽管斯特恩在为经济、供给以及需求等苦苦作战,他还要面对着一个后方保卫的可怕的盟友:海军图书馆的负责人伊莎贝尔·迪布瓦。正如对“胜利图书运动”一样,迪布瓦对协会的工作有强烈的意见,而且从不克制自己对他们的批评。整个1945年6月,她写了无数封信给“我亲爱的斯特恩先生”,抱怨军供版图书的各种琐碎问题。她讨厌书名上带个“选”字,比如“……短篇小说选”“……诗歌选”。她认为这些名字听起来很乏味。迪布瓦还抱怨军供版图书中的“T-系列”,因为“这批书中没有任何一本用订书机钉好封面”,全是用胶水黏的。在个人的备忘录里,协会成员对迪布瓦越来越厌烦。正如一位出版商说的,她喜欢把琐事夸大成“大问题,但其他人并不感到那是什么大不了的事”。

斯特恩的最大的优点就是有耐心，对迪布瓦关心的每一个事项都予以回答。他使迪布瓦相信，协会在后来出版的图书题名中会努力避免“选”字。在订书机和胶水的问题上，斯特恩向迪布瓦解释：在开始的时候，每本书仅印刷5万册，可以用订书机装订。然而，随着计划发展，印刷量激增到15.5册，出版商负担已经超载了，继续用订书机装订便不可能了。斯特恩还补充说，“自从向海外分发超过5000万册图书以来，协会没有收到任何投诉信”，这意味着“防水胶黏的封面一直以来都令人满意”。斯特恩的盲目自信是一个战术上的错误。迪布瓦记住了最后一句话。她澄清，自己从前曾经写信“投诉过”，她相信军供版图书的封面容易脱落，并且“应该采取措施使封面……更加结实”。

就连协会的出版商都讨厌与海军合作。当协会出于必要被迫改变军供版图书的封面时，一些海军检查员大发脾气，把他们的失败感都宣泄在这些印刷封面的出版公司头上。这一情形在斯特里特及史密斯印刷厂变得非常激烈，以至公司经理威胁说“不再为海军印刷任何图书了，因为它们一名很难相处的检查员的态度”非常恶劣。协会被迫介入，进行调解，以平息所有参与方的怨气。通过斯特恩的专业精神，这些抱怨和令人头痛的问题从未影响到军供版图书的生产速度。

正当协会加大为太平洋驻军印书的力度时，军供版图书在欧洲继续产生影响。1945年夏天和秋天，盟军准备在纽伦堡法庭起诉十几名德国纳粹中显要的政治和军事领导者。他们因密谋反对和平、策划和发动侵略战争、犯了战争罪和反人类罪等而遭起诉。遭起诉的人中包括赫尔曼·戈林，他是一位纳粹高级官员；约阿西姆·冯·里宾特洛甫，纳粹德国的外交部长。

在对战犯审问的几个星期后，一位衣袋里揣一本亨利·霍夫的《乡村编辑》的少校（他是一位参加过两次世界大战的老兵），最终于 1945 年 9 月找到机会给霍夫写了封信。他一有机会便会读几页"霍夫的生活"——霍夫是一名编辑和马沙文雅岛上一份小报的投稿者。他喜欢这本书的每一页。"当一个人远离家乡，远离那珍藏着他童年生活的马萨诸塞古镇时，只要闭上眼睛，时光就会倒回，一切都会重新来到眼前。"他特别喜欢人们提到过去更简朴的年代，喜欢回想他刚刚完成的历史重任。

> 两星期前，我在纽伦堡审问那些给几百万无辜平民带来灾难的战犯，冯·里宾特洛甫问我审问是否结束了。那些人通过红十字会得到了这种图书。我希望他们每个人都读读《乡村编辑》。它令人信服地讲述了美国的强大和丰功伟绩——这种简朴的方式让我们成为令世界人民羡慕的国家。隔壁一间普通的牢房里，住着一位肥胖、急躁的男人，这与他以前住的房屋形成强烈的对比，他在读《圣经》。因为戈林戴有眼镜，卫兵在他的牢房里，当他读完书后，便把眼镜取走。

这位少校反思他的战争生涯以及纽伦堡经历，发现自己在思考一个问题——“是什么让美国如此强大?”他把自己的答案给了霍夫——这是“因为它拥有你在《乡村编辑》里写的这样的人民。”

第十章

终获和平

有几支部队在等待船把他们渡到不同的岸上去，岸上的人们说不同的语言，但打的仗是一样的，我的旧部便属于这几支部队之一，他们只有在这时才能迎来休息的时刻。这些“两栖动物”经历了如此多的行动，以至仅仅出于惯性，当他们回到美国后，他们也会不由自主地选择射击，去康尼岛建立一个滩头堡。在那里他们也许还要继续挖掘和战斗，直到遣散淡化了他们的军衔，直到地方游击队把幸存者重新推向大海。

——比尔·莫尔丁

由于轴心国欧州战线的崩溃，盟军把全部力量都集中到对日本作战方面，那些在军队中服役的人开始思考他们的未来了。随着时间过去，战争从他们那里偷走了有关家乡的具体细节，有些人甚至担心家乡是否跟他们想象的一样。一位军人解释道：“家乡已经从我们心中褪色了。家乡变得虚幻,成了对名称、面容、声音等一切的模糊回忆,但是最亲近的、最珍贵的东西不见了。家乡被枪支、飞机、地雷以及大炮从我们心中夺走了。”一个过去熟悉的地方现在变得陌生了。战争结束后他们要去哪里生活?家乡变成什么样子了?重返平民生活会很困难吗?

找工作是大家关心的主要问题。他们加入陆军或海军的时候,经济还未从大萧条中完全恢复过来。到1940年时,失业率还在15%徘徊。加上战争期间,妇女和少数派族群进入劳动力市场,他们占据了传统上由白人占据的工作岗位。人们担心,如果这些新的劳动力继续留在岗位上,那么,就只有很少的职位留给退役回来的老兵。有些士兵也担心在将来找到的工作中,他们在战争中练就的技艺是否派得上用场。在训练中,许多军人都参加了教育课程的学习,花了很长时间学习数学、自然科学以及工程类知识,以便通过考试,提升军衔。他们不希望浪费这些知识。

协会开始在每个月的系列中把那些实践性、非虚构的、思考他们前途的书囊括进军供版图书中来。他们为这个目的收集了几个选题,最终在战争结束后出版了。达雷尔和弗朗西斯・胡夫的《未来的二十种职业》讨论了战争如何影响到就业,并且提供了一系列职业选择——包括塑料、纺织、回收、航空、制冷、出版、电视和电台、教育、医药、市场研究以及汽车工业等行业的工作岗位。按照军方要求出版的另一本有用的书是《你和你未来的工作》,作者是威廉・G.坎贝尔和詹姆斯・H.贝德福德。这本书提供了如何选择就业的信息,特别为那些在战争中伤残的、年龄超过四十岁的人们,不论男性还是女性,提供了详细的建议。

约翰·F.沃顿的《谋生理论与实践》一书则为那些不在意从事何种职业只要能挣钱就行的人们提供了帮助。

前线的每位士兵几乎都认识到了医药的进步对拯救生命的意义。磺胺是一种既可以撒在伤口上,又可以口服,以防止感染的药物,每位士兵都随身携带。有很多讲述士兵受重伤后因为用了磺胺而获救的故事的书。军供版图书如《青霉素的故事》《军事医学的奇迹》以及《缅甸外科医生》等激励一些战士考虑从医。

还有一些人梦想选择法律方面的职业。亚瑟·特雷恩的书中虚构了律师以法莲·塔特——他总能够通过某些新颖的计策救出他的陷入法律困惑中的当事人——这本书也鼓励了一些军人去上法律学校。还有一些人在读了贝拉米·帕特里奇的《乡村律师》后决定从事法律工作,那本书把一个小镇上可爱的律师的工作浪漫化了。对于那些想要打击罪犯,而不是起诉或保护罪犯的人们而言,他们可能受到了约翰·J.弗拉厄提的《联邦调查局内幕》一书的影响。

学习自然科学和数学的人们(比如突击工程师),也许会喜欢《科学宝库》《科学重塑世界》《化学时代》以及《数学与想象力》等书,在此仅列以上有限的几本书。那些有创业精神、希望在商业方面有所作为的人可以读一下《独立小杂货店:零售指南》。对那些想通过农业谋生的人来说,M.G.凯恩斯的《五英亩农场和独立问题》是必读书,它提供的宝贵建议包括从如何选择肥沃的土地到如何养蜂这样细微的方面,无所不包。梅尔·伯杰《八百万》写的是纽约新闻记者的故事,恩尼·派尔的书描述了他作为战地记者的经历,奥利弗·格拉姆林的《美联社:新闻背后的故事》是少有的几本呼吁人们考虑当记者的书。

毫不夸张地说,军供版图书创造了一个全新的读者群。然而,这个全新的读者群的另一面是,几乎每个人都认为自己可以成为作家。具有讽刺意义的是,协会的出版商被人们的出书建议包围着,很多人都表示,希望出版他们的战争故事。比如,有这样一位军人,他是名陆军列兵,写了一封文采飞扬、热情洋溢的信,希望出版他当步兵的经历。他把自己在前线的生活描述成“死亡、雨水、臭虫、苍蝇、沼泽以及蚊子等的”大骚动,并且开玩笑说他之前的工作没有为他当炮兵做好准备。(在康涅狄格州经营一家女帽店)。但是他坚持认为,他经历的困境中包含着幽默和美,即便是在挖掘第 1054 个散兵坑的单调乏味的时期(他宣称从那时他便开始了写作)。他的灵感来自他读过的军供版图书系列中恩尼·派尔写的书。这位列兵希望用“派尔式的风格”写出他的经历——“描述性的、坦率而有人性的、调上一点人类的同情心及情感的风味”。由于他的“写作垫浸水了”,他便把他的信写在从纸袋上剪下来的纸页上;他不得不把信封包裹“蒸”一下,让它足够干燥,以便邮寄。他宣称:“打仗就是下地狱,难道不是这样?”

1945 年夏是“战争史上最密集的炮击战”时期。由于要集中力量消灭一个敌人,盟军对日本海军和城市发动了一轮又一轮的攻击。设在关岛、塞班岛以及马里亚纳群岛的盟军基地现在可以得到最大程度的利用。单单在马里亚纳群岛,就有多达 800 至 1000 架B-29型轰炸机准备起飞。虽然这些轰炸机的密集轰炸造成了毁坏(据估计,仅 1945

年6月,50%的东京城区遭到毁坏,日本的很多工业中心也被盟军的炮弹消灭),但是,相当多的日本兵工厂仍未受到破坏。

除轰炸外,美国的B-29轰炸机每天都向日本的城市投掷75万份传单,敦促日本停战和无条件投降。6月初,日本首相铃木贯太郎挑衅性地宣称日本将战斗到底,并且很有信心地预言日本"将在本土通过决定性的一战消灭敌人,这一仗将与在各岛屿上进行的战役完全不同"。然而,6月9日,日本全面丧失了对菲律宾的控制,菲律宾国会召开了自1941年来的第一次会议。

最后,冲绳战役成了太平洋战争的最后一战。虽然进攻日本本土的计划已经规划得很好,但是海军部队还是准备确确实实地决一死战,1945年8月6日,一架美国B-29轰炸机接近日本重要的港口和军事中心广岛市,投下了一枚重达400磅的原子弹。由于对这种新武器没有准备,B-29的飞行员几乎无法相信这种武器释放出来的能量。一位飞行员回忆道:"炸弹发出了一道可怕的闪光,即便是在白天……也猛烈地冲击到飞机,像给飞机打了几记耳光。"白色的烟雾形成了蘑菇云,冲上2000英尺的空中。方圆4平方英里[1],也就是整座城市的60%,被完全夷为平地;这个区域外的房屋及其他建筑也被严重损毁,无法修复。

广岛原子弹爆炸后不久,杜鲁门总统警告:如果日本领导者不立即

1　1平方英里约为2.59平方千米。——译者注

接受盟军的投降条件，那么，“他们等到的只能是来自空中的毁灭性轰炸，它的杀伤力在地球上是从未见过的”。然而，日本并未被吓住。它的官方新闻媒体同盟通信社向美国发送电波，声明：“美国早日结束大东亚战争的渴望只是一厢情愿。”广岛原子弹爆炸 75 小时后，第二颗原子弹投放到了长崎，这颗原子弹摧毁了长崎市 30%的区域，留下了大面积的城市废墟。8 月 10 日，杜鲁门总统再次警告日本：除非投降，否则“我们将使用原子弹……无情地使用”，并且“原子弹将不得不投向兵工厂，非常不幸的是，成千上万的老百姓将会丧失生命”。经过五天痛苦的等待，8 月 14 日晚上 7:03（美国东部标准时间），日本发布了一份正式声明，宣布无条件投降。战争终于结束了。人们迎来了抗日战争胜利日。

全世界都举行了庆祝活动。在纽约市，时代广场做了新闻宣传，“胜利的咆哮”爆发出来，并持续了二十分钟，情绪就“像原子弹爆炸一样”。根据《纽约时报》报道：“克制被人们抛到了九霄云外。街道上的人们把帽子、盒子、旗子等抛到空中，从那些办公大楼及旅馆的倾斜的窗户里飘洒出传单、彩纸和彩带。男女老少互相拥抱——他们不再是陌生人。”在伦敦、美国及英国，士兵跳起了康茄舞，在城市中穿行。他们抓住一个伙伴就跳舞，庆祝了好几个小时。在巴黎，士兵和美国女兵团跑到街道里，与法国人握手致意，在香榭里大道进行一次即兴的游行。一位卡车司机陷入游行队伍中，不能够传送美军的报纸《星条旗报》——报纸上的头条新闻是是“斯廷森说他要重新检查看看美军是否可以削减”。司机怒吼道：“他最好多裁点兵！”一位在柏林的战地记者报道,那里的美国士兵喜气洋洋,因为太平洋战争的结束使得他们不需要再参加战斗,而且会加速遣散。在冲绳的美国士兵,他们曾经相信还要过若干年才能踏上回家的路,“他们互相拥抱、跳舞、欢呼并大声说:让‘1948 年回到金门海峡见鬼去吧,我们 9 月 8 日就要回家了’”。在提尼安岛,那里 B-29 的飞行员正在接受第 35 次任务——他们回家前的最后一次任务——小组领导及时赶来通知他们:任务取消。300 人正准备冒着生命危险在白天去执行一项任务,现在不用去了,人群中爆发出孩子般天真的笑声。在关岛,为了表示庆祝,人们一边高呼,一边以各种方式向空中放枪;有人把平时藏匿起来的威士忌酒从保密的地方取出来发给大家,以庆祝和平。在夏威夷——那是美国最初遭到轰炸的地方,几千名年轻生命在那里牺牲——当 B-29 从上空飞过的时候,路上的行人都脱帽致敬。一切总算过去了。1945 年 9 月 2 日,日本在“密苏里”号战舰上签署了正式投降书。

与其他战时组织一样,协会也开始平静下来。在 1945 年 8 月的一次执行委员会会议上,一些会员强调立即解散协会;另一些人觉得在遣散期间,军人会继续需要军供版图书,因此,协会还有必要存在一段时间。陆军估计,遣散大约 600 万人,这项工作预计到 1946 年 7 月 1 日才能完成。此外,陆军还宣布:欧洲占领军需要 50 万人,太平洋占领区需要 90 万人,其他地区还需要 60 万人,以监督第一年的和平。经商议,协会和陆军部认为,军供版图书还需要存在。1946 年上半年,还继续出版了 110 万册书。1946 年 6 月起,计划才被缩减到每个月每本书出版8万册。

协会没有解散,很多出版商感到欣慰,并且希望以某种新的方式继续合作。正如威廉·W.诺顿在协会的一次会议上说的,“解散在出版业方面这样一个成功企业,是一种短视行为”。诺顿甚至赞成这样的主意:创立一个“更大的和平时期的图书组织,协会已经为这个组织奠定了基础”。

1945年12月,菲利普·万·多伦·斯特恩离开了军供版图书协会经理一职,投身于全职的口袋书工作。继任者是斯特利·汤普森,在军供版图书这个计划开始之初,他就参与其中、帮忙规划,与《美国军队周刊》杂志完成了军队服役的第一个任期后,他就回美国了。这时候协会期待它的分支机构会在1946年夏清算完,因为协会与政府签订的最后一份合同约定,协会要在战争结束后一年内结束军供版图书的出版。然而,保罗·E.波斯特尔继陶德曼先生后,成为陆军图书馆部的负责人,他相信,1946年夏天后,50万或更多占领军继续驻扎海外,他们仍然需要图书。这些人多数在一些与外界隔绝的警察部队服役,他们不容易得到正常的图书馆提供的服务。汤普森刚从海外工作回来,他坚持认为军队仍然对阅读材料有无法满足的渴望。战争是停止了,但是,对微型平装书的需求并没有停止。陆军和海军都希望协会继续工作一段时间。

但是,随着陆军和海军的规模急剧减小,图书的预订量也随之下降。1945年12月,陆军估计它每月对图书的需求量最大限度在2万套,包括12或15个选题。海军希望确保5 000套。项目范围急剧缩小

(仅为军供版图书生产量顶峰时的15%)带来了问题。图书的减少意味着价格升高。协会讨论是否陆军部应该直接订购国内版平装书、口袋书及其他出版商仅以25美分价格出售的平装书。但是,与军供版图书比较起来,它们还是太贵了,军供版图书的成本每本为5美分。1946年头几个月,波斯特尔·汤普森以及军供版图书的管理层进行过几轮谈判,汤普森提出了一些如何降低成本的建议。最后,通过采纳口袋书使用的方法,再通过一些现代印刷技术来降低生产成本,协会能够在生产仅2.5万册书时,控制每册的成本为18美分。协会与陆军和海军签署了一份新的合同,印刷II到TT系列的图书,在1946年10月到1947年9月之间分发。通过采用J.W.克莱门特水牛公司的印刷技术,军供版图书每月出12个选题,大约30万册图书,艰苦地维持着。

与过去的图书系列不同,军供版图书II到TT采用普通平装外观——它们都是长边,因此长度大于宽度——不是一页两列正文,而且只有一列正文。它们的尺寸不再是军供版图书的两倍;所有新版书的规格都是4.25×6.5英寸。然而某些特征保持不变。每本书的封面都继续使用来自精装版的大拇指甲的图案,封底提供本书的内容摘要,封三印有本月出版的军供版图书的书名清单。

在执行系列II到TT的过程中,陆军通知协会,其预算被削减了,因此它不能够再支付已经订下的书费。海军也面临着缺乏订购军供版图书的经费。两军种军人都坚持想要他们按照合同订购的书,但是经费不允许。1947年1月举行的一次协会理事会特别会议上,约翰逊——正是他第一次提出出版军供版图书——在会上提出协会检查一下自己的资金情况，再决定是否可以继续印刷这些书。发现有资金余额后，约翰逊提议协会与陆军及海军签订新的合同，从 1947 年开始，用这些剩余的资金出版图书。理事会通过了一项决议：陆军和海军各汇款支付一美元以换取协会出版的从 NN 到 TT 系列的图书——总共 150 万册。协会填补剩余款项。

1947 年 9 月，当最后一批图书分别送到陆军和海军后，军供版图书项目终于结束。这批书有马克斯・布兰德的《错误的骑手》(西部小说)、鲍勃・费勒的《三振的故事》(自传)、托马斯・B.科斯坦的《金融家》(历史非虚构故事)、巴德・舒尔贝格的《无冕霸王》(拳击小说)，以及克雷格・赖斯的《洛杉矶谋杀》(神秘小说)等。协会出版的最后一本军供版图书是恩尼・派尔的《祖国》，这本书是向一位受美国人民爱戴的战地记者致敬，他在太平洋被日军狙击手射杀。

随着工作渐渐停顿下来，协会收到了军人潮水般的来信，他们意识到自己多么想念每个月分得的书。用一位上尉的话说，“军供版图书伴随着我整个战斗生活，以及现在的职业生涯。更不用说，它们曾经极大鼓舞了士气”。他说：“我对它们热爱到这样的程度，以至再过几个月我回家后，我也同样会把它们保存在家里。”协会回答他们：已经停止出版了；不再有新的选题，且已出版的书也已经分发完毕了。但是，无论如何，军供版图书还在继续流通着。有些军人购买一两册带回家中保存，作为战争的纪念品，或未来再读。其他人则攫取一单册，以备在回美国的长途旅行中与他人交换。那些继续留在海外作为占领军的人则囤积一些,作为收藏或供闲暇时阅读。有些军供版图书还进入海外军队图书馆——书脊上贴上了索书号,书上附有流通标签。有些书甚至存在得更久,为在朝鲜参加“被遗忘的战争”的美国军人服务。虽然新版军供图书没有出版,但是它们影响深远,在那些有幸阅读它们的人心目中永不褪色。随着几百万老兵回家,许多人会很热爱读这些书,尽管当他们最初离开家乡去参加战争的时候却不是这样。

政府产生一个更富灵感的创意,就是利用图书帮助老兵们重新开始他们的国内生活。

第十一章

该死的平均分提高者

我们已经教会年轻人如何发动战争；我们同样必须教会他们在自由、公正和体面的社会里如何过有用而快乐的人生。

——罗斯福总统在国会的演讲，1943 年

早在战争结束前，美国政府已经开始思考大量遣散军人可能带来的问题。其中一个主要的问题是就业。很难想象去哪里找足够的工作机会安排那些战时劳动力，以及 1500 万参战的男女（超过国家人口的十分之一），他们在为国效命后便要回国。“大量年轻人娴熟火器却在街道闲逛，为无法在国内重新获得生存机会而生气，这些失业人口会带来严重的政治后果”，政策制订者正为此而焦虑。后方的另一令人担心的问题，是回到家的老兵会出现各种各样的心理问题：250 万人曾因心理疾病而退出军队。根除士兵的不适应症成为全国上下的当务之急。退一步说，当军人听说他们在家乡正被比作“心理杀手”时，这对他们

没有任何好处。用一位老兵的话来说,“社会上流行一种说法,认为过去穿着制服的人现在是潜在的精神病犯人,对于一位回到家乡的老兵而言,这种说法让人无法忍受”。

军人有他们自己的焦虑。陆军研究分支机构进行的调查显示,很多士兵都会担心“很难安顿下来,克服不安,适应稳定的工作或克服战争造成的心理影响”。另一些则担心他们很难回归平民生活,或者觉得跟自己的家庭、朋友产生隔阂。有些士兵还记得自己当年参军时,经济大萧条的余波未消,他们不禁担忧,回到国内是否会面临工作机会短缺。研究分支机构获知,有些军人设想他们的“未来就是挖沟和排队领取救济”,另一些人预言国家将会陷入另一场经济萧条,还有一些设想1100万卖苹果的人徘徊街头寻找工作,维持战后生活。

国内经济如何吸收规模巨大的老兵潮,这令人担心,甚至在日本投降之前,人们便开始争论了。国家义务兵役负责人、陆军少将路易斯·B.赫尔歇在1944年发表了声明:“到军人退役的时候,把他们继续保留在军中比……建一个机构去照顾他们更省钱。”赫尔歇还补充说:美国经济也许不能同时应对1100万军人和1700万到1800万美国军工企业中的劳动力。数百万计的美国军人在《美国军队周刊》杂志上读到过赫尔歇的声明,这触及了他们的痛处。对此,路易斯·道尔中士评论道:“如果他们仅仅是一群牛,那么,这一计划非常可行”,因为“一群牛与一头自由的牛比较起来,管理确实更便宜,但是,我想提醒华盛顿的官员们,我们是人,不是牛,有权要求回到社会中,这是目前我们尽一切努力要坚持的”。政府驳斥了赫尔歇的观点,相反,它关注的是如何满足返乡士兵各种各样的需求。

罗斯福总统曾鼓励新政,帮助美国走出大萧条。在战争期间,他倡导立法以保证退役士兵的福利。早在1943年,罗斯福就请求国会起草法案,确保光荣的退役士兵得到承诺,他们可以进大学、可以通过国家提供的经费获得职业培训。1943年,罗斯福在国会发表演说:"在战争期间我们务必做到让他们接受最好的训练,拥有最好的装备、食物、住所以及就医条件,享受最好的保护与保健,这些是战争时期有计划的、独创的、物质资源和资金能够提供的。"同样,他相信,在战后,国家有义务为老兵提供最好的训练和装备。

罗斯福预想向每位退伍军人提供一笔可观的退伍金,这笔钱能够帮助他们度过寻找工作和重新适应国内生活的艰难时期。因为武装部队的一些成员可能不能立即找到工作,罗斯福呼吁,通过失业救济来填补这一缺口,直到他们被私人企业吸纳。一些青年男女为了服务国家,中断了自己的学业,罗斯福总统要求国会为老兵提供上大学的机会,或退伍后申请技术培训的机会——费用都由政府支付。他要求国会立即行动,不得拖延:"在我们军队中,没有什么东西比知识更能够维持士兵的士气,战争结束了,现在该采取措施来给予士兵教育及技能培训了。"

在罗斯福总统宣布这些目标的时候,大学教育还离大多数工薪阶层家庭非常遥远。让一位资深老兵获得大学学位,这是一件非比寻常的事情。1940年,普通工人的平均年薪不到1000美元,大学教育每年的费用无论如何都在453美元(公立大学)和979美元(私立大学)之间。根据罗斯福的计划,在美国历史上,高等教育将第一次像发放救济一样，不分社会阶级与贫富。对老兵的这种教育的民主化倒是与同样以民主和自由之名而战的目标相符。

老兵组织美国退伍军人会接过了罗斯福总统提出的法案的起草工作。经过几个月语言方面的讨论，“综合退伍军人救助法案”——后来成了“1944 年军人再调整法”，被提交给了国会。由于相信这个标题能够代表各方面的政治观点，退伍军人会宣传负责人建议简单地称之为“退伍军人权利法”——这是一个更有吸引力的名字。《退伍军人权利法》承诺为陆军及海军中的男女服役人员提供法律咨询，为残疾军人及失业军人争取救济，提供家庭或商业低息贷款，两年的大学学习及工作技能训练。该法案获得众议院和参议院一致通过后，罗斯福总统于 1944 年 6 月 22 日举行了一次公开的庆祝仪式，以庆祝他在这一法案上签字，使之升格为法律。罗斯福说：“《退伍军人权利法》强调了对我们军队中男女服役人员的关注，美国人民不会让他们失望。”

虽然政治家相信老兵会满腔热情地获得依据《退伍军人权利法》提供的优厚待遇，但是，法律未得到充分的使用，至少在开始时是这样。当政府官员为老兵不需要全部依靠失业救济而松了一口气时，他们又为《退伍军人权利法》中教育条款的明显失败而感到沮丧。截至 1945 年 2 月 1 日，150 万退役军人中仅 12 844 人——不到退役人数的 1%——申请大学教育。陆军官员深感失望，将之称为“十年里最低调的事情”。《星期六晚邮报》进行调查，得出结论：“普通士兵对读书没有耐心；他们已经越来越厌倦于系统化了。”《晚邮报》总结：他们想要获得就业，而不是就学。

《晚邮报》错了。在海外,大兵们非常渴望注册免费教育,但很多人中都没有一个符合条件的。法案的最大问题是它的年龄要求:只有那些年龄在25岁以下的人能够获得一年以上的教育。成千上万的服役人员被自动地排斥在外了。一位超过了25岁的士兵说:“我宁可那法案根本没有通过,我们国家自以为是的慷慨承诺不断传到我们的耳朵里……终究有一天人们认清了这一法案的缺陷时,它就变成了令人作呕的事情。”

一方面提交申请的人数少,另一方面法律把大量想上学的老兵排斥在外,人们对此颇为抱怨,联邦政府注意到了这两方面的情况。1945年底,随着战争的全面结束,国会显著地增强了法律效力。政府支付学习的最大时限从原来的两年增加到四年,那些不利于退伍军人获得受教育资格的限制降低了,生活津贴也放宽到帮助支付学费以外的费用——如杂货、房租以及图书等。那条排斥老兵入学的25岁年龄限制的规定一去不复返了。同时,人们获得了更多的时间来开始和完成他们的教育;在修改法律前,人们有七年的时间来完成他们的学校教育,修改法律后,在校学习的时间延长到了九年。政府出版了无数本小册子来帮助宣传,用一些易于理解的词语,说明退伍军人在回到家乡后可以获得哪些好处。每位在军队里的服役人员都收到一本小宣传册子——跟标准的军供版图书相似——标题是:《回归平民生活》。它提供的信息包括:老兵离开军队产生的个人问题应该去何处寻找帮助、如何回到原来的工作、找新的工作或者进政府部门工作。宣传册同时对《退伍军人权利法》作了阐释,包括教育、失业补偿以及为家庭或商业贷款担保的权利等内容。

图书馆管理员再次行动起来,国内图书馆进入了重新调整的阶段。正如美国转入战争国家状态时,图书馆管理员培养并教育他们的老朋友(帮助他们从胜利图书中选取一些图书,以有利于培养他们,让他们了解世界为什么会发生战争),当军队遣散的时候,图书馆管理员同样为帮助国家而效力。很多图书馆管理员都做了计划,与老兵管理部门及红十字会合作,帮助老兵更多地了解《退伍军人权利法》。图书馆管理员也发布各方面的信息,内容涵盖再就业、职业恢复到老兵如何获得贷款、保险或教育等。有些图书馆播放有关重新适应环境的电影或举办电影晚会;很多图书馆创建阅读书目表,推荐那些有助于人们解决在遣散过程中遇到问题的书。还有一些图书馆提供咨询服务,帮助老兵报名领取应该获得的福利、通知他们感兴趣的项目等。

从 1945 年 8 月到 1946 年 1 月,共 540 万美军战士从陆军和海军退役。当这些老兵得知根据《退伍军人权利法》可以得到的好处时,他们成群结队地去注册大学教育。1948 年时登记达到顶峰,有 90 万老兵报名参加大学课程。九年时间里,根据《退伍军人权利法》,大约 780 万老兵接受了教育或培训,总共有 220 万老兵注册了大学课程。从 1947 年到 1948 年,美国大学中 50%的学生是退伍军人,读大学的总人数比以前提高。虽然过去有些批评家认为退伍军人不想学习,没有兴趣读书,想要立即找到工作,而不是去接受教育,但是,老兵很快赢得了成熟、认真的学生这样的好名声;他们参加课堂学习、认真做笔记、学习勤奋并且获得最高分。那些非老兵学生开始愤慨在他们的班上有老兵，因为老兵们的高分破坏了成绩曲线。加利福尼亚大学的普通学生开始用该死的平均分提高者来指代退伍军人学生。“他们就知道读书、读书，一切时间都在读书，”宾夕法尼亚州的利哈伊大学一位愤怒的学生这样评价他同班的退伍军人同学，“他们学习如此用功，我们必须拼命努力才能跟得上他们。”

在全国，老兵们表现优异，超出了学校对他们的预期。他们的辍学率低于非老兵学生，而且表现出来的学习劲头让许多老师都惊讶。正如一位教授所说的，退伍军人“想学习，这是每位老师都祈求的，也是老兵无价的优秀品质”。老兵不仅展示了他们对课程的热心，他们还努力学习一些高难度的课程，“特别倾向于商务管理，其次是如下一些专业，如法律、医药、口腔、教师等，然后喜欢程度几乎相同的有工程、建筑、物理科学、人文科学以及社会科学等”。就连早前《退伍军人权利法》的反对者，也不得不承认老兵是最优秀的学生。哈佛大学校长詹姆斯·布赖恩特·科南特，对通过《退伍军人权利法》进入大学学习的老兵学生质量感到很吃惊。1946 年他宣布，立法是一个“振奋人心的信号，它表明社会流动的民主过程生机勃勃，它打破了阶层壁垒，甚至在美国，大学教育也被认为是掌握在少数人手中的特权”。很多退伍军人充满感激地表示《退伍军人权利法》改变了他们的命运。

令人悲哀的是，并非所有的老兵都能够接受大学教育，即使有《退伍军人权利法》的修正案也如此。该法案虽然没有任何条款阻止非洲裔美国人和女性退伍军人获得大学教育，但是这些人退伍时国家还在支持种族隔离学校,并且许多妇女相信待在家里才是正确的选择。对非洲裔美国籍退伍军人而言,他们受教育的机会受到了限制。用历史学家克里斯多夫·P.洛斯的话说:“合法化的种族隔离拒绝了大多数黑人老兵进入到国家的精英阶层,绝大多数白人大学以及能力不足的全黑人大学都未能参加到接受黑人老兵的入学请求的队伍中。”1940 至 1950 年间,在美国的大学及学院中,非洲裔美国人学生增加了三倍,但是很多潜在的学生还是不得不因为种族问题而无缘大学生涯。对那些根据《退伍军人权利法》获得了学位的非洲裔美国人,就业歧视又限制了他们获得与所受教育相称的职位。许多非洲裔美国籍大学毕业生仅被提供了低级别的、不需要接受任何教育就可以获得的工作。从日本宣布无条件投降到最高法院在“布朗诉教育委员会案”中做出里程碑式的决定,推翻了种族隔离学校,这期间又花了近十年时间。从布朗争取公民权利运动到全面发展和公共学校在综合方面做出重大意义的进步,可能又要再花十年时间。

至于退伍女军人,由于社会的压力,她们不得不放弃根据《退伍军人权利法》可以获得的教育及其他的好机会,而回到传统的家庭角色中。当几百万男人在海外服役时,政策制订者及工会极力敦促妇女填补兵工厂的空缺,可是,战争结束后他们的论调也改变了。面对“回到厨房”运动,妇女被要求离开劳动力领域,为男性退伍军人让路。问题出在顾主都喜欢男性就业胜于女性就业。在这种情况下,妇女,如同非洲裔美人那样,面临着根据《退伍军人权利法》获得教育,但实际被剥夺受教育及全面享有工作机会这样的前景。政策制订者需要时间才能明白男性老兵可以被吸收到劳动力中而不至于使国内经济朝着萧条的方向发展。直到1970年代后,高等教育才完全成为了“男女同校”的教育。

……

如果没有堆积如山的图书送往训练营地,以及在战争期间送往海外军队,很多人都不会培养起读书、学习以及返回学校的兴趣。由于协会制订了在军中大受欢迎的版式,以及对每月图书种类的精心选择,读书已经成为不可抵制的快乐——甚至对那些在战前逃避读书的人也如此。而早在1943年就对军供版图书计划表示怀疑的《新共和周刊》,也在1945年评论道:“如果军供版只是提供好的、足够多的阅读材料,给在军中已经养成阅读习惯的军人,那么,这将是一个很好的、有用的事业。然而,实际上,事情比这个走得更远,它简直就是在教数百万美国人读书——其中有许多好书。有些人从前只读报纸,从不读别的书,主要是漫画报(而现在也开始爱上读书)。”协会和胜利图书运动向美军显示出,在战争结束后,他们会因为读书学习而兴旺发达。正如《纽约邮报》在1945年春天鼓吹的那样,美国拥有“一支世界上最用功读书的军队”。

许多军供版图书的作者见证了战后计划的直接影响。《大大的冰糖山》的作者华莱士·斯特根纳回忆起注册进入他在斯坦福大学的班级“退伍军人学生潮”时的情景。他说:“我发现他们中很多人在南太平洋或欧洲剧院读过N-32系列”。他非常谦虚谨慎,因为那么多人都在战争时期就读过他的书了。他说:“这本书给了我一本债券。它让他们对我产生了坚定的信心,也让我很尊重他们。”其他作家保持与退伍军人们通信,并且在战后还有所进展。《我们仍然活着》的作者海伦·麦锡妮将永远不会忘记,有一位年轻的士兵坚持认为她的军供版书让他“享受了文学”。这名士兵开始不停地阅读,这培养了他在战后上大学的兴趣。若干年后,当他完成了博士学位论文后,他送了一册给麦锡妮,因为他要献给那个让他“开始读书的小说家”。

到这一代老兵回家的时候,很多人在前线时都已经读了柏拉图、莎士比亚、狄更斯等人的作品。其他人读了历史、商务、数学、自然科学、新闻以及法律等学科的书。当面临获得大学学位的机会时,这些人已经证明他们能够像读书那样,把他们的能量应用到学术研究中,并且获得成功。毕竟,如果他们能够在散兵坑里,在炮弹袭击的间隙,阅读借来的书,那么,他们肯定可以对付教室里的学习课程。

正如《退伍军人权利法》保证所有老兵获得受教育机会——无论贫富与阶级——在战争中,图书经历了同样的民主化过程,这是由平装书革命带来的。在战前,口袋书出版公司和企鹅出版社是唯一尝试平装书贸易的出版企业。现在有了埃文、大众图书馆、戴尔、兰登书屋以及新美国图书馆及其他图书公司。这些公司出版现代小说、非虚构图书以及经典名著。随着更多的公司涌入平装书的潮流里来,图书销售额飞速增加,从 1943 年的 4000 万册增加到 1947 年的 9500 万册。到 1952 年,更是增加到 2.7 亿册。1959 年,平装书销售在美国出版史上第一次超过了精装书。平装书不再与廉价商品店、杂货店隔绝了。它们在各处均可出售，从传统的书店到杂志摊、各式商店、香烟店以及火车站。军人不再有军供版图书，但是，平装书交易的兴盛保证了他们可以永不间断地获得袖珍版平装书。

后 记

今天，柏林贝贝尔广场树立了一座纪念碑，用来纪念 1933 年纳粹焚书事件。鹅卵石广场中有一个玻璃圆盘盖着的地下室，里面装满了空空的书架。参观者可以向下看，设想当年成千上万册图书只因表达了某种思想而在这里遭到销毁。在美国，没有竖立类似的纪念碑来纪念人们为了对抗纳粹思想而搜集和出版图书的事迹。也许，这本书可以用来纪念人们付出的努力。

一直以来，世界上最有力的思想和观点都蕴含在书籍中。然而，直到第二次世界大战，这些知识的矿藏才重新变成战争中“不屈不挠”的武器。一方面，《我的奋斗》将纳粹的意识形态、政治宣传、仇恨以及破坏传播开来。另一方面，图书在面临毁灭的时刻传播了它的思想，促使人们渴望永久的和平，建立起理解的桥梁。正如希特勒发动了全面战争，美国也不仅通过人和子弹而且通过图书，来进行反击。虽然现代战争有了很大的进步——从飞机到原子弹——图书还是当之无愧地成为所有武器中最令人畏惧的武器之一。

据估计,超过1亿册图书在战争中被损毁。这一数字包括了被焚毁以及被空袭和炸弹毁坏的图书数量。通过战时图书协会的努力,我们国家一共印刷了1.23亿册军供版图书。在这个总数上,还要加上胜利图书运动为美军募集并发放的1800万册。美军收到的图书数量超过了希特勒所焚毁的数量。

致　谢

我在为自己第一本书做研究，挖掘查尔斯·斯克里布纳之子(Charles Scribner's Sons)出版公司的档案时，首次接触到军供版图书。在那里，我发现了军人写来的无数封信，表达他们对斯克里布纳真诚的谢意，因为他参加了战时图书协会，为军人提供了免费、方便的平装书，点亮了他们在战争时期的岁月。我立刻被那些信迷住了，渴望更多地了解军供版图书。这是一次偶然的发现。讲述图书如何帮助我们赢得第二次世界大战的故事，便成了我热衷的事情。

我极其有幸，一路都有诸多同仁倾力相助、大力支持。写一本书是一项巨大的工程，我要感谢我的家人，他们多年来一直为我呼喊加油：要特别感谢我的母亲南希·安妮·古普提尔，她给予了我源源不断的支持。她是如此杰出的典范，我有她这样的榜样，真是老天爷赐予的福分。我的丈夫，克里斯多夫·曼宁，他帮助我完成思路，检查早期草稿，像我自己一样对这本书充满信心。多亏了他的耐心、善良以及理解，我才能够拥有勇气。我很幸运能够跟他结婚。

我的两个才华卓著的同事,伊拉纳·德雷舍和约翰·马尔瓦尼,他们读了几个初稿手稿,在如何使故事更加闪耀方面提供了很好的建议和想法。伊拉纳,你的热情和深刻的洞察力是非常有用的,我感激你美妙的建议。约翰,你的建议很正确,我们的"图书午餐"对我来说是一大亮点——你对主题的兴奋很有感染力,你的细致的编辑对书稿的完善尤其有帮助。

我还要特别感谢理查德·哈姆教授,我最喜欢的教授,博士论文导师,好朋友。十年前,他在教室里帮助我爱上了历史,我跟着他学习直到今天。他给我的建议与指导,具有无与伦比的价值,根本没有语言可以形容我对这一切的感激之情。我非常感激他给我的帮助,感激他在本书写作过程中一直给我的鼓励。

军供版图书研究专家布莱恩·安德森同样给了我巨大的帮助。我不知道有谁能够像我那样爱上军供版图书,然后,我遇到了布莱恩。我从他那里学到了许多,我彻底地喜欢上我们关于军供版图书以及第二次世界大战期间出版的许多其他小说的讨论。我非常感谢他对我的手稿的仔细审查,敏锐的编辑的眼光,以及他那些美妙的想法。我特别喜欢他在页边写评注的时候还能洋溢他的幽默情调。在读一份编辑文稿的时候,我从未如此开心过。

一群出色的人员帮助我搜索原材料,对他们的帮助我深表感谢。阿曼达·劳伦斯帮助我理解了奥尔西娅·沃伦的手书和她的智慧,因为他帮助我仔细地阅读了保存在伊利诺伊大学乌班纳-香槟校区的奥尔西娅·沃伦手稿。玛丽莲·廷斯利在国会山北卡罗来纳大学的威尔逊图书馆里为我找到了贝蒂·史密斯的文稿,其中所保存的军人与她的通信成了我的最爱。我正在马里兰大学帕克分校搜索凯瑟琳·安妮·波特的文稿的时候,佩吉·安·布朗也像大海捞针一样为我找到了它们。当提及原材料时,我还必须感谢詹姆斯·杜尔加里安,一位典型的学者,他四处寻找我写这本书所需要的文件和军供版图书。

我感到手稿已经准备好了,我又遇到了与 E.J.麦卡锡,与他合作倍觉幸运,他是一位出色的代理人。他对这一书付出了如此多的热情,我对他感激不尽。我感到非常幸运有这样一位专家为我指点出版的流程,给我优秀的建议、忠告。他的一丝不苟的编辑和关于第二次世界大战的渊博学识对我帮助极大。跟他一起工作是一种享受,我希望这是长久的友谊和写作伙伴关系的开始。

当我第一次与布鲁斯·尼科尔斯,即霍顿·米夫林·哈考特的布鲁斯——说话的时候,我便知道我的书交到正确的人手里了。他似乎准确地知道我希望这本书想成为的样子,他的深思熟虑的编辑、富于启迪的思想,将我的手稿提炼、润色成了现在的样子。跟他一起工作是一种真正的快乐。我还希望感谢本·海曼,即霍顿·米夫林·哈考特的海曼,他不厌其烦地回答了许多关于出版过程的问题,并引导我一步一步地接近出版。我还要感谢梅丽莎·多布森,他仔细地审阅了我的手稿。

附录一　遭纳粹查禁的作家名录

在第二次世界大战期间,有一万多名作家的书在德国以及所有德占区遭到查禁,以下随意所列作家,仅代表了其中的一小部分。

欧内斯特·海明威
Ernest Hemingway

沃尔特·拉特瑙
Walter Rathenau

埃米尔·左拉
Émile Zola

托马斯·曼
Thomas Mann

迈克尔·戈尔德
Michael Gold

海伦·凯勒
Helen Keller

利翁·福伊希特万格
Lion Feuchtwanger

阿尔图尔·施尼茨勒
Arthur Schnitzler

海因里希·海涅
Heinrich Heine

埃米尔·王德威尔得
Emile Vandervelde

列夫·托洛茨基
Leon Trotsky

卡尔·马克思
Karl Marx

恩斯特·托勒尔
Ernst Toller

亨利·巴比塞
Henri Barbusse

乔治·杜阿梅尔
Georges Duhamel

大卫·劳合·乔治
David Lloyd George

阿尔弗雷德·德布林
Alfred Döblin

华特·哈森克莱佛
Walter Hasenclever

阿尔弗雷德·希罗考尔
Alfred Schirokauer

约翰·多斯·帕索斯
John Dos Passos

H.R.尼克波克
H. R. Knickerbocker

内维尔·汉德逊
Nevile Henderson

亚瑟·艾吕赛
Arthur Eloesser

约瑟夫·卡列尼科
Joseph Kallinikow

路德维希·雷恩
Ludwig Renn

库尔特·图霍夫斯基
Kurt Tucholsky

优塞福·罗特
Joseph Roth

埃里希·米萨姆
Erich Mühsam

卡尔·爱因斯坦
Carl Einstein

鲁道夫·奥登
Rudolf Olden

亚瑟·豪利彻尔
Arthur Holitscher

莱昂哈德·弗兰克
Leonhard Frank

阿尔布雷希特·舍费尔
Albrecht Schaeffer

赫尔曼·布洛赫
Hermann Broch

艾丽卡·曼
Erika Mann

布鲁诺·弗兰克
Bruno Frank

鲁道夫·莱昂哈德
Rudolf Leonhard

阿尔弗雷德·诺伊曼
Alfred Neumann

乔治·伯恩哈特
Georg Bernhard

恩斯特·布洛赫
Ernst Bloch

库尔特·克尔斯滕
Kurt Kersten

博多·乌泽
Bodo Uhse

亚当·斯卡雷尔
Adam Scharrer

安妮特·科尔伯
Annette Kolb

埃利希·魏纳特
Erich Weinert

乔治·赫尔曼
Georg Hermann

马丽亚·莱特纳
Maria Leitner

弗朗茨·魏斯科普夫
Franz Weiskopf

马克斯·拉斐尔
Max Raphaël

布鲁·弗赖
Bruno Frei

保罗·捷克
Paul Zech

海因茨·波尔
Heinz Pol

马克斯·奥斯本
Max Osborn

西格丽德·温塞特
Sigrid Undset

弗朗茨·尔弗
Franz Werfelt

奥古斯特·倍倍尔
August Bebel

吉娜·卡乌斯
Gina Kaus

卡雷尔·恰佩克
Karel Čapek

奥托·斯特拉瑟
Otto Strasser

H.G.威尔斯
H. G. Wells

马克西姆·高尔基
Maxim Gorki

阿尔弗雷德·凯尔
Alfred Kerr

亨利希·曼
Heinrich Mann

斯蒂芬·茨威格
Stephen Zweig

C.G.荣格
C. G. Jung

雅各布·瓦塞尔曼
Jakob Wassermann

阿尔伯特·爱因斯坦
Albert Einstein

阿诺德・茨威格
Arnold Zweig
西奥多・德莱塞
Theodore Dreiser
约翰・甘瑟
John Gunther
G.K.切斯特顿
G. K. Chesterton
阿尔伯特・艾伦斯坦
Albert Ehrenstein
海恩里希・爱德华・雅各布
Heinrich Eduard Jacob
欧内斯特・奥特瓦尔特
Ernest Ottwalt
厄普顿・辛克莱
Upton Sinclair
约翰・里德
John Reed
马克斯・勃罗德
Max Brod
雅罗斯拉夫・哈谢克
Jaroslav Hašek
理查德・贝尔-霍夫曼
Richard Beer-Hofmann
阿纳托利・卢那察尔斯基
Anatoly Lunacharsky
卡尔・褚比克
Karl Tschuppik
维尔纳・黑格曼
Werner Hegemann
弗朗兹・亨塞尔
Franz Hessel
瓦尔特・本雅明
Walter Benjamin
罗伯特・穆齐尔
Robert Musil
安娜・西格斯
Anna Seghers
卡尔・楚克迈尔
Carl Zuckmayer
阿尔弗雷德・波尔加
Alfred Polgar
亚瑟・凯斯特勒
Arthur Koestler
克劳斯・曼
Klaus Mann
阿尔弗雷德・沃尔芬斯泰因
Alfred Wolfenstein
马丁・贡佩尔特
Martin Gumpert
威利・布雷德尔
Willi Bredel
O.M.格拉夫

O. M. Graf

尤利乌斯·哈伊
Julius Hay

弗里茨·布鲁戈尔
Fritz Brügel

汉斯·萨尔
Hans Sahl

乔治·凯泽
Georg Kaiser

弗朗茨·布莱
Franz Blei

利奥·拉尼亚
Leo Lania

古斯塔夫·雷格勒
Gustav Regler

威廉·赫尔佐格
Wilhelm Herzog

卡尔·施台恩海姆
Carl Sternheim

保罗·田立克
Paul Tillich

卡琳·米凯利斯
Karin Michaëlis

儒勒·罗曼
Jules Romains

吉纳维芙·塔布依
Geneviève Tabouis

罗曼·罗兰
Romain Rolland

让-雅克·卢梭
Jean-Jacques Rousseau

康拉德·海登
Konrad Heiden

肖洛姆·阿施
Sholem Asch

伏尔泰
Voltaire

西格蒙德·弗洛伊德
Sigmund Freud

杰克·伦敦
Jack London

本尼迪克特·斯宾诺莎
Benedict Spinoza

伊尼亚齐奥·西洛内
Ignazio Silone

埃米尔·路德维希
Emil Ludwig

埃里希·玛丽亚·雷马克
Erich Maria Remarque

安德烈·马尔罗
André Malraux

路易斯·费希尔

Louis Fischer

贝尔托・布莱希特
Bertolt Brecht

埃贡・基希
Egon Kisch

西奥多・普列维尔
Theodore Plievier

路易・阿拉贡
Louis Aragon

维吉・鲍姆
Vicki Baum

温斯顿・丘吉尔
Winston Churchill

伊利亚・爱伦堡
Ilya Ehrenburg

库尔特・品图斯
Kurt Pinthus

保罗・莱维
Paul Levy

奥托・鲍威尔
Otto Bauer

卡尔・冯・奥西茨基
Carl von Ossietzky

特奥多尔・莱辛
Theodor Lessing

恩斯特・魏斯
Ernst Weiss

热内・席克勒
René Schickele

赫穆特・冯・戈拉奇
Helmut von Gerlach

阿尔方斯・戈尔德施密特
Alfons Goldschmidt

弗里茨・冯・翁鲁
Fritz von Unruh

保罗・斯特凡
Paul Stefan

沃尔特・梅林
Walter Mehring

巴尔德・奥登
Balder Olden

汉斯・西姆森
Hans Siemsen

特奥多尔・沃尔夫
Theodor Wolff

约翰内斯・R・比彻
Johannes R. Becher

保罗・韦斯泰姆
Paul Westheim

汉斯・马尔希维查
Hans Marchwitza

阿尔弗雷德・坎托洛维奇

Alfred Kantorowicz

弗里德里希・沃尔夫
Friedrich Wolf

玛丽亚・格雷特
Maria Gleit

亚历山大・罗达・罗达
Alexander Roda Roda

赫尔米尼亚・祖尔・米伦
Hermynia Zur Mühlen

马克斯・威纳尔
Max Werner

斐迪南德・布鲁克纳
Ferdinand Bruckner

维兰德・赫茨菲尔德
Wieland Herzfelde

马丁・安德逊・尼克索
Martin Andersen Nexø

安德烈・莫洛亚
André Maurois

亨利・德・克里斯
Henri de Kérillis

附录二　军供版图书总目

A-系列

1943 年 9 月

A-1 伦纳德·Q.罗斯
海曼·卡普兰的教育
Leonard Q. Ross,
The Education of Hyman Kaplan

A-2 约瑟夫·C.格鲁
来自东京的报告
Joseph C. Grew,
Report from Tokyo

A-3 奥格登·纳什
良好的心愿
Ogden Nash,
Good Intentions

A-4 凯瑟琳·福布斯
妈妈的银行账户
Kathryn Forbes,
Mama's Bank Account

A-5 罗伯特·卡尔斯
行船
Robert Carse,
There Go the Ships

A-6 罗泽·菲尔德
索菲·海伦兹克
美国人
Rose C. Feld,
Sophie Halenczik/ American

A-7 西奥多·普拉特
文克先生去打仗
Theodore Pratt,
Mr. Winkle Goes to War

A-8 查尔斯·狄更斯
雾都孤儿
Charles Dickens,
Oliver Twist

A-9 约翰·斯坦贝克
煎饼坪
John Steinbeck,
Tortilla Flat

A-10 约翰·突尼斯

世界大赛
John R. Tunis,
World Series

A-11 詹姆斯·瑟伯
欢迎进入我的世界
James Thurber,
My World and Welcome to It

A-12 弗兰克·格鲁伯
和平元帅
Frank Gruber,
Peace Marshal

A-13 H.L.门肯
异教徒时代
H. L. Mencken,
Heathen Days

A-14 C.S.福雷斯特
船
C. S. Forester,
The Ship

A-15 威廉·萨洛扬
人间喜剧
William Saroyan,
The Human Comedy

A-16 安东尼·德·圣埃克苏佩里
风，沙子和星星
Antoine de Saint-Exupéry,
Wind, Sand, and Stars

A-17 约翰·巴特利特·布雷布纳和艾伦·内文斯
现代英国的形成
John Bartlett Brebner and Allan Nevins,
The Making of Modern Britain

A-18 菲利普·K.希提
阿拉伯简史
Philip K. Hitti,
The Arabs

A-19 霍华德·法斯特
没有被征服的人
Howard Fast,
The Unvanquished

A-20 艾伯特·Q.梅塞尔
军事医学的奇迹
Albert Q. Maisel,
Miracles of Military Medicine

A-21 赫伯特·阿加
一个伟大的时代
Herbert Agar,
A Time for Greatness

A-22 格雷厄姆·格林
恐怖部
Graham Greene,
The Ministry of Fear

A-23 马克斯·赫茨贝格，美林·潘恩和奥斯汀·沃克斯选编
快乐的降落
Max Herzberg, Merrill Paine, and Austin Works, eds.,
Happy Landings

A-24 赫尔曼・麦尔维尔
泰比
Herman Melville,
Typee

A-25 拉克姆・霍尔特
乔治・华盛顿・卡弗
Rackham Holt,
George Washington Carver

A-26 约瑟夫・康拉德
吉姆爷
Joseph Conrad,
Lord Jim

A-27 卡尔・桑德堡
这片土地上的风暴
Carl Sandburg,
Storm over the Land

A-28 赫维・艾伦
天鹰座行动
Hervey Allen,
Action at Aquila

A-29 埃塞尔・万斯
报复
Ethel Vance,
Reprisal

A-30 杰克・古德曼
炉边有关狗故事的书
Jack Goodman,
The Fireside Book of Dog Stories

B-系列

1943 年 10 月

B-31 R.W.莱恩
飓风呼啸
R. W. Lane,
Let the Hurricane Roar

B-32 弗瑞德・赫尔曼
炸药运输
Fred Herman,
Dynamite Cargo

B-33 罗伯特・弗罗斯特
请进
Robert Frost,
Come In, and Other Poems

B-34 伊迪丝・华顿
伊坦・弗洛美
Edith Wharton,
Ethan Frome

B-35 马利・拉斯维尔
你眼里的肥皂水
Mary Lasswell,
Suds In Your Eye

B-36 彼得・费尔德
为粉谷而战!
Peter Field,
Fight for Powder Valley!

B-37 科妮莉亚・奥蒂斯・斯金纳和埃米莉・金布罗
年轻、快乐的心

Cornelia Otis Skinner
and Emily Kimbrough,
Our Hearts Were Young and Gay

B-38 麦金利·坎特
温柔的安妮
MacKinlay Kantor,
Gentle Annie

B-39 R.班奇里
发狂的班奇里
R. Benchley,
Benchley Beside Himself

B-40 威廉·斯隆
暗夜行路
William Sloane,
To Walk the Night

B-41 埃德蒙·吉利根
憔悴的女人
Edmund Gilligan,
The Gaunt Woman

B-42 艾伦·勒·梅
冬季牧场
Alan LeMay,
Winter Range

B-43 亚瑟·亨利·古登
如画山丘
Arthur Henry Gooden,
Painted Buttes

B-44 罗斯玛丽·泰勒
快乐无疆
Rosemary Taylor,
Chicken Every Sunday

B-45 刘裔昌
虎父虎子
P. Lowe,
Father and Glorious Descendant

B-46 H.艾伦·史密斯
泥刀厂里的生活
H. Allen Smith,
Life in a Putty Knife Factory

B-47 阿奇·宾斯
灯塔船
Archie Binns,
Lightship

B-48 哈策尔·斯宾塞
站在我身后
Hartzell Spence,
Get Thee Behind Me

B-49 玛丽·欧哈拉
我的朋友弗利卡
Mary O’Hara,
My Friend Flicka

B-50 亨利·C.卡西迪
莫斯科日界线
Henry C. Cassidy,
Moscow Dateline

B-51 多萝西·马卡德尔
不速之客
Dorothy Macardle,
The Uninvited

B-52 沃尔特·杜莫·埃德蒙
罗马拖船
Walter D.Edmonds,
Rome Haul

B-53 斯特拉塞斯·伯特
波德河
Struthers Burt,
Powder River

B-54 路易斯·亚当密克
还乡
Louis Adamic,
The Native's Return

B-55 玛·金·罗琳斯
鹿苑长春
Majorie Kinnan Rawlings,
The Yearling

B-56 斯蒂芬·海姆
人质
Stefan Heym,
Hostages

B-57 休伯特·赫林
好邻居
Hubert Herring,
Good Neighbors

B-58 梅林·丹尼森
克朗代克·迈克
Merrill Denison,
Klondike Mike

B-59 马库斯·古德里奇
黛丽拉
Marcus Goodrich,
Delilah

B-60 彼得·弗雷兴
北极奇遇记
Peter Freuchen,
Arctic Adventure

C-系列
1943 年 11 月

C-61 艾伦·H.布罗德里克
北非
Alan H. Brodrick,
North Africa

C-62 康拉德·里克特
陇上春色
Conrad Richter,
The Sea of Grass

C-63 J.H.罗宾逊
意识的形成
J. H. Robinson,
The Mind in the Making

C-64 伏尔泰
老实人
Voltaire,
Candide

C-65 斯图尔特·爱德华·怀特
森林

Stewart Edward White,
The Forest

C-66 内尔森·C.奈
雇佣枪手
Nelson C. Nye,
Pistols for Hire

C-67 马克斯·比尔博姆
七个人
Max Beerbohm,
Seven Men

C-68 维林·贝尔
沼泽地
Vereen Bell,
Swamp Water

C-69 查尔斯·考特尼
失控的冒险
Charles Courtney,
Unlocking Adventure

C-70 布思·塔金顿
彭罗德
Booth Tarkington,
Penrod

C-71 威廉·亨利·赫德森
绿厦
W. H. Hudson,
Green Mansions

C-72 克拉伦斯·E.莫佛德
卡西迪牛仔的文书
Clarence E. Mulford,
Hopalong Cassidy Serves a Writ

C-73 沃尔特·李普曼
美国外交政策
Walter Lippmann,
U.S. Foreign Policy

C-74 杜波斯·海沃德
星灿处女
DuBose Heyward,
Star Spangled Virgin

C-75 J.B.普利斯特列
格雷特列灯火管制
J. B. Priestley,
Black-Out in Gretley

C-76 马克·吐温
汤姆·索亚历险记
Mark Twain,
The Adventures of Tom Sawyer

C-77 斯蒂芬·文森特·贝尼特
短篇小说集
Stephen Vincent Benét,
Short Stories

C-78 贝蒂·沃森
希腊的奇迹
Betty Wason,
Miracle in Hellas

C-79 弗兰克·迈耶
小美人鱼
Frank Meier,
Fathoms Below

C-80 欧内斯廷·希尔
澳大利亚边境
Ernestine Hill,
Australian Frontier

C-81 乔治·R.斯图尔特
风暴
George R. Stewart,
Storm

C-82 贡德兰·德·庞森
卡布鲁纳
Gontran De Poncins,
Kabloona

C-83 赫维·艾伦
森林与堡垒
Hervey Allen,
The Forest and the Fort

C-84 赫伯特·奎克
鹰眼
Herbert Quick,
The Hawkeye

C-85 J.W.托马森
几位海军陆战队员
J. W. Thomason,
... And a Few Marines

C-86 约翰·谢尔比
星巴克
John Selby,
Starbuck

C-87 爱迪生·马歇尔
伟大的史密斯
Edison Marshall,
Great Smith

C-88 以斯帖·福布斯
保罗·里维尔传
Esther Forbes,
Paul Revere and the World He Lived In

C-89 曼纽尔·孔若夫
皇冠
Manuel Komroff,
Coronet

C-90 约翰·斯坦贝克
愤怒的葡萄
John Steinbeck,
The Grapes of Wrath

D-系列
1943 年 11 月

D-91 詹姆斯·希尔顿
瓦塞尔博士的故事
James Hilton,
The Story of Dr. Wassell

D-92 查尔斯·斯伯丁和奥蒂斯·卡尼
一见钟情
Charles Spalding and Otis Carney,
Love at First Flight

D-93 斯图尔特·E.怀特
一条小路

Stewart E. White,
Blazed Trail Stories

D-94 W.C.塔特尔
翻滚河山脉
W. C. Tuttle,
Tumbling River Range

D-95 贝里 · 弗莱明
埃芬哈姆上校的奇袭
Berry Fleming,
Colonel Effingham's Raid

D-96 玛莎 · 阿尔布兰德
没有命令
Martha Albrand,
Without Orders

D-97 薇拉 · 凯瑟
大主教之死
Willa Cather,
Death Comes for the Archbishop

D-98 康拉德 · 里克特
树林
Conrad Richter,
The Trees

D-99 马克 · 范 · 多伦选编
夏至之夜
Mark Van Doren, ed.,
The Night of the Summer Solstice

D-100 C.B.凯兰
太阳峡谷
C. B. Kelland,
Valley of the Sun

D-101 伊丽莎白 · 达利
目击证据
Elizabeth Daly,
Evidence of Things Seen

D-102 约瑟夫 · 赫格斯海默
爪哇酋长
Joseph Hergesheimer,
Java Head

D-103 乔治 · S.布莱恩
伪装猎潜艇
George S. Bryan,
Mystery Ship

D-104 戈登 · S.西格雷夫
缅甸外科医生
Gordon S. Seagrave,
Burma Surgeon

D-105 哈利 · 爱默生 · 弗斯迪克
做一个真正的人
Harry Emerson Fosdick,
On Being a Real Person

D-106 汉斯 · 秦瑟
老鼠、虱子和历史
Hans Zinsser,
Rats, Lice, and History

D-107 查尔斯 · 艾伦 · 斯马特
R.F.D
Charles Allen Smart,
R. F. D.

D-108 约瑟夫·米切尔
麦克索里的美妙沙龙
Joseph Mitchell,
McSorley's Wonderful Saloon

D-109 贝拉米·帕特里奇
乡村律师
Bellamy Partridge,
Country Lawyer

D-110 马克·吐温
哈克贝利·芬历险记
Mark Twain, *The Adventures of Huckleberry Finn*

D-111 约瑟夫·谢尔林
断肠云雨
Joseph Shearing,
Blanche Fury

D-112 马乔里·金南·罗林斯
十字小溪
Marjorie Kinnan Rawlings,
Cross Creek

D-113 A.J.克罗宁
王国的钥匙
A. J. Cronin,
The Keys of the Kingdom

D-114 约翰·T.惠特克
我们躲不开历史
John T. Whitaker,
We Cannot Escape History

D-115 威廉·威斯特·海恩斯
斯利姆
William Wister Haines,
Slim

D-116 玛莎·福利选编
1942 年美国最佳短篇小说
Martha Foley, ed.,
The Best American Short Stories, 1942

D-117 贝蒂·史密斯
布鲁克林有棵树
Betty Smith,
A Tree Grows in Brooklyn

D-118 劳埃德·C.道格拉斯
圣袍千秋
Lloyd C. Douglas,
The Robe

D-119 F.范·威克·梅森
荣耀之河
F. van Wyck Mason,
Rivers of Glory

D-120 约翰·马昆德
刻不容缓
John P.Marquand,
So Little Time

E-系列
1944 年 1 月

E-121 菲尔·斯东
博览会
Phil Stong,

State Fair

E-122 拉尔夫・华尔多・爱默生
散文选
Ralph Waldo Emerson,
Seven Essays

E-123 W.C.塔特尔
鬼迹
W. C. Tuttle,
Ghost Trails

E-124 亚瑟・亨利・古登
鹰的范围
Arthur H. Gooden,
The Range Hawk

E-125 弗兰克・H.斯皮尔曼
分水岭
Frank H. Spearman,
The Mountain Divide

E-126 贝莎・达蒙
腐殖土的感觉
Bertha Damon,
A Sense of Humus

E-127 亚历山大・佩尔尼科夫
“武士道”
Alexandre Pernikoff,
“*Bushido*”: *The Anatomy of Terror*

E-128 W.萨默塞特・毛姆
月亮和六便士
W. Somerset Maugham,
The Moon and Sixpence

E-129 欧内斯特・海寇斯
马鞍及骑马
Ernest Haycox,
Saddle and Ride

E-130 厄尔・德尔・毕格斯
秃头旅馆的七把钥匙(“陈查理探案”系列)
Earl Derr Biggers,
Seven Keys to Baldpate

E-131 J.D.拉特克利夫选编
1943 年自然科学年鉴
J. D. Ratcliff, ed.,
Science Yearbook of 1943

E-132 朱利安・杜吉特
绿色地狱
Julian Duguid,
Green Hell

E-133 C.S.福雷斯特
战舰
C. S. Forester,
Ship of the Line

E-134 乔治・R.斯图尔特
饥饿的折磨
George R. Stewart,
Ordeal by Hunger

E-135 迈伦・布里尼格
赌徒夺妻
Myron Brinig,
The Gambler Takes a Wife

E-136 查尔斯·格雷森选编
男子汉故事
Charles Grayson, ed.,
Stories for Men

E-137 达夫妮·杜·穆里埃
牙买加客栈
Daphne du Maurier,
Jamaica Inn

E-138 詹姆斯·希尔顿
鸳梦重温
James Hilton,
Random Harvest

E-139 马克·吐温
康州美国佬历险记
Mark Twain,
A Connecticut Yankee in King Arthur's Court

E-140 埃德娜·费伯
壮志千秋
Edna Ferber,
Cimarron

E-141 奥萨·约翰逊
我嫁给了冒险
Osa Johnson,
I Married Adventure

E-142 马利·艾伦·蔡斯
在风中
Mary Ellen Chase,
Windswept

E-143 路易斯·R.皮尔森
伟大的女性
Louise R. Pierson,
Roughly Speaking

E-144 爱德华·埃尔斯伯格
冰上地狱
Comm. Edward Ellsberg,
Hell on Ice

E-145 詹姆斯·弗莱克斯纳
马背上的医生
James T. Flexner,
Doctors on Horseback

E-146 约翰·P.马昆德
已故的乔治·亚普雷
John P. Marquand,
The Late George Apley

E-147 斯蒂芬·克莱恩
短篇小说选
Stephen Crane,
Short Stories

E-148 大卫·拉文德
一个人的西部
David Lavender,
One Man's West

E-149 沃尔特·D.埃德蒙兹
虎帐狼烟
Walter D. Edmonds,
Drums Along the Mohawk

E-150 亨利·贝拉曼

金石盟
Henry Bellamann,
King's Row

F-系列
1944 年 2 月

F-151 唐·拜伦
马可·波罗
Donn Byrne,
Messer Marco Polo

F-152 安东尼·德·圣埃克苏佩里
夜航
Antoine de Saint-Exupéry,
Night Flight

F-153 亚伯拉罕·林肯
亚伯拉罕·林肯文选
Abraham Lincoln,
The Selected Writings of Abraham Lincoln

F-154 约翰·范德库克
黑色王者
John Vandercook,
Black Majesty

F-155 尼格利·法森
钓鱼记
Negley Farson,
Going Fishing

F-156 埃里克·奈特
灵犬莱西
Eric Knight,
Lassie Come-Home

F-157 C.S.福雷斯特
凯旋
C. S. Forester,
Flying Colours

F-158 约瑟夫·布罗姆利
清扫道路
Joseph Bromley,
Clear the Tracks

F-159 H.L.门肯
快乐日子
H. L. Mencken,
Happy Days

F-160 威廉·麦克劳德·雷恩
边境育种
William McLeod Raine,
Border Breed

F-161 威廉·毕比
丛林和平
William Beebe,
Jungle Peace

F-162 布勒特·哈特
布勒特·哈特短篇小说选
Bret Harte,
Selected Short Stories of Bret Harte

F-163 克拉伦斯·E.马尔福德
第 20 家酒吧
Clarence E.Mulford,

The Bar 20 Rides Again

F-164 欧内斯特·海寇斯
边境小号
Ernest Haycox,
Border Trumpet

F-165 埃德娜·费伯
这么大
Edna Ferber,
So Big

F-166 柏瑞尔·马卡姆
夜航西飞
Beryl Markham,
West with the Night

F-167 埃格尼丝·凯斯
大风下的大地
Agnes Keith,
Land Below the Wind

F-168 罗伊·查普曼·安德鲁斯
吉星高照
Roy Chapman Andrews,
Under a Lucky Star

F-169 A.E.赫兹拉
马和马车医生
A. E. Hertzler,
The Horse and Buggy Doctor

F-170 恩尼·派尔
你的战争
Ernie Pyle,
Here Is Your War

F-171 斯图尔特·爱德华·怀特
开辟之路
Stewart Edward White,
The Blazed Trail

F-172 伦·拉德纳
围捕
Ring Lardner,
Round Up

F-173 玛丽·山度士
老朱尔斯
Mari Sandoz,
Old Jules

F-174 马克·吐温
密西西比河上
Mark Twain, Life
on the Mississippi

F-175 查尔斯·兰姆
查尔斯·兰姆散文选
Charles Lamb,
The Essays of Charles Lamb

F-176 E.B.怀特和K.S.怀特
美国幽默文库
E. B. White and K. S. White,
A Subtreasury of American Humor

F-177 菲利普·居达拉
惠灵顿
Philip Guedalla,
Wellington

F-178 威廉·麦克菲

海边休闲
William McFee,
Casuals of the Sea

F-179 詹姆斯·诺曼·霍尔
表演博士的腿
James Norman Hall,
Dr. Dogbody's Leg

F-180 杰克·伦敦
海狼
Jack London,
The Sea-Wolf

G-系列
1944 年 3 月

G-181 索恩·史密斯
光荣的普尔
Thorne Smith,
The Glorious Pool

G-182 杰克·伦敦
白牙
Jack London,
White Fang

G-183 H.艾伦·史密斯
图腾柱上的低等人
H. Allen Smith,
Low Man on a Totem Pole

G-184 威廉·麦克劳德雷恩
小路的尽头
William MacLeod Raine,
Trail's End

G-185 薇拉·凯瑟
我的安东尼亚
Willa Cather,
My Ántonia

G186 亚历山大·伍尔科特
很久很久以前
Alexander Woollcott,
Long, Long Ago

G187 埃里克·奈特
萨姆·斯莫尔再次飞行
Eric Knight,
Sam Small Flies Again

G188 杰西·斯图尔特
士兵图西的号音
Jesse Stuart,
Taps for Private Tussie

G-189 荷马·W.史密斯
卡蒙哥
Homer W. Smith,
Kamongo

G-190 尤金·曼洛夫·罗德兹
可靠的无赖
Eugene Manlove Rhodes,
The Trusty Knaves

G-191 W.R.伯内特
小凯撒
W. R. Burnett,
Little Caesar

G-192 罗伯特·本奇利
发狂的本奇利
Robert Benchley,
Inside Benchley

G-193 罗伯特·H.萧勒士
如何使思想正确
Robert H. Thouless,
How to Think Straight

G-194 约瑟夫·康拉德
大海如镜
Joseph Conrad,
The Mirror of the Sea

G-195 卢克·肖特
悬崖骑手
Luke Short,
Raiders of the Rimrock

G-196 W.H.哈德逊
水晶年代
W. H. Hudson,
A Crystal Age

G-197 斯蒂芬·里柯克
与里柯克一起大笑
Stephen Leacock,
Laugh with Leacock

G-198 鲁德亚德·吉卜林
基姆
Rudyard Kipling,
Kim

G-199 唐纳德·卡罗斯·皮阿提
美国之旅
Donald Culross Peattie,
Journey into America

G-200 格拉迪斯·黑斯提·卡罗尔
随着地球转动
Gladys Hasty Carroll,
As the Earth Turns

G-201 T.R.伊巴拉
加拉加斯的年轻人
T. R. Ybarra,
Young Man of Caracas

G-202 麦金利·肯托
智勇双全
MacKinlay Kantor,
Arouse and Beware

G-203 威廉·海恩斯
化学时代
William Haynes,
This Chemical Age

G-204 马利·欧哈拉
雷雨云砧
Mary O'Hara,
Thunderhead

G-205 卡尔·D.莱恩
森林里的船队
Carl D. Lane,
The Fleet in the Forest

G-206 玛莎·福利选编
1943 年度美国最佳短篇小说

Martha Foley, ed.,
The Best American Short Stories of 1943

G-207 哈里·哈里森·克罗尔
盗贼的公司
Harry Harrison Kroll,
Rogues' Company

G-208 约翰·P.马昆德
H.M.普汉先生
John P. Marquand,
H. M. Pulham, Esq.

G-209 赫尔曼·麦尔维尔
白鲸
Herman Melville,
Moby-Dick

G-210 乔治·R.斯图尔特
东方巨人
George R. Stewart,
East of the Giants

H-系列

1944 年 4 月

H-211 托马斯·R.圣乔治下士
C/O 邮政局长
Corporal Thomas R. St. George,
C/O Postmaster

H-212 尤金·曼洛夫·罗兹
跨越沙漠
Eugene Manlove Rhodes,
Beyond the Desert

H-213 C.S.福雷斯特
延期支付
C. S. Forester,
Payment Deferred

H-214 阿诺德·贝内特
活埋
Arnold Bennett,
Buried Alive

H-215 斯蒂芬·文森特·贝尼特
西部之星
Stephen Vincent Benét,
Western Star

H-216 奥利弗·拉·法奇
爱笑男孩
Oliver La Farge,
Laughing Boy

H-217 I.A.理查兹选编
柏拉图的理想国
I. A. Richards, ed.,
The Republic of Plato

H-218 唐纳德·卡罗斯·皮阿提
让国家前进
Donald Culross Peattie,
Forward the Nation

H-219 卡尔·格里克
鞠躬三次
Carl Glick,
Three Times I Bow

H-220 科拉·贾勒特
菲奇的池塘边之夜
Cora Jarrett,
Night over Fitch's Pond

H-221 杰克·伦敦
斯纳克游记
Jack London,
The Cruise of the Snark

H-222 尤金·坎宁安
黑夜骑士
Eugene Cunningham,
Riders of the Night

H-223 迈克尔·麦克杜格尔
可能的危险
Michael MacDougall,
Danger in the Cards

H-224 斯图尔特·H.霍尔布鲁克
帝国在燃烧
Stewart H. Holbrook,
Burning an Empire

H-225 理查德·登佩沃尔夫
动物起床号
Richard Dempewolff,
Animal Reveille

H-226 克拉克·麦克米金
红色拉斯科
Clark McMeekin,
Red Raskall

H-227 克拉伦斯·E.马尔福德
J.C.的科森
Clarence E. Mulford,
Corson of the J. C.

H-228 肯尼思·罗伯茨
镇海将军
Kenneth Roberts,
Captain Caution

H-229 格雷斯·扎林·斯通(埃塞尔·万斯)
寒冷的旅行
Grace Zaring Stone(Ethel Vance),
The Cold Journey

H-230 索恩·史密斯
毕夏普的耶格斯
Thorne Smith,
The Bishop's Jaegers

H-231 富兰克林·P.亚当斯选编
天真的嬉戏
Franklin P. Adams, ed.,
Innocent Merriment

H-232 弗兰克·斯皮尔曼
牧场的卡门
Frank H. Spearman,
Carmen of the Rancho

H-233 罗伯特·W.钱伯斯
羊毛衫
Robert W. Chambers,
Cardigan

H-234 马乔里·巴洛斯和乔治·

伊顿
售票处
Marjorie Barrows and George Eaton,
Box Office

H-235 菲力克斯·赖森伯格
太平洋
Felix Risenberg,
The Pacific Ocean

H-236 曼纽尔·科姆罗夫(英译)
马可·波罗游记
Manuel Komroff,
The Travels of Marco Polo

H-237 埃德蒙·吉利根
环绕地平线
Edmund Gilligan,
The Ringed Horizon

H-238 查尔斯·诺德霍夫和詹姆斯·诺曼·霍尔
博特尼海湾
Charles Nordhoff and James Norman Hall,
Botany Bay

H-239 理查德·卢埃森
青山翠谷
Richard Llewellyn,
How Green Was My Valley

H-240 沃尔特·D.埃德蒙兹
马戏大王
Walter D. Edmonds,
Chad Hanna

I-系列

1944 年 5 月

I-241 凯·博伊尔
雪崩
Kay Boyle,
Avalanche

I-242 基思·艾林
西姆珀·菲德利斯
Keith Ayling,
Semper Fidelis

I-243 伊莎贝尔·斯科特·罗瑞克
加特夫妇
Isabel Scott Rorick,
Mr. and Mrs. Cugat

I-244 罗克·布雷德福德
老亚当和他的烟斗
Roark Bradford,
Ol' Man Adam an' His Chillun

I-245 W.C.塔特尔
神秘的红色三角
W. C. Tuttle,
The Mystery of the Red Triangle

I-246 埃米莉·金布罗
情迷好莱坞
Emily Kimbrough,
We Followed Our Hearts to Hollywood

I-247 保罗·B.西尔斯
沙漠在前进
Paul B. Sears,

Deserts on the March

I-248 杰弗里・豪斯尔德
万里追踪
Geoffrey Household,
Rogue Male

I-249 威廉・威斯特・海恩斯
颤栗
William Wister Haines,
High Tension

I-250 布鲁斯・巴顿
无人知晓的书
Bruce Barton,
The Book Nobody Knows

I-251 哈利・辛克莱・德拉戈
马车王国
Harry Sinclair Drago,
Stagecoach Kingdom

I-252 J.米德尔顿・默里选编
凯瑟琳・曼斯菲尔德小说选
J. Middleton Murry, ed.,
Stories by Katherine Mansfield: A Selection

I-253 詹姆斯・瑟伯
秋千上的中年男子
James Thurber,
The Middle-Aged Man on the Flying Trapeze

I-254 欧内斯特・海寇斯
西部深处
Ernest Haycox,
Deep West

I-255 克拉伦斯・巴丁顿・凯兰
亚利桑纳
Clarence Budington Kelland,
Arizona

I-256 杰西・詹姆斯・本顿
牛尾巴
Jesse James Benton,
Cow by the Tail

I-257 克拉伦斯・E.马尔福德
海帕伦・卡西迪的门徒
Clarence E. Mulford,
Hopalong Cassidy's Protégé

I-258 卡尔・巴尔士拉格
海岸警卫队的援救
Karl Baarslag,
Coast Guard to the Rescue

I-259 爱德华・艾尔斯伯格
底层
Commander Edward Ellsberg,
On the Bottom

I-260 W.萨默塞特・毛姆
间谍阿兴登
W. Somerset Maugham,
Ashenden

I-261 利顿・斯特莱切
维多利亚女王传
Lytton Strachey,

Queen Victoria

I-262 弗朗西斯·格里斯沃尔德
莫尔文的潮汐
Francis Griswold,
Tides of Malvern

I-263 亚历山大·约翰斯顿
数到十就出局!
Alexander Johnston,
Ten... and Out!

I-264 约瑟夫·康拉德
胜利
Joseph Conrad,
Victory

I-265 路易斯·布罗姆菲尔德
帕金顿夫人
Louis Bromfield,
Mrs. Parkington

I-266 拉斐尔·萨巴蒂尼
海鹰
Rafael Sabatini,
The Sea Hawk

I-267 H.L.戴维斯
喇叭蜂蜜
H. L. Davis,
Honey in the Horn

I-268 夏洛蒂·勃朗特
简·爱
Charlotte Brontë,
Jane Eyre

I-269 以斯帖·福布斯
天堂
Esther Forbes,
Paradise

I-270 霍华德·斯普林
儿子!儿子!
Howard Spring,
My Son, My Son!

J-系列
1944 年 6 月

J-271 尤金·曼洛夫·罗兹
骄傲的警长
Eugene Manlove Rhodes,
The Proud Sheriff

J-272 威廉·萨洛扬
我叫阿刺木
William Saroyan,
My Name Is Aram

J-273 约瑟夫·康拉德
阴影线
Joseph Conrad,
The Shadow Line

J-274 鲍勃·戴维斯
雨蛙
Bob Davis,
Tree Toad

J-275 弗雷德里克·R.贝奇多尔特

红水的骚乱
Frederick R. Bechdolt,
Riot at Red Water

J-276 查尔斯 · J.芬尼
走过街道尽头
Charles J. Finney,
Past the End of the Pavement

J-277 弗兰克 · 格拉汉姆
卢 · 格里克
Frank Graham,
Lou Gehrig

J-278 林 · 拉德纳
埃尔，你知道我
Ring Lardner,
You Know Me, Al

J-279 乔治 · 阿格纽 · 张伯伦
幽灵菲伊
George Agnew Chamberlain,
The Phantom Filly

J-280 查尔斯 · 斯诺
雅维沙市长
Charles Snow,
Sheriff of Yavisa

J-281 康斯坦茨 · 鲁尔克
大卫 · 克洛科特
Constance Rourke,
Davy Crockett

J-282 理查德 · 休斯
牙买加飓风
Richard Hughes,
A High Wind in Jamcica

J-283 哈维 · 史密斯
高明满座
Harvey Smith,
The Gang's All Here

J-284 索恩 · 史密斯
骨瘦如柴
Thorne Smith,
Skin and Bones

J-285 詹姆斯 · 古尔德 · 科金斯
最后的亚当
James Gould Cozzens,
The Last Adam

J-286 马克斯 · 布兰德
格兰德河以南
Max Brand,
South of Rio Grande

J-287 沃德 · 莫尔豪斯
乔治 · M.科汉
Ward Morehouse,
George M. Cohan

J-288 诺拉 · 洛夫茨
金羊毛
Norah Lofts,
The Golden Fleece

J-289 沃德·韦弗
轨道尽头
Ward Weaver,
End of Track

J-290 保罗·加利科
保罗·加利科小说选
Paul Gallico,
Selected Stories

J-291 维多利亚·林肯
二月山
Victoria Lincoln,
February Hill

J-292 H.M.汤姆林森
大海与丛林
H. M. Tomlinson,
The Sea and the Jungle

J-293 艾格尼丝·莫里·克利夫兰
女人无立身之地
Agnes Morley Cleaveland,
No Life for a Lady

J-294 哈尼特·凯恩
路易斯安那州的小海湾
Harnett T. Kane,
The Bayous of Louisiana

J-295 艾琳·佩登
草原大篷车的复兴
Irene D. Paden,
The Wake of the Prairie Schooner

J-296 威廉·梅克比斯·萨克雷
名利场
William Makepeace Thackeray,
Vanity Fair

J-297 埃德加·爱伦·坡
爱伦·坡小说选
Edgar Allan Poe,
Selected Stories

J-298 沃尔特·D.埃德蒙兹
年轻的爱姆斯
Walter D. Edmonds,
Young Ames

J-299 肖洛姆·阿施
使徒
Sholem Asch,
The Apostle

J-300 吉恩·福勒
晚安，亲爱的王子
Gene Fowler,
Good Night, Sweet Prince

J-301 阿彻·巴特勒·赫尔伯特
淘金者
Archer Butler Hulbert,
Forty-Niners

J-302 卡洛琳·托马斯·福尔曼
海外印第安人
Carolyn Thomas Foreman,
Indians Abroad

K–系列

1944 年 7 月

K–1 克劳伦斯・戴伊
人猿世界
Clarence Day,
This Simian World

K–2 唐・马奎斯
老酒鬼
Don Marquis,
The Old Soak

K–3 杰克・伦敦
野性的呼唤
Jack London,
The Call of the Wild

K–4 G.B.斯特恩
黑暗绅士
G. B. Stern,
The Dark Gentleman

K–5 马克斯・布兰德
基尔代尔博士的秘密
Max Brand,
The Secret of Dr. Kildare

K–6 麦金雷・坎特
翅膀的响声
MacKinlay Kantor,
The Noise of Their Wings

K–7 沃尔特・毕比・怀尔德
大自然的恩惠
Walter Beebe Wilder,
Bounty of the Wayside

K–8 尤金・曼洛夫・罗兹
莱特的继子
Eugene Manlove Rhodes,
Stepsons of Light

K–9 欧内斯特・海明威
短篇小说选
Ernest Hemingway,
Short Stories

K–10 罗伯特・布赖特
小乔的生与死
Robert Bright,
The Life and Death of Little Jo

K–11 查尔斯・H.斯诺
龙德谷的反叛
Charles H. Snow,
Rebel of Ronde Valley

K–12 亨利・贝斯顿
圣・劳伦斯
Henry Beston,
The St. Lawrence

K–13 斯图尔特・霍尔布鲁克
伊顿・阿伦
Stewart H. Holbrook,
Ethan Allan

K–14 欧内斯特・海寇斯
流寇志
Ernest Haycox,
The Wild Bunch

K-15 索恩·史密斯
迷途的羔羊
Thorne Smith,
The Stray Lamb

K-16 欧·亨利
欧·亨利小说选
O' Henry,
Short Stories

K-17 梅尔·伯杰
八百万
Meyer Berger,
The Eight Million

K-18 威拉德·罗伯逊
月亮潮汐
Willard Robertson,
Moon Tide

K-19 安东尼奥·德·菲耶罗·布兰科
火焰之旅
Antonio de FierroBlanco,
The Journey of the Flame

K-20 T.R.伊巴拉
世上的年轻人
T. R. Ybarra,
Young Man of the World

K-21 米尔德里德·沃克
冬小麦
Mildred Walker,
Winter Wheat

K-22 亨利·塞德尔·坎比
沃尔特·惠特曼
Henry Seidel Canby,
Walt Whitman

K-23 马奎斯·詹姆斯
安德鲁·杰克逊：边境上尉
Marquis James,
Andrew Jackson: The Border Captain

K-24 辛克莱·刘易斯
巴比特
Sinclair Lewis,
Babbitt

K-25 亚瑟·特雷恩
美国律师：以法莲·塔特自传
Arthur Train,
Yankee Lawyer:
The Autobiography of Ephraim Tutt

K-26 赫伯特·阿斯伯利
傻瓜的进步
Herbert Asbury,
Sucker's Progress

K-27 劳埃德·C.道格拉斯
圣袍千秋
Lloyd C. Douglas,
The Robe

K-28 贝蒂·史密斯
布鲁克林有棵树
Betty Smith,
A Tree Grows in Brooklyn

K-29 奥利弗·格拉姆林
美联社:新闻背后的故事
Oliver Gramling,
AP: The Story of News

K-30 卡尔·范·多伦
本杰明·富兰克林传
Carl Van Doren,
Benjamin Franklin

K-31 劳伦斯·斯特恩
项狄传
Laurence Sterne,
Tristram Shandy

K-32 阿尔伯特·斯伯丁
醒悟与追求
Albert Spalding,
Rise to Follow

L-系列

1944 年 8 月

L-1 罗斯玛丽·贝尼特和斯蒂芬·文森特·贝尼特
一本美国人的书
Rosemary Benét and Stephen Vincent Benét,
A Book of Americans

L-2 詹姆斯·瑟伯
我的一生:艰难岁月
James Thurber,
My Life and Hard Times

L-3 亨利·G.拉蒙德
基尔戈的母马
Henry G. Lamond,
Kilgour's Mare

L-4 詹姆斯·斯蒂芬
蚀刻在月光下
James Stephens,
Etched in Moonlight

L-5 杜波斯·海沃德
波吉
DuBose Heyward,
Porgy

L-6 路易斯·温特尔梅耶尔选编
伟大的诗歌:从乔叟到惠特曼
Louis Untermeyer, ed.,
Great Poems from Chaucer to Whitman

L-7 路易斯·布罗姆菲尔德
安娜·博尔顿的遭遇
Louis Bromfield,
What Became of Anna Bolton

L-8 埃文·埃文斯
蒙大拿再次君临天下
Evan Evans,
Montana Rides Again

L-9 威廉·麦克劳德·雷恩
治安官的儿子
William MacLeod Raine,
The Sheriff's Son

L-10 斯蒂芬·里柯克

欢乐故事
Stephen Leacock,
Happy Stories Just to Laugh At

L-11 亚瑟·亨利·古登
咆哮的河山
Arthur Henry Gooden,
Roaring River Range

L-12 弗朗西斯·艾森伯格
每个家庭都有一个
Frances Eisenberg,
There's One in Every Family

L-13 马克斯·布兰德
王鸟骑行记
Max Brand,
The King Bird Rides

L-14 伊夫琳·伊顿
辽阔的大海
Evelyn Eaton,
The Sea Is So Wide

L-15 赫尔曼·麦尔维尔
奥穆
Herman Melville,
Omoo

L-16 乔治·塞申斯·佩里
武士哈克贝利
George Sessions Perry,
Hackberry Cavalier

L-17 索恩·史密斯
转变
Thorne Smith,
Turnabout

L-18 卡尔·克劳
四万万顾客
Carl Crow,
400 *Million Customers*

L-19 菲利普·怀利
鱼和鱼罐头
Philip Wylie,
Fish and Tin Fish

L-20 利顿·斯特莱切
维克多利亚名人传
Lytton Strachey,
Eminent Victorians

L-21 霍尔默·克罗伊
国家治疗
Homer Croy,
Country Cured

L-22 乔治·W.格雷
战争中的科学
George W. Gray,
Science at War

L-23 赫维·艾伦
贝德福德村庄
Hervey Allen,
Bedford Village

L-24 约瑟夫·谢尔林
女人和砒霜
Joseph Shearing,

The Lady and the Arsenic

L-25 布莱姆・斯托克
德古拉
Bram Stoker,
Dracula

L-26 约翰・P.马昆德
威克福德镇
John P. Marquand,
Wickford Point

L-27 罗伯特・格雷夫斯
我，克劳迪亚斯
Robert Graves,
I, Claudius

L-28 托马斯・曼
托马斯・曼短篇小说选
Thomas Mann,
Selected Short Stories

L-29 欧文・斯通
渴望生活:梵高传
Irving Stone,
Lust for Life

L-30 W・萨姆塞特・毛姆
人性的枷锁
W. Somerset Maugham,
Of Human Bondage

L-31 阿奇・宾斯
光明的大地
Archie Binns,
The Land Is Bright

L-32 奥萨・约翰逊
天堂四载
Osa Johnson,
Four Years in Paradise

M-系列
1944 年 9 月

M-1 A.E.豪斯曼
豪斯曼诗选
A. E. Housman,
Selected Poems

M-2 詹姆斯・瑟伯和 E.B.怀特
性是必需的吗?
James Thurber and E. B. White,
Is Sex Necessary?

M-3 萨基(H.H.门罗)
萨基短篇小说选
Saki (H. H. Munro),
Selected Short Stories

M-4 罗伯特・本奇利
海底 20000 盟友，或，大卫・科波菲尔
Robert Benchley,
20,000 *Leagues Under the Sea*; *or*, *David Copperfield*

M-5 艾格尼丝・里普利厄
雅克・马奎特传
Agnes Repplier,
Père Marquette

M-6 尤金·曼洛夫·罗兹
青铜踪迹
Eugene Manlove Rhodes,
Copper Streak Trail

M-7 艾温·威·蒂尔
沙丘男孩
Edwin Way Teale,
Dune Boy

M-8 詹姆斯·史蒂文斯
保罗·班扬
James Stevens,
Paul Bunyan

M-9 约翰·D.拉特克利夫选编
1944 年科学年鉴
John D. Ratcliff, ed.,
Science Yearbook of 1944

M-10 巴里·本菲尔德
"鸡车"家族
Barry Benefield,
The Chicken-Wagon Family

M-11 菲利普·怀利
大家伙们的离开
Philip Wylie,
The Big Ones Get Away

M-12 安格斯·麦克唐纳
老麦克唐纳有个农场
Angus McDonald,
Old McDonald Had a Farm

M-13 欧内斯特·海寇斯
夜间行动
Ernest Haycox,
Action by Night

M-14 马克斯·布兰德
边境上的孩子
Max Brand,
The Border Kid

M-15 戴恩·柯立芝
西部斗士
Dane Coolidge,
Fighting Men of the West

M-16 埃德加·赖斯·巴勒斯
人猿泰山
Edgar Rice Burroughs,
Tarzan of the Apes

M-17 哈里·贝德韦尔
火车轰鸣
Harry Bedwell,
The Boomer

M-18 罗伯特·J.凯西
有趣的人们
Robert J. Casey,
Such Interesting People

M-19 伊娃·布鲁斯
她叫罗西
Eva Bruce,
Call Her Rosie

M-20 A.R.贝弗利·吉丁
拉里希居民

A. R. Beverly-Giddings,
Larrish Hundred

M-21 亨利 · B.霍夫
乡村编辑
Henry B. Hough,
Country Editor

M-22 大卫 · 科纳尔 · 德荣
荷兰口音
David Cornel DeJong,
With a Dutch Accent

M-23 赫尔曼，瑟伯和纽金特，乔多洛夫和菲尔德，以及金斯利
四部美国现代剧
Hellman, Thurber and Nugent, Chodorov and Fields, and Kingsley,
Four Modern American Plays

M-24 M · 林肯 · 舒斯特尔选编
世界上最伟大的书信
M. Lincoln Schuster, ed.,
A Treasury of the World's Great Letters

M-25 克利斯汀 · 韦斯顿
靛蓝色
Christine Weston,
Indigo

M-26 M.R.韦尔纳
巴纳姆
M. R. Werner,
Barnum

M-27 克拉克 · 麦克米金
给我一块土地
Clark McMeekin,
Show Me a Land

M-28 查尔斯 · 格雷森上尉选编
男人们的新故事
Captain Charles Grayson, ed.,
New Stories for Men

M-29 威尔基 · 柯林斯
月亮宝石
Wilkie Collins,
The Moonstone

M-30 康拉德 · 海登
元首
Konrad Heiden,
Der Fuehrer

M-31 F.范 · 威克 · 梅森
海上的星星
F. van Wyck Mason,
Stars on the Sea

M-32 海伦 · 麦锡妮
我们仍然活着
Helen MacInnes,
While Still We Live

N-系列

1944 年 10 月

N-1 马克 · 吐温
神秘的陌生人

Mark Twain,
The Mysterious Stranger

N-2 S.J.佩雷尔曼
梦想部
S. J. Perelman,
The Dream Department

N-3 斯蒂芬·文森特·贝尼特
美国
Stephen Vincent Benét,
America

N-4 布鲁斯·巴顿
无人知晓的人
Bruce Barton,
The Man Nobody Knows

N-5 詹姆斯·史蒂芬斯
一罐金子
James Stephens,
The Crock of Gold

N-6 卡尔·桑德堡
卡尔·桑德堡诗选
Carl Sandburg,
Selected Poems

N-7 詹姆斯·瑟伯
不要自寻烦恼
James Thurber,
Let Your Mind Alone

N-8 E.C.阿博特和海伦娜·亨廷顿·史密斯
我们带领他们向北
E. C. Abbott and Helena Huntington Smith,
We Pointed Them North

N-9 欧内斯特·海寇斯
沙漠边缘
Ernest Haycox,
Rim of the Desert

N-10 艾伦·勒梅
无用的牛仔
Alan LeMay,
Useless Cowboy

N-11 桃乐丝·B.休斯
堕落的麻雀
Dorothy B. Hughes,
The Fallen Sparrow

N-12 唐纳德·霍夫
小镇上空的雪
Donald Hough,
Snow Above Town

N-13 罗伯特·路易斯·斯蒂文森
绑架
Robert Louis Stevenson,
Kidnapped

N-14 W·萨默塞特·毛姆
毛姆回忆录
W. Somerset Maugham,
The Summing Up

N-15 马克斯·布兰德
钢铁之路

Max Brand,

The Iron Trail

N-16 查尔斯 · A.斯林格

绳索和热刺

Charles A. Siringo,

Riata and Spurs

N-17 奈文 · 布施

阳光下的决斗

Niven Busch,

Duel in the Sun

N-18 西奥多 · 普拉特

雷霆山

Theodore Pratt,

Thunder Mountain

N-19 H.E.瑞森伯格中尉

我扑向珠宝

Lt. H. E. Riesenberg,

I Dive for Treasure

N-20 杰克 · 艾姆斯

凭经验的先知

Jack Iams,

Prophet by Experience

N-21 唐 · 拜伦

刽子手之家

Donn Byrne,

Hangman's House

N-22 克莱德 · 布里翁 · 戴维斯

美国小说杰作

Clyde Brion Davis,

The Great American Novel

N-23 康斯坦斯 · 罗伯逊

夜间火警

Constance Robertson,

Fire Bell in the Night

N-24 罗伯特 · 斯坦迪什

博宁

Robert Standish,

Bonin

N-25 詹姆斯 · 纽曼和爱德华 · 卡斯纳

数学与想象力

James Newman and Edward Kasner,

Mathematics and the Imagination

N-26 埃里克 · 林克莱特

马格鲁斯 · 梅里曼

Eric Linklater,

Magnus Merriman

N-27 莱斯利 · T.怀特

转过去,把脸转过去

Leslie T. White,

Look Away, Look Away

N-28 杰克 · 伦敦

马丁 · 伊登

Jack London,

Martin Eden

N-29 斯图尔特 · 克卢蒂

转轮

Stuart Cloete,

The Turning Wheels

N-30 C.M.萨布莱特和哈里·哈里森·克罗尔
危险的旅途
C. M. Sublette and Harry Harrison Kroll,
Perilous Journey

N-31 查尔斯·狄更斯
大卫·科波菲尔
Charles Dickens,
David Copperfield

N-32 华莱士·斯特根纳
大大的冰糖山
Wallace Stegner,
The Big Rock Candy Mountain

O-系列
1949 年 11 月

O-1 珀西·比希·雪莱
雪莱诗选
Percy Bysshe Shelley,
Selected Poems

O-2 纪·哈·纪伯伦
先知
Kahlil Gibran,
The Prophet

O-3 约翰·马尔霍兰
幻觉的艺术
John Mulholland,
The Art of Illusion

O-4 哈里·格雷森
他们玩游戏
Harry Grayson,
They Played the Game

O-5 W.H.哈得逊
潘帕斯草原的故事
W. H. Hudson,
Tales of the Pampas

O-6 爱德华·H.福克纳
庄稼汉的愚蠢
Edward H. Faulkner,
Plowman's Folly

O-7 盖伊·吉尔帕特里克
格伦坎农先生无视战争
Guy Gilpatric,
Mr. Glencannon Ignores the War

O-8 亚瑟·科伯
亲爱的贝拉
Arthur Kober,
My Dear Bella

O-9 柯特·西奥马克
多诺万的脑袋
Curt Siodmak,
Donovan's Brain

O-10 纳尔逊·C.奈
野马肖蒂
Nelson C. Nye,
Wild Horse Shorty

O-11 科尼莉亚・古德休
雾中旅行
Cornelia Goodhue,
Journey into the Fog

O-12 C.S.弗雷斯特
非洲皇后
C. S. Forester,
The African Queen

O-13 安妮・特里・怀特
消失的世界
Anne Terry White,
Lost Worlds

O-14 鲍勃・霍普
我从未离开家
Bob Hope,
I Never Left Home

O15 欧内斯特・K.卡恩
天空中岛屿
Ernest K. Gann,
Island in the Sky

O-16 查尔斯・L.麦克尼科尔斯
极端天气
Charles L. McNichols,
Crazy Weather

O-17 W.R.伯内特
没有人永生不死
W. R. Burnett,
Nobody Lives Forever

O-18 达蒙・鲁尼恩
鲁尼恩的菜单
Damon Runyon,
Runyon à la Carte

O-19 查尔斯・杰克森
失去的周末
Charles Jackson,
The Lost Weekend

O-20 约翰・罗素
约翰・罗素短篇小说选
John Russell,
Selected Short Stories

O-21 乔治・西默农
危险线上
Georges Simenon,
On the Danger Line

O-22 埃德加・赖斯・巴勒斯
泰山重返欧帕城
Edgar Rice Burroughs,
The Return of Tarzan

O-23 罗伯特・斯特吉斯
人们喜欢神
Robert Sturgis,
Men Like Gods

O-24 约瑟夫・赫格斯海默
三个黑便士
Joseph Hergesheimer,
The Three Black Pennys

O-25 弗兰克・斯皮尔曼
塞尔伍德的昏睡猫

Frank Spearman,

Selwood of Sleepy Cat

O-26 康斯坦斯·赫尔默里克

我们生活在阿拉斯加

Constance Helmericks,

We Live in Alaska

O-27 弗兰西丝·盖瑟

红公鸡鸣叫

Frances Gaither,

The Red Cock Crows

O-28 M.R.詹姆斯

詹姆斯鬼怪故事选

M. R. James,

Selected Ghost Stories

O-29 本·艾姆斯·威廉

离开她的天堂

Ben Ames Williams,

Leave Her to Heaven

O-30 索菲亚·科萨卡

温柔的人有福了

Zofia Kossak,

Blessed Are the Meek

O-31 托马斯·沃尔夫

天使望故乡

Thomas Wolfe,

Look Homeward, Angel

O-32 拉·格兰德·坎农

远望高山

Le Grand Cannon,

Look to the Mountain

P-系列

1944 年 12 月

P-1 大卫·加尼特

狐狸夫人

David Garnett,

Lady into Fox

P-2 加蒙德·威廉·钱布利斯

自食其果

Commander William Chambliss,

Boomerang

P-3 约翰·R.突尼斯

年度新秀

John R. Tunis,

Rookie of the Year

P-4 路德维格·贝梅尔曼斯

神秘的酒店

Ludwig Bemelmans,

Hotel Splendide

P-5 詹姆斯·诺曼·霍尔

失落的岛屿

James Norman Hall,

Lost Island

P-6 雷克斯·斯托特

尚未死绝

Rex Stout,

Not Quite Dead Enough

P-7 威尔·柯皮

了不起的巴斯塔德和其他人
Will Cuppy,
The Great Bustard and Other People

P-8 马克斯·布兰德
四大盗
Max Brand,
The Fighting Four

P-9 霍伯特·D.斯基德莫尔
空中山谷
Hobert D. Skidmore,
Valley of the Sky

P-10 本尼·古德曼和欧文·科洛丁
摇摆之国
Benny Goodman and Irving Kolodin,
The Kingdom of Swing

P-11 H.R.海斯
在黑暗中倒下
H. R. Hays,
Lie Down in Darkness

P-12 詹姆斯·奥利弗·柯伍德
沉默人山谷
James Oliver Curwood,
The Valley of Silent Men

P-13 米里亚姆·扬
穿紧身衣的妈妈
Miriam Young,
Mother Wore Tights

P-14 小弗雷德里克·韦
自然领航
Frederick Way Jr.,
Pilotin' Comes Natural

P-15 汤姆·吉尔
星光传递
Tom Gill,
Starlight Pass

P-16 欧内斯特·海寇斯
小镇之旅
Ernest Haycox,
Trail Town

P-17 希尔达·劳伦斯
雪地上的血迹
Hilda Lawrence,
Blood upon the Snow

P-18 亚瑟·洛夫里奇
我浪费的许多好时光
Arthur Loveridge,
Many Happy Days I've Squandered

P-19 欧斯金·考德威尔
欧斯金·考德威尔小说选
Erskine Caldwell,
Stories by Erskine Caldwell

P-20 约翰·D.克雷格上尉
危险是我的工作
Captain John D. Craig,
Danger Is My Business

P-21 威廉·赫兹利特·厄普森

博茨在战争中，博茨在和平中
William Hazlett Upson,
Botts in War, Botts in Peace

P-22 欧文·S.科布选编
世界著名幽默故事集
Irvin S. Cobb, ed.,
World's Great Humorous Stories

P-23 约瑟夫·谢尔林
彼尔迪阿姨
Joseph Shearing,
Aunt Beardie

P-24 克拉德·布里翁·戴维斯
利奥·麦圭尔的反叛
Clyde Brion Davis,
Rebellion of Leo McGuire

P-25 赫歇尔·布里克尔选编
1943年欧·亨利奖短篇小说集
Herschel Brickell, ed.,
O. Henry Memorial Award
Prize Short Stories for 1943

P-26 E.B.怀特
人各有异
E. B. White,
One Man's Meat

P-27 安雅·西顿
神秘庄园
Anya Seton,
Dragonwyck

P-28 玛丽·桑多兹
斯洛岗山庄
Mari Sandoz,
Slogum House

P-29 查尔斯·A.比尔德
共和国
Charles A. Beard,
The Republic

P-30 恩尼·派尔
勇士们
Ernie Pyle,
Brave Men

P-31 哈洛·沙普利选编
科学宝库
Harlow Shapley, ed.,
A Treasury of Science

P-32 凯瑟琳·德林克·鲍恩
从奥林普斯来的美国佬
Catherine Drinker Bowen,
Yankee from Olympus

Q-系列

1945年1月

Q-1 科妮莉亚·奥蒂斯·斯金纳
请原谅它
Cornelia Otis Skinner,
Excuse It, Please!

Q-2 詹姆斯·M.凯恩
邮差总按两次铃
James M. Cain,

The Postman Always Rings Twice

Q-3 大卫·埃文
乔治·格什温的故事
David Ewen,
The Story of George Gershwin

Q-4 休·格雷·和莉莲·R.里伯
数学与你
Hugh Gray and Lillian R. Lieber,
The Education of T. C. Mits

Q-5 马克斯·舒尔曼
衣冠楚楚的商人
Max Shulman,
The Feather Merchants

Q-6 梅尔·海默
世界在霍博肯终结
Mel Heimer,
The World Ends at Hoboken

Q-7 马利·拉斯韦尔
是时候了
Mary Lasswell,
High Time

Q-8 约翰·R.突尼斯
核心地位的孩子
John R. Tunis,
Keystone Kids

Q-9 舍伍德·安德森
舍伍德·安德森短篇小说选
Sherwood Anderson,
Selected Short Stories of Sherwood Anderson

Q-10 A.A.费尔
约会老地方
A. A. Fair,
Give 'Em the Ax

Q-11 E.E.哈勒兰
草原猎枪
E. E. Halleran,
Prairie Guns

Q-12 西奥多·奈迪斯
当心威利·卡特
Theodore Naidish,
Watch Out for Willie Carter

Q-13 索恩·史密斯
充满激情的女巫
Thorne Smith,
The Passionate Witch

Q-14 洛德·邓萨尼
游击队
Lord Dunsany,
Guerilla

Q-15 R.A.J.沃林
没有线索的尸体
R. A. J. Walling,
The Corpse Without a Clue

Q-16 欧内斯特·海寇斯
被压迫的人
Ernest Haycox,
Man in the Saddle

Q-17 弗朗西丝·克兰
紫水晶眼镜
Frances Crane,
The Amethyst Spectacles

Q-18 C.S.弗雷斯特
各就各位,准备战斗
C. S. Forester,
Beat to Quarters

Q-19 赞恩·格雷
荒漠游侠
Zane Grey,
The Heritage of the Desert

Q-20 约翰·霍金斯和沃德·霍金斯
魔鬼踪迹
John Hawkins and Ward Hawkins,
Devil on His Trail

Q-21 菲利普·维利
疯狂的海水
Philip Wylie,
Salt Water Daffy

Q-22 马利·赖斯纳
蜘蛛网之家
Mary Reisner,
The House of Cobwebs

Q-23 多纳尔·汉密尔顿·海恩斯
天天好运
Donal Hamilton Haines,
Luck in All Weathers

Q-24 马克斯·布兰德
快乐的杰克
Max Brand,
Happy Jack

Q-25 马克·加德纳
妈妈数到六
Mac Gardner,
Mom Counted Six

Q-26 马格丽特·凯丝·哈里曼
温柔地带上他们
Margaret Case Harriman,
Take Them Up Tenderly

Q-27 A.J.克罗宁
青春岁月
A. J. Cronin,
The Green Years

Q-28 罗斯·麦克劳里·泰勒
座鞍和犁
Ross McLaury Taylor,
The Saddle and the Plow

Q-29 肯尼思·罗伯茨
活泼的女士
Kenneth Roberts,
The Lively Lady

Q-30 克拉克·麦克米金
应付河水
Clark McMeekin,
Reckon with the River

Q-31 W.萨姆塞特·毛姆

刀锋
W. Somerset Maugham,
The Razor's Edge

Q-32 莉莲·史密斯
奇异的果实
Lillian Smith,
Strange Fruit

Q-33 安娜·西格斯
第七个十字架
Anna Seghers,
The Seventh Cross

Q-34 路易斯·布洛姆菲尔德
野性的河流
Louis Bromfield,
Wild Is the River

Q-35 尤金·奥尼尔
尤金·奥尼尔戏剧选
Eugene O'Neill,
Selected Plays of Eugene O'Neill

Q-36 约翰·詹宁斯
阴影与荣耀
John Jennings,
The Shadow and the Glory

Q-37 雷切尔·菲尔德
自古以来
Rachel Field,
Time Out of Mind

Q-38 亚历山大·莱恩
女海巫
Alexander Laing,
The Sea Witch

Q-39 本·艾姆斯·威廉斯
陌生女人
Ben Ames Williams,
The Strange Woman

Q-40 亨利·亚当斯
亨利·亚当斯的教育
Henry Adams,
The Education of Henry Adams

R-系列

1945 年 2 月

R-1 G.B.斯特恩
丑陋的达克斯猎犬
G. B. Stern,
The Ugly Dachshund

R-2 约翰·济慈
济慈诗选
John Keats,
Selected Poems of John Keats

R-3 罗伯特·南森
春光再现
Robert Nathan,
One More Spring

R-4 桃乐茜·帕克
桃乐茜·帕克短篇小说选
Dorothy Parker,
Selected Short Stories

of Dorothy Parker

R-5 罗伯特·本利奇
1903 年后怎么啦?
Robert Benchley,
After 1903 — What?

R-6 威廉·H.罗伯茨
你可以掌握的心理学
William H. Roberts,
Psychology You Can Use

R-7 诺曼·科恩
诺曼·科恩广播剧选
Norman Corwin,
Selected Radio Plays of Norman Corwin

R-8 科罗内尔·斯托普内格尔
你不能从亚当那里知道我
Colonel Stoopnagle,
You Wouldn't Know Me from Adam

R-9 贾克兰·马莫
海外勤务
Jacland Marmur,
Sea Duty

R-10 塞缪尔·迈克尔·富勒
黑页
Samuel Michael Fuller,
The Dark Page

R-11 卢克·肖特
西马伦河之战
Luke Short,
War on the Cimarron

R-12 罗德里克·皮蒂
人类命运中的地理环境
Roderick Peattie,
Geography in Human Destiny

R-13 大卫·加思
百慕大来电
David Garth,
Bermuda Calling

R-14 威廉·塞西尔·丹皮尔爵士
科学简史
Sir William Cecil Dampier,
A Shorter History of Science

R-15 乔治·桑德斯
我犯下的罪行
George Sanders,
Crime on My Hands

R-16 D.W.布罗根
美国人的性格
D. W. Brogan,
The American Character

R-17 埃米莉·金布罗和科妮莉亚·奥蒂斯·斯金纳
年轻、快乐的心
Emily Kimbrough and Cornelia Otis Skinner,
Our Hearts Were Young and Gay

R-18 艾伦·勒·梅
冬季牧场

Alan Le May,
Winter Range

R-19 埃德蒙·吉利根
憔悴的女人
Edmund Gilligan,
The Gaunt Woman

R-20 亚瑟·亨利·古登
如画山丘
Arthur Harry Gooden,
Painted Buttes

R-21 凯瑟琳·安·波特
凯瑟琳·安·波特短篇小说选
Katherine Anne Porter,
Selected Short Stories of Katherine Anne Porter

R-22 玛杰丽·夏普
克朗内·勃朗
Margery Sharp,
Cluny Brown

R-23 迪姆斯·泰勒
人与音乐
Deems Taylor,
Of Men and Music

R-24 马克斯·布兰德
长期机会
Max Brand,
The Long Chance

R-25 克里斯托弗·莫利
吉蒂·弗伊利
Christopher Morley,
Kitty Foyle

R-26 大卫·L.科恩
车轮着火了
David L. Cohn,
Combustion on Wheels

R-27 格温多林·格拉哈姆
大地与高空
Gwethalyn Graham,
Earth and High Heaven

R-28 赫伯特·贝斯特
年轻人
Herbert Best,
Young 'Un

R-29 克利福德·多迪
几百万的赌博
Clifford Dowdey,
Gamble's Hundred

R-30 西格丽德·温塞特
新娘的花环
Sigrid Undset,
The Bridal Wreath

R-31 贝内特·瑟夫
努力阻止我
Bennett Cerf,
Try and Stop Me

R-32 拉斐尔·萨巴蒂尼
铁血船长
Rafael Sabatini,

Captain Blood

R-33 奥古斯特·德莱思选编
无法入睡
August Derleth, ed.,
Sleep No More

R-34 斯蒂芬·海姆
微笑的和平
Stefan Heym,
Of Smiling Peace

R-35 萨姆纳·韦尔斯
作出决定的时刻
Sumner Welles,
The Time for Decision

R-36 托马斯·B.科斯坦
因为我的荒唐
Thomas B. Costain,
For My Great Folly

R-37 劳埃德·C.道格拉斯
争议通道
Lloyd C. Douglas,
Disputed Passage

R-38 W.E.伍德沃德
我们的生活方式
W. E. Woodward,
The Way Our People Lived

R-39 汉丽埃塔·巴克马斯特
深深的河流
Henrietta Buckmaster,
Deep River

R-40 萨缪尔·霍普金斯·亚当斯
运河镇
Samuel Hopkins Adams,
Canal Town

S-系列
1945 年 3 月

S-1 威廉·A.艾肯少校选编
战争年代的惠特曼
Major William A. Aiken, ed.,
A Wartime Whitman

S-2 威廉·萨洛扬
亲爱的孩子
William Saroyan,
Dear Baby

S-3 路德维格·贝梅尔曼斯
爱你,爱你,爱你
Ludwig Bemelmans,
I Love You, I Love You, I Love You

S-4 詹姆斯·古尔德·科增斯
被遗弃的人
James Gould Cozzens,
Castaway

S-5 詹姆斯·瑟伯
欢迎进入我的世界
James Thurber,
My World and Welcome to It

S-6 弗兰克·格鲁伯
和平元帅

Frank Gruber,
Peace Marshal

S-7 理查德・塞尔
奇异的货物
Richard Sale,
Not Too Narrow, Not Too Deep

S-8 菲利普・怀利
菲利普・怀利短篇小说选
Philip Wylie,
Selected Short Stories of Philip Wylie

S-9 马克・吐温
马克・吐温短篇小说选
Mark Twain,
Selected Short Stories of Mark Twain

S-10 桃乐茜・贝克
双凤夺鸾
Dorothy Baker,
Young Man with a Horn

S-11 弗兰克・萨利文
珍珠牡蛎
Frank Sullivan,
A Pearl in Every Oyster

S-12 埃里克・哈奇
意想不到的叔叔
Eric Hatch,
Unexpected Uncle

S-13 托马斯・比尔
淡紫色的十年
Thomas Beer,
The Mauve Decade

S-14 伊夫林・伊顿
在撕裂的船上
Evelyn Eaton,
In What Torn Ship

S-15 亚历山大・莱恩
飞剪船上的男人
Alexander Laing,
Clipper Ship Men

S-16 弗吉尼亚・帕杜
忙乱不堪
Virginia Perdue,
Alarum and Excursion

S-17 唐纳德・霍夫
上尉撤退
Donald Hough,
Captain Retread

S-18 威廉・麦克劳德・雷恩
前线火力
William MacLeod Raine,
Guns of the Frontier

S-19 乔・E.布朗
你的孩子和我的孩子
Joe E. Brown,
Your Kids and Mine

S-20 威廉・艾里希
午餐后的故事
William Irish,
After-Dinner Story

S-21 厄尔·斯坦利·加德纳
金发黑眼女郎事件
Erle Stanley Gardner,
The Case of the Black-Eyed Blonde

S-22 H.艾伦·史密斯
迷失在无风带
H. Allen Smith,
Lost in the Horse Latitudes

S-23 马克斯·布兰德
被猎杀的骑手
Max Brand,
Hunted Riders

S-24 沃尔特·范·蒂尔伯格·克拉克
龙城风云
Walter Van Tilburg Clark,
The Ox-Bow Incident

S-25 弗雷德里克·G.利布
圣路易红雀
Frederick G. Lieb,
The St. Louis Cardinals

S-26 阿尔杰农·布莱克伍德
阿尔杰农·布莱克伍德短篇小说选
Algernon Blackwood,
Selected Short Stories of Algernon Blackwood

S-27 唐纳德·卡尔罗斯·皮蒂
现代年鉴
Donald Culross Peattie,
An Almanac for Moderns

S-28 索恩·史密斯
神灵的夜生活
Thorne Smith,
The Night Life of the Gods

S-29 埃德加·斯诺
人民在我们一边
Edgar Snow,
People on Our Side

S-30 哈伦·哈切
五大湖区
Harlan Hatcher,
The Great Lakes

S-31 路易斯·布罗姆菲尔德
农场
Louis Bromfield,
The Farm

S-32 马格丽特·F.贝利丝
布林瓦斯
Marguerite F. Bayliss,
The Bolinvars

S-33 玛·金·罗琳斯
鹿苑长春
Marjorie Kinnan Rawlings,
The Yearling

S-34 美林·丹尼森
克朗代河边的迈克
Merrill Denison,
Klondike Mike

S-35 威廉·梅克比斯·萨克雷

亨利·艾斯芒德

William Makepeace Thackeray,

Henry Esmond

S-36 约瑟夫·斯坦利·彭内尔

罗马汉克的历史

Joseph Stanley Pennell,

The History of Rome Hanks

S-37 弗朗西斯·哈克特

亨利八世

Francis Hackett,

Henry the Eighth

S-38 肯尼思·罗伯茨

阿伦德尔

Kenneth Roberts,

Arundel

S-39 伊利莎白·古吉

绿豚街(新西兰地震记)

Elizabeth Goudge,

Green Dolphin Street

S-40 珍·斯塔福特

波斯顿历险记

Jean Stafford,

Boston Adventure

T-系列

1945 年 4 月

T-1 科妮莉亚·奥蒂斯·斯金纳

战战兢兢

Cornelia Otis Skinner,

Dithers and Jitters

T-2 H.G.威尔斯

时间机器

H. G. Wells,

The Time Machine

T-3 乔治·帕帕希维勒和海伦·帕帕希维勒

一切皆有可能

George Papashvily

and Helen Papashvily,

Anything Can Happen

T-4 大卫·埃文

流行音乐人

David Ewen,

Men of Popular Music

T-5 约翰·斯坦贝克

罐头工厂街

John Steinbeck,

Cannery Row

T-6 蒂莫西·富勒

杀人犯约翰

Timothy Fuller,

This Is Murder, Mr. Jones

T-7 奥斯卡·莱文特

少数无知者

Oscar Levant,

A Smattering of Ignorance

T-8 路易斯·昂特迈耶选编

炉边诗集

Louis Untermeyer, ed.,
The Fireside Book of Verse

T-9 埃兹拉·斯通和韦尔登·梅里克
来吧,梅杰!
Ezra Stone and Weldon Melick,
Coming, Major!

T-10 查尔斯·诺德霍夫和詹姆斯·诺曼·霍尔
怒海征帆
Charles Nordhoff and
James Norman Hall,
Men Against the Sea

T-11 亨利·泰特洛
我们以农场为乐,且有利可图
Henry Tetlow,
We Farm for a Hobby and Make It Pay

T-12 马杰里·夏普
贞洁的石头
Margery Sharp,
The Stone of Chastity

T-13 罗伯特·本奇利
发狂的本奇利
Robert Benchley,
Benchley Beside Himself

T-14 麦金雷·坎特
温柔的安妮
MacKinlay Kantor,
Gentle Annie

T-15 罗伯特·M.科茨
亡命天涯
Robert M. Coates,
The Outlaw Years

T-16 查尔斯·奥尔登·塞尔兹
牧场老板
Charles Alden Seltzer,
The Range Boss

T-17 帕特里克·昆廷
拼图木偶
Patrick Quentin,
Puzzle for Puppets

T-18 亨利·詹姆斯
黛西·密勒和其他小说
Henry James,
Daisy Miller and Other Stories

T-19 罗斯玛丽·泰勒
骑上彩虹
Rosemary Taylor,
Ridin' the Rainbow

T-20 尤金·坎宁安
手枪护照
Eugene Cunningham,
Pistol Passport

T-21 马克斯·布兰德
平原骑手
Max Brand,
Riders of the Plain

T-22 大卫·拉梅

通往卡莱斯的隧道
David Rame,
Tunnel from Calais

T-23 威廉·斯隆
流水的边缘
William Sloane,
The Edge of Running Water

T-24 弗兰克·格拉汉姆
纽约洋基棒球队
Frank Graham,
The New York Yankees

T-25 伯恩斯·曼特尔选编
1943—1944 年度最佳戏剧
Burns Mantle, ed.,
The Best Plays of 1943-1944

T-26 霍华德·法斯特
自由之路
Howard Fast,
Freedom Road

T-27 本·吕西安·伯尔曼
渴望登陆
Ben Lucien Burman,
Blow for a Landing

T-28 福斯特，纳弗齐格，肖和兰杰
狼的法则和其他西部小说
Foster, Nafziger, Shaw, and Ranger,
Wolf Law and Three Other Stories of the West

T-29 以斯帖·福布斯
将军夫人
Esther Forbes,
The General's Lady

T-30 卡尔·卡默
杰纳西的热浪
Carl Carmer,
Genesee Fever

T-31 沃尔特·卡里奇司令和维尔伯恩凯利中尉
战报
Commander Walter Karig and Lieutenant Welbourne Kelley,
Battle Report

T-32 路易斯·布罗姆菲尔德
我们生活的世界
Louis Bromfield,
The World We Live In

T-33 A.J.克罗宁
城堡
A. J. Cronin,
The Citadel

T-34 马里塔·M.沃尔夫
小城
Maritta M. Wolff,
Whistle Stop

T-35 约拉·富勒
潜鸟的羽毛
Iola Fuller,
Loon Feather

T-36 达夫妮·杜穆里埃
丽贝卡
Daphne du Maurier,
Rebecca

T-37 马库斯·古德里奇
黛利拉
Marcus Goodrich,
Delilah

T-38 彼得·弗雷兴
北极冒险
Peter Freuchen,
Arctic Adventure

T-39 凯瑟琳·温莎
琥珀
Kathleen Winsor,
Forever Amber

T-40 玛格丽特·兰登
安娜和暹罗王
Margaret Landon,
Anna and the King of Siam

U-系列
1945 年 5 月

655 罗伯特·南森
珍妮的画像
Robert Nathan,
Portrait of Jenny

656 乔治·劳瑟
超人冒险记
George Lowther,
Adventures of Superman

657 马克斯·舒尔曼
无礼的赤脚少年
Max Shulman,
Barefoot Boy with Cheek

658 阿尔弗雷德·洛德·丁尼生
轻骑兵进击
Alfred Lord Tennyson,
The Charge of the Light Brigade and Other Poems

659 约瑟夫·邓灵杰
你在想什么?
Joseph Dunninger,
What's on Your Mind?

660 亨利·贝斯顿
遥远的房屋
Henry Beston,
The Outermost House

661 罗德里克·皮蒂
眺望前线
Roderick Peattie,
Look to the Frontiers

662 约翰·P.苏萨 III
我的家人，对或错
John P. Sousa III,
My Family, Right or Wrong

663 布雷特·哈里迪
谋杀和已婚处女

Brett Halliday,
Murder and the Married Virgin

664 乔治·塞申斯·佩里和以色列·雷顿
在哪儿
George Sessions Perry
and IsraelLeighton,
Where Away

665 J.B.普利斯特列
鬼屋魅影
J. B. Priestley,
The Old Dark House

666 维拉·卡斯帕里
劳拉
Vera Caspary,
Laura

667 欧内斯特·海明威
有钱人和没钱人
Ernest Hemingway,
To Have and Have Not

668 托马斯·比尔
埃格夫人和其他野蛮人
Thomas Beer,
Mrs. Egg and Other Barbarians

669 居伊·德·莫泊桑
菲菲小姐和其他故事
Guy de Maupassant,
Mademoiselle Fifi and Other Stories

670 卢克·肖特
枪手的机会
Luke Short,
Gunman's Chance

671 索恩·史密斯
光荣的普尔
Thorne Smith,
The Glorious Pool

672 杰克·伦敦
白牙
Jack London,
White Fang

673 H.艾伦·史密斯
图腾柱上的低等人
H. Allen Smith,
Low Man on a Totem Pole

674 威廉·麦克劳德·雷恩
步道尽头
William MacLeod Raine,
Trail's End

675 桃乐茜·卡梅伦·狄斯尼
第 17 封信
Dorothy Cameron Disney,
The 17th Letter

676 保罗·爱德华·米勒选编
时尚先生的爵士书(1944)
Paul Eduard Miller, ed.,
Esquire's Jazz Book (1944)

677 沃尔特·埃德蒙兹
沃尔特·埃德蒙兹短篇小说选

Walter D. Edmonds,
Selected Short Stories

678 赞恩·格雷
西部联盟电报公司
Zane Grey,
Western Union

679 C.S.弗雷斯特
来自康涅狄克州的上尉
C. S. Forester,
The Captain from Connecticut

680 埃勒里·奎因
灾难之城
Ellery Queen,
Calamity Town

681 艾略特·阿诺德
明天会歌唱
Elliot Arnold,
Tomorrow Will Sing

682 詹姆斯·史托克利
科学重塑世界
James Stokley,
Science Remakes the World

683 欧内斯特·海寇斯
号角齐鸣
Ernest Haycox,
Bugles in the Afternoon

684 约翰·J.奥尼尔
浪子天涯：尼古拉·特斯拉和他的时代
John J. O'Neill,
Prodigal Genius: The Life and Times of Nikola Tesla

685 亚历山大·莱恩
吉迪恩·威克的尸体
Alexander Laing,
The Cadaver of Gideon Wyck

686 威廉·塔尔格选编
西部小说精选
William Targ, ed.,
Western Story Omnibus

687 伊莎·丹尼森
七个神奇的故事
Isak Dinesen,
Seven Gothic Tales

688 艾伦·格拉斯哥
贫瘠的土地
Ellen Glasgow,
Barren Ground

689 爱迪生·马歇尔
伟大的史密斯
Edison Marshall,
Great Smith

690 约翰·斯坦贝克
愤怒的葡萄
John Steinbeck,
The Grapes of Wrath

691 查尔斯·狄更斯
匹克威克外传

Charles Dickens,
Pickwick Papers

692 道格拉斯·里格比和伊丽莎白·里格比
彻头彻尾
Douglas Rigby and Elizabeth Rigby,
Lock, Stock and Barrel

693 欧文·斯通
不朽的妻子
Irving Stone,
Immortal Wife

694 马丁·弗莱文
黑暗中的旅行
Martin Flavin,
Journey in the Dark

V-系列
1945 年 6 月

695 路丝·麦肯尼
麦肯尼家接班
Ruth McKenney,
The McKenneys Carry On

696 E.B.怀特
君在何处?
E. B. White,
Quo Vadimus?

697 亚瑟·科伯
布朗克斯的雷声
Arthur Kober,
Thunder over the Bronx

698 H.G.威尔斯
莫罗博士的岛
H. G. Wells,
The Island of Dr. Moreau

699 萨利·班森
在圣路易斯见我
Sally Benson,
Meet Me in St. Louis

700 弗雷德里克·范·德·沃特
乡村之家
Frederic F. Van de Water,
A Home in the Country

701 罗斯·法兰肯
另一个克劳迪娅
Rose Franken,
Another Claudia

702 厄尔·威尔逊
我盯着我的 8 号球
Earl Wilson,
I Am Gazing Into My 8-Ball

703 约翰·斯坦贝克
天堂牧场
John Steinbeck,
The Pastures of Heaven

704 亨利·沃兹沃斯·朗费罗
保罗·里维尔的坐骑及其他诗歌
Henry Wadsworth Longfellow,
Paul Revere's Ride

and Other Poems

705 詹姆斯·瑟伯
荡秋千的中年男子
James Thurber,
The Middle-Aged Man on the Flying Trapeze

706 欧内斯特·海寇斯
西部深处
Ernest Haycox,
Deep West

707 克拉伦斯·巴丁顿·凯兰
亚利桑那
Clarence Budington Kelland,
Arizona

708 杰西·詹姆斯·本顿
牛尾巴
Jesse James Benton,
Cow by the Tail

709 C.S.福雷斯特
通往印度群岛
C. S. Forester,
To the Indies

710 巴里·本菲尔德
爱迪和大天使
Barry Benefield,
Eddie and the Archangel Mike

711 米利翁·G.埃伯哈特
恐惧的翅膀
Mignon G. Eberhart,
Wings of Fear

712 威廉·柯尔特·麦克唐纳德
三个梅斯基特
William Colt MacDonald,
The Three Mesquiteers

713 瓦迪斯·费舍尔
金色的房间
Vardis Fisher,
The Golden Rooms

714 阿尔伯特·佩森·特休恩
狗狗莱德
Albert Payson Terhune,
Lad: A Dog

715 马克斯·布兰德
枪手的黄金
Max Brand,
Gunman's Gold

716 沃尔特·布莱尔
讲述故事中的美国
Walter Blair,
Tell Tale America

717 *新版韦氏便携字典*
Webster's New Handy Dictionary

718 *新版韦氏便携字典*
Webster's New Handy Dictionary

719 乔治·贝克中士
冒失鬼
Sgt. George Baker,
The Sad Sack

720 埃德蒙·吉利根
金鹿号航行
Edmund Gilligan,
Voyage of the Golden Hind

721 W.H.哈得逊
紫色的土地
W. H. Hudson,
The Purple Land

722 赞恩·格雷
斜阳侠影
Zane Grey,
Sunset Pass

723 J.H.沃利斯
绿窗艳影
J. H. Wallis,
The Woman in the Window

724 马乔里·金南·罗林斯
南月下
Marjorie Kinnan Rawlings,
Sout Moon Under

725 查尔斯·诺德霍夫和詹姆斯·诺曼·霍尔
皮特凯恩群岛
Charles Nordhoff
and James Norman Hall,
Pitcairn's Island

726 小雷德里克·拉姆齐和查尔斯·爱德华·史密斯
爵士音乐家
Frederic Ramsey Jr. and
Charles Edward Smith,
Jazzmen

727 奈欧·马许
死亡和舞蹈男孩
Ngaio Marsh,
Death and the Dancing Footman

728 保罗·加利科
告别运动
Paul Gallico,
Farewell to Sport

729 威廉·豪厄尔斯
迄今为止的人类
William Howells,
Mankind So Far

730 H.P.洛夫克拉夫特
敦维奇小镇恐怖故事及其他诡异传说
H. P. Lovecraft,
The Dunwich Horror
and Other Weird Tales

731 小约翰·W.托马森上校
少数海军陆战队员
Colonel John W. Thomason Jr.,
... And a Few Marines

732 约翰·谢尔比
星巴克
John Selby,
Starbuck

733 艾伯特·马尔兹

十字架和箭
Albert Maltz,
The Cross and the Arrow

734 爱德华·卡斯纳
比天使低一点
Edward Kasner,
Lower Than Angels

W-系列
1945 年 7 月

735 杰拉尔德·约翰逊
小夜曲
Gerald Johnson,
A Little Night Music

736 威廉·华兹华斯
我心雀跃
William Wordsworth,
My Heart Leaps Up and Other Poems

737 罗伯特·南森
梦幻的旅程
Robert Nathan,
The Enchanted Voyage

738 古斯塔夫·埃克斯坦因
生活
Gustav Eckstein,
Lives

739 *士兵艺术*(仅供陆军)
Soldier Art (distributed to Army only)

740 弗兰克·布兰特选编
为战士而作的漫画
Sgt. Frank Brandt, ed.,
Cartoons for Fighters

741 约翰·奥哈拉
彻夜抽烟
John O' Hara,
Pipe Night

742 莫顿·汤普森
乔,受伤的网球选手
Morton Thompson,
Joe, the Wounded Tennis Player

743 维里恩·贝尔
拖狗和其他故事
Vereen Bell,
Brag Dog and Other Stories

744 蒂莫西·富勒
哈佛大学有个杀人犯
Timothy Fuller,
Harvard Has a Homicide

745 H.G.威尔斯
世界大战
H. G. Wells,
The War of the Worlds

746 弗朗西丝·华莱士
长胜拳王
Francis Wallace,
Kid Galahad

747 弗朗西丝·洛克里奇和理查德·洛克里奇
过道上的死亡
Frances Lockridge and
Richard Lockridge,
Death on the Aisle

748 欧内斯特·海寇斯
星光骑士
Ernest Haycox,
Starlight Rider

749 约瑟夫·韦克斯伯格
寻找一只蓝鸟
Joseph Wechsberg,
Looking for a Bluebird

750 约翰·斯坦贝克
金杯
John Steinbeck,
Cup of Gold

751 雷蒙德·钱德勒
长眠不醒
Raymond Chandler,
The Big Sleep

752 亚瑟·亨利·古登
白骨峡谷
Arthur Henry Gooden,
The Valley of Dry Bones

753 尤金·坎宁安
钻石河上的人
Eugene Cunningham,
Diamond River Man

754 保罗·加利科
希兰霍利迪的冒险
Paul Gallico,
Adventures of Hiram Holliday

755 詹姆斯·瑟伯
不要自寻烦恼
James Thurber,
Let Your Mind Alone

756 E.C.阿博特和亨廷顿·史密斯
我们带领他们向北
E. C. Abbott and
Helena Huntington Smith,
We Pointed Them North

757 梅尔·伯杰
八百万
Meyer Berger,
The Eight Million

758 威拉德·罗伯逊
月潮
Willard Robertson,
Moon Tide

759 克拉伦斯·马尔福德
巴克·彼德斯，农场经营者
Clarence E. Mulford,
Buck Peters, Ranchman

760 奈欧·马许
死于羊毛
Ngaio Marsh,
Died in the Wool

761 威廉·赫兹利特·厄普森
让他们爬
William Hazlett Upson,
Keep' Em Crawling

762 罗达·杜亚士
约瑟夫·李斯特
Rhoda Truax,
Joseph Lister

763 卡尔·卡默
倾听寂寞的鼓声
Carl Carmer,
Listen for a onesome Drum

764 弗雷德里克·普罗什科
亚洲人
Frederick Prokosch,
The Asiatics

765 威廉·麦克菲选编
关于海的伟大故事
William McFee, ed.,
World' s Great Tales of the Sea

766 詹姆斯·凯恩
双重赔偿和其他短篇小说
James M. Cain,
Double Indemnity
and Two Other Short Novels

767 埃德加·爱伦·坡
埃德加·爱伦·坡小说选
Edgar Allan Poe,
Selected Stories of
Edgar Allan Poe

768 沃尔特·D.埃德蒙兹
年轻的爱姆斯
Walter D. Edmonds,
Young Ames

769 克拉伦斯·戴伊
与爸爸妈妈一起生活
Clarence Day,
Life with Father and Mother

770 伊夫林·伊顿
我的上尉静静地等待
Evelyn Eaton,
Quietly My Captain Waits

771 劳埃德·刘易斯
林肯身后的神话
Lloyd Lewis,
Myths after Lincoln

772 弗吉尼亚·伍尔芙
岁月
Virginia Woolf,
The Years

773 吉恩·福勒
树木分界线
Gene Fowler,
Timber Line

774 菲利普·怀利
私枭夜渡
Philip Wylie,
Night unto Night

X-系列

1945 年 8 月

775 威廉·马奇
有些人喜欢他们短一些
William March,
Some Like Them Short

776 鲁珀特·布鲁克
鲁珀特·布鲁克诗集
Rupert Brooke,
Collected Poems of Rupert Brooke

777 古斯塔夫·埃克斯泰因
卡纳里
Gustav Eckstein,
Canary

778 海勒姆·帕西·马克沁
家中的天才
Hiram Percy Maxim,
A Genius in the Family

779 劳伦斯·爱德华·沃特金
借钱度日
Lawrence Edward Watkin,
On Borrowed Time

780 布利斯·洛马克斯
希腊盗马贼
Bliss Lomax,
Horsethief Creek

781 弗兰克·格拉汉姆
卢·格里克
Frank Graham,
Lou Gehrig

782 林·拉德纳
阿尔，你知道我
Ring Lardner,
You Know Me, Al

783 乔治·张伯伦
幽灵菲伊
George Chamberlain,
The Phantom Filly

784 查尔斯·H.斯诺
雅维沙市长
Charles H. Snow,
Sheriff of Yavisa

785 桃乐丝·B.休斯
如此蓝色大理石
Dorothy B. Hughes,
The So Blue Marble

786 贝纳德·肯德里克
盲人的虚张声势
Baynard Kendrick,
Blind Man's Bluff

787 霍华德·法斯特
帕特里克·亨利和护卫舰龙骨
Howard Fast,
Patrick Henry and the Frigate's Keel

788 爱德华·L.·麦肯纳
彪形大汉
Edward L. McKenna,

The Bruiser

789 弗朗西丝·洛克里奇和理查德·洛克里奇
银行家的回报
Frances Lockridge and Richard Lockridge,
Pay off for the Banker

790 保罗·B.西尔斯
这是我们的世界
Paul B. Sears,
This Is Our World

791 欧内斯特·海寇斯
拖着黑烟
Ernest Haycox,
Trail Smoke

792 格林威·威斯考特
雅典的公寓
Glenway Wescott,
Apartment in Athens

793 西奥多·普拉特
赤脚山下
Theodore Pratt,
The Barefoot Mountain

794 约翰·斯坦贝克
长谷
John Steinbeck,
The Long Valley

795 亨利·赖德·哈格德
所罗门王的宝藏
H. Rider Haggard,
King Solomon's Mines

796 亚瑟·特雷恩
塔特先生找到一条出路
Arthur Train,
Mr. Tutt Finds a Way

797 赞恩·格雷
弗隆河
Zane Grey,
Forlorn River

798 艾奥尼·桑德伯格·谢里伯
谋杀的模式
Ione Sandberg Shriber,
Pattern for Murder

799 约翰·奥哈拉
巴特菲尔德 8 号
John O'Hara,
Butterfield 8

800 罗伯特·南森
主教的妻子和其他小说
Robert Nathan,
The Bishop's Wife and Two Other Novels

801 爱德温·巴尔莫和菲利普·怀利
世界毁灭时
Edwin Balmer and Philip Wylie,
When Worlds Collide

802 伊萨克·迪内森

冬天的故事
Isak Dinesen,
Winter's Tales

803 科伯恩，福斯特，兰杰，麦卡利和威尔逊
五个西部故事
Coburn, Foster, Ranger,
McCulley, and Wilson,
Five Western Stories

804 C.S.弗雷斯特
舰队司令霍恩布洛尔
C. S. Forester,
Commodore Hornblower

805 埃里克·鲍姆
洋基女人
Eric Baume,
Yankee Woman

806 卡尔·卡默
哈德逊河
Carl Carmer,
The Hudson

807 蒙特·巴雷特
他们眼中的太阳
Monte Barrett,
Sun in Their Eyes

808 保罗·德·克吕夫
背对死亡的人
Paul de Kruif,
Men Against Death

809 伯纳德·杰斐
美国的科学人士
Bernard Jaffe,
Men of Science in America

810 赫伯特·V.普洛克诺选编
伟大生活中的伟大故事
Herbert V. Prochnow, ed.,
Great Stories from Great Lives

811 路易斯·布罗姆菲尔德
帕金顿夫人
Louis Bromfield,
Mrs. Parkington

812 拉斐尔·萨巴蒂尼
海鹰
Rafael Sabatini,
The Sea Hawk

813 麦金雷·坎特
作者的选择
MacKinlay Kantor,
Author's Choice

814 托马斯·B.科斯坦
和我一起飞驰
Thomas B. Costain,
Ride with Me

Y-系列

1945 年 9 月

815 约翰·范·德重特
邂逅的爱情

John van Druten,
The Voice of the Turtle

816 理查德·哈丁·戴维斯
在雾中
Richard Harding Davis,
In the Fog

817 约翰·奥哈拉
花红酒绿
John O' Hara,
Pal Joey

818 乔·塞尔
喧嚣的兵营
Joel Sayre,
Rackety Rax

819 *纽约人旅行指南*
The New Yorker's Baedeker

820 约翰·梅斯菲尔德
约翰·梅斯菲尔德诗选
John Masefield,
Selected Poems of John Masefield

821 理查德·沙特克
一半鬼屋
Richard Shattuck,
The Half-Haunted Saloon

822 比尔·莫尔丁
在最前面
Bill Mauldin,
Up Front

823 薇拉·凯瑟
啊，拓荒者
Willa Cather,
O Pioneers!

824 约翰·米尔斯
电子产品的现在和未来
John Mills,
Electronics Today and Tomorrow

825 威廉·福克纳
献给爱米丽的玫瑰及其他小说
William Faulkner,
A Rose for Emily and Other Stories

826 玛格丽特·米德
萨摩托亚人的成年
Margaret Mead,
Coming of Age in Samoa

827 弗朗西丝·克兰
靛蓝色的项链
Frances Crane,
The Indigo Necklace

828 桃乐丝·B.休斯
精致的猿
Dorothy B. Hughes,
The Delicate Ape

829 C.S.福雷斯特
延期支付
C. S. Forester,
Payment Deferred

830 阿诺德·本涅特

活埋
Arnold Bennett,
Buried Alive

831 汤姆·鲍尔斯
处女与蝴蝶
Tom Powers,
Virgin with Butterflies

832 托马斯·L.斯蒂克斯选编
运动姿态
Thomas L. Stix, ed.,
The Sporting Gesture

833 查尔斯·奥尔登·塞尔兹
桑德森的公平交易
Charles Alden Seltzer,
Square Deal Sanderson

834 克拉伦斯·E.马尔福德
20 号酒吧的那些日子
Clarence E. Mulford,
Bar-20 Days

835 艾拉·弗尔沃特
在菲律宾的美国游击队
Ira Wolfert,
American Guerrilla in the Philippines

836 罗斯·法兰肯
柯劳迪娅和大卫
Rose Franken,
Claudia and David

837 欧内斯特·海寇斯
森当·吉姆
Ernest Haycox,
Sundown Jim

838 雷蒙德·钱德勒
湖中的女士
Raymond Chandler,
The Lady in the Lake

839 哈里·汉密尔顿
河流之歌
Harry Hamilton,
River Song

840 詹姆斯·斯特里特
吃饼干的人和其他故事
James Street,
The Biscuit Eater and Other Stories

841 爱迪森·马歇尔
暴发户
Edison Marshall,
The Upstart

842 赞恩·格雷
两顶宽边帽
Zane Grey,
Twin Sombreros

843 马格丽特·欧文
年轻的贝丝
Margaret Irwin,
Young Bess

844 布斯·塔金顿
小奥尔维
Booth Tarkington,

Little Orvie

845 路易斯·布罗姆菲尔德
宜人的山谷
Louis Bromfield,
Pleasant Valley

846 弗兰克·格拉汉姆
巨人麦格劳
Frank Graham,
McGraw of the Giants

847 拉尔夫·坦普尔
布谷鸟
Ralph Temple,
Cuckoo Time

848 惠特·伯内特选编
让自己变年轻的时候到了
Whit Burnett, ed.,
Time to Be Young

849 赫维·艾伦
贝德福德村
Hervey Allen,
Bedford Village

850 约瑟夫·谢尔林
女人和砒霜
Joseph Shearing,
The Lady and the Arsenic

851 布莱姆·斯托克
德古拉
Bram Stoker,
Dracula

852 约翰·P.马昆德
威克福德镇
John P. Marquand,
Wickford Point

853 阿德里亚·洛克
狮子跑到了街上
Adria Locke Langley,
A Lion Is in the Streets

854 塞缪尔·谢拉巴格
来自卡斯提尔的船长
Samuel Shellabarger,
Captain from Castile

Z-系列
1945 年 10 月

855 罗斯玛丽·贝尼特和史蒂芬·文森特·贝尼特
一本美国人的书
Rosemary Benét
and Stephen Vincent Benét,
A Book of Americans

856 詹姆斯·瑟伯
我的一生与艰难岁月
James Thurber,
My Life and Hard Times

857 埃德娜·圣文森特·米莱
抒情诗及十四行诗
Edna St. Vincent Millay,
Lyrics and Sonnets

858 莫德·史密斯·德拉万
拉普勒大街的拉姆赫茨
Maude Smith Delavan,
The Rumelhearts of Rampler Avenue

859 康拉德·里克特
泰西·克伦威尔
Conrad Richter,
Tacey Cromwell

860 斯蒂芬·茨威格
象棋的故事
Stefan Zweig,
The Royal Game

861 查尔斯·诺德霍夫
珍珠城湖
Charles Nordhoff,
The Pearl Lagooon

862 F.斯科特·菲茨杰拉德
了不起的盖茨比
F. Scott Fitzgerald,
The Great Gatsby

863 纳撒尼尔·霍桑
灰色的冠军和其他故事
Nathaniel Hawthorne,
The Gray Champion and Other Tales

864 安德烈·莫洛亚
雪莱传
André Maurois,
Ariel: The Life of Shelley

865 罗伯特·本奇利
不知所措的十年
Robert Benchley,
My Ten Years in a Quandary

866 厄斯金·考德威尔
悲惨的土地
Erskine Caldwell,
Tragic Ground

867 欧内斯特·海寇斯
沙漠边缘
Ernest Haycox,
Rim of the Desert

868 艾伦·勒·梅
无用的牛仔
Alan Le May,
Useless Cowboy

869 桃乐丝·B.休斯
堕落的麻雀
Dorothy B. Hughes,
The Fallen Sparrow

870 唐纳德·霍夫
小镇上空的雪
Donald Hough,
Snow Above Town

871 约翰·柯里尔
绿色思想和其他故事
John Collier,
Green Thoughts and Other Strange Tales

872 S.J.佩雷尔曼
像狐狸一样疯狂
S. J. Perelman,
Crazy Like a Fox

873 格雷厄姆·格林
密使
Graham Greene,
The Confidential Agent

874 卢克·肖特
拉姆罗德
Luke Short,
Ramrod

875 沃尔特·D.埃德蒙茨
运河船上的主要成员
Walter D. Edmonds,
Mostly Canallers

876 杰克·艾马斯
伯爵夫人的引导
Jack Iams,
The Countess to Boot

877 马克斯·布兰德
危险线索
Max Brand,
Danger Trail

878 威廉·爱尔希
黎明前的最后时分
William Irish,
Deadline at Dawn

879 约翰·D.韦弗
雨前的风
John D. Weaver,
Wind Before Rain

880 亨利·D.梭罗
瓦尔登湖
Henry D. Thoreau,
Walden

881 H.赖德·哈格德
她
H. Rider Haggard,
She

882 奈欧·马许
配色方案
Ngaio Marsh,
Colour Scheme

883 赞恩·格雷
沙漠黄金
Zane Grey,
Desert Gold

884 哈里·莱昂·威尔逊
拉格尔斯红峡
Harry Leon Wilson,
Ruggles of Red Gap

885 罗伯特·路易斯·史蒂文森
化身博士和其他故事
Robert Louis Stevenson,
The Strange Caseof Dr. Jekyll and Mr. Hyde and Other Stories

886 埃德蒙·吉利根

拥挤的白帆船
Edmund Gilligan,
White Sails Crowding

887 欧文 · 威斯特
弗吉尼亚人
Owen Wister,
The Virginian

888 杰西 · 斯图尔特
大脑空空
Jesse Stuart,
Head o' W-Hollow

889 M.G.凯恩斯
五英亩农场和独立问题
M. G. Kains,
Five Acres and Independence

890 桃乐茜 · L.塞耶斯
售票员的蜜月
Dorothy L. Sayers,
Busman's Honeymoon

891 A.J.克洛宁
哈特的城堡
A. J. Cronin,
Hatter's Castle

892 B.A.博特金选编
成功无极限
B. A. Botkin, ed.,
The Sky's the Limit

893 弗雷德里克 · 博德默
语言的织机
Frederick Bodmer,
The Loom of Language

894 马格丽特 · 利奇
华盛顿的起床号
Margaret Leach,
Reveille in Washington

AA-系列
1945 年 11 月

895 朱丽叶 · 洛厄尔
亲爱的先生和蠢人们的书信
Juliet Lowell,
Dear Sir and Dumb-Belles Letters

896 杰克 · 古德曼和艾伦 · 格林
万事指南
Jack Goodman and Alan Green,
How to Do Practically Anything

897 耶利米 · 迪格斯
O 型腿比尔
Jeremiah Digges,
Bowleg Bill

898 乔治 · 塞申斯 · 佩里
墙升起来了
George Sessions Perry,
Walls Rise Up

899 罗伯特 · 劳森
威尔默先生
Robert Lawson,
Mr. Wilmer

900 D.D.比彻姆
完整的一生和其他故事
D. D. Beauchamp,
The Full Life and Other Stories

901 维切尔·林赛
丹尼爵士和其他诗歌
Vachel Lindsay,
The Daniel Jazz and Other Poems

902 约翰·韦弗
我苦涩的一半和其他故事
John Weaver,
My Bitter Half and Other Stories

903 沃尔特·伯恩斯坦
低头
Walter Bernstein,
Keep Your Head Down

904 鲍里斯·索科洛夫医学博士
青霉素的故事
Boris Sokoloff, M.D.,
The Story of Penicillin

905 詹姆斯·诺曼·霍尔
失落的岛屿
James Norman Hall,
Lost Island

906 雷克斯·斯托克
尚未死绝
Rex Stout,
Not Quite Dead Enough

907 威尔·柯皮
了不起的巴斯塔德和其他人
Will Cuppy,
The Great Bustard and Other People

908 马克斯·布兰德
四大盗
Max Brand,
The Fighting Four

909 玛丽·雪莱
弗兰肯斯坦
Mary Shelley,
Frankenstein

910 罗伯特·方丹
快乐时光
Robert Fontaine,
The Happy Time

911 辛克莱·刘易斯
诱捕
Sinclair Lewis,
Mantrap

912 理查德·康奈尔
讽刺
Richard Connell,
Ironies

913 欧文·T.马什和爱德华·艾尔
1944年最佳体育新闻
Irving T. Marsh and Edward Ehre, eds.,
Best Sports Stories of 1944

914 克雷格·莱斯
幸运的家伙
Craig Rice,
The Lucky Stiff

915 厄尔·斯坦利·加德纳
金矿之谜
Erle Stanley Gardner,
The Case of the Golddigger's Purse

916 欧内斯特·海寇斯
峡谷航道
Ernest Haycox,
Canyon Passage

917 查尔斯·奥尔登·塞尔兹
开拓者部落
Charles Alden Seltzer,
The Trail Horde

918 克劳伦斯·E.马尔福德
特克斯
Clarence E. Mulford,
Tex

919 威廉姆·麦斯威尔
折叶
William Maxwell,
The Folded Leaf

920 罗伯特·戈芬
爵士乐
Robert Goffin,
Jazz

921 本·赫克特
对一个犯罪女人的关注和其他短篇故事
Ben Hecht,
Concerning a Woman of Sin and Other Stories

922 索恩·史密斯
门口的雨
Thorne Smith,
Rain in the Doorway

923 约瑟夫·谢尔林
彼尔迪阿姨
Joseph Shearing,
Aunt Beardie

924 克拉德·布里翁·戴维斯
利奥·麦奎尔的反叛
Clyde Brion Davis,
Rebellion of Leo McGuire

925 荷马
奥德赛(T.E.肖英译)
Homer,
The Odyssey (Trans. by T. E. Shaw)

926 奥尔德斯·赫胥黎
齐康达的微笑和其他故事
Aldous Huxley,
The Gioconda Smile and Other Stories

927 艾略特·保罗
魂断巴黎
Elliot Paul,
The Last Time I Saw Paris

928 休·沃波尔
勇气
Hugh Walpole,
Fortitude

929 乔治·R.斯图尔特
土地的名字
George R. Stewart,
Names on the Land

930 伦纳德·埃利希
上帝的愤怒的男人们
Leonard Ehrlich,
God's Angry Men

931 萨缪尔·霍普金斯·亚当斯
伍尔科特:他的生命和世界
Samuel Hopkins Adams,
A. Woollcott: His Life and His World

932 休·麦克伦南
两种孤独
Hugh MacLennan,
Two Solitudes

933 *床边故事*(皮特·阿诺导读)
The Bedside Tales
(*introduction by Peter Arno*)

934《*美国军队周刊*》精选
The Best from Yank, the Army Weekl

BB-系列

1945 年 12 月

935 诺曼·克拉斯纳
亲爱的罗丝
Norman Krasna,
Dear Ruth

936 乔(马基)·马登
建立起来
Joe (The Markee) Madden,
Set'Em Up!

937 鲁弗斯·金
致命的鸽子
Rufus King,
The Deadly Dove

938 弗朗西斯·拉塞尔·哈特
加勒比海军上将
Francis Russell Hart,
Admirals of the Caribbean

939 罗伯特·勃朗宁和伊丽莎白·巴雷特·勃朗宁
爱情诗选
Robert Browning and
Elizabeth Barrett Browning,
Love Poems

940 亚瑟·马晨
伟大的潘神和其他怪异的故事
Arthur Machen,
The Great God Pan and
Other Weird Stories

941 哈里·布朗
一等兵阿蒂·格林格罗因
Harry Brown,
Artie Greengroin, Pfc.

942 布鲁斯·马歇尔
世界、肉身和史密斯神父
Bruce Marshall,
The World, the Flesh, and Father Smith

943 薇拉·卡斯帕里
贝德莉亚
Vera Caspary,
Bedelia

944 欧·亨利
红酋长的赎金和其他故事
O. Henry,
The Ransom of Red Chief and Other Stories

945 厄斯金·考德威尔
上帝的一小亩
Erskine Caldwell,
God' s Little Acre

946 詹姆斯·坎恩
女人比男人更残忍
James Gunn,
Deadlier Than the Male

947 E.B.曼
科曼奇人的孩子
E. B. Mann,
Comanche Kid

948 玛丽安·德瑞文森选编
一笑而过
Marione Derrickson, ed.,
Laugh It Off

949 查尔斯·奥尔登·塞尔兹
懒鬼Y老板
Charles Alden Seltzer,
The Boss of the Lazy Y

950 弗朗西丝·洛克里奇和理查德·洛克里奇
宰鹅
Frances Lockridge and Richard Lockridge,
Killing the Goose

951 E.E.哈勒兰
草原猎枪
E. E. Halleran,
Prairie Guns

952 西奥多·奈迪斯
当心威利卡特
Theodore Naidish,
Watch Out for Willie Carter

953 索恩·史密斯
充满激情的女巫
Thorne Smith,
The Passionate Witch

954 邓萨尼勋爵
游击队
Lord Dunsany,
Guerrilla

955《纽约客》档案
The New Yorker Profiles

956 威廉·柯尔特·麦克唐纳德
弹药筒狂欢节
William Colt MacDonald,
Cartridge Carnival

957 罗纳德·柯克布里奇
风,轻轻地吹
Ronald Kirkbridge,
Winds, Blow Gently

958 H.G.威尔斯
众神的食物
H. G. Wells,
The Food of the Gods

959 埃德娜·费伯
好儿子
Edna Ferber,
Great Son

960 赫伯特·S.齐姆
火箭和喷气式飞机
Herbert S. Zim,
Rockets and Jets

961 菲尔·斯通
俄国的马尔塔
Phil Stong,
Marta of Muscovy

962 约翰·D.拉特克利夫选编
1945 年科学年鉴
John D. Ratcliff, ed.,
Science Yearbook of 1945

963 弗兰克·格拉汉姆
布鲁克林道奇队
Frank Graham,
The Brooklyn Dodgers

964 狄龙·莱普里
钱鸟的踪迹
Dillon Ripley,
Trail of the Money Bird

965 赫布·格拉菲斯选编
时尚先生的第一位体育读者
Herb Graffis, ed.,
Esquire's First Sports Reader

966 詹姆斯·希尔顿
似水恩情
James Hilton,
So Well Remembered

967 杰克·盖维尔和戴夫·斯坦利
空中的笑声
Jack Gaver and Dave Stanley,
There's Laughter in the Air!

968 老舍
骆驼祥子
Lau Shaw,
Rickshaw Boy

969 辛克莱·刘易斯
海棠春怨
Sinclair Lewis,
Cass Timberlane

970 詹姆斯・瑟伯
瑟伯狂欢节
James Thurber,
The Thurber Carnival

971 W.萨默塞特・毛姆
刀锋
W. Somerset Maugham,
The Razor's Edge

972 莉莲・史密斯
奇异的果实
Lillian Smith,
Strange Fruit

973 斯图尔特・科莱特
反对这三个
Stuart Cloete,
Against These Three

974 沃尔特・范・蒂尔伯格・克拉克
树叶颤动的城市
Walter Van Tilburg Clark,
The City of Trembling Leaves

CC-系列
1946 年 1 月

975 赫伯特・克莱德・刘易斯
绅士落水
Herbert Clyde Lewis,
Gentleman Overboard

976 斯蒂芬・里柯克
了不起的叔父和其他故事
Stephen Leacock,
My Remarkable Uncle and Other Sketches

977 保罗・科里
买下一英亩
Paul Corey,
Buy an Acre

978 C.B.F.麦考利
直升机来了
C. B. F. Macauley,
The Helicopters Are Coming

979 约翰・奥哈拉
医生的儿子和其他故事
John O'Hara,
The Doctor's Son and Other Stories

980 罗伯特・特兰博尔
银河鱼
Robert Trumbull,
Silversides

981 奥格登・纳什
我是这里的陌生人
Ogden Nash,
I'm a Stranger Here Myself

982 马克斯・布兰德
灰熊的搜寻
Max Brand,
Silvertip's Search

983 奥利弗·韦尔德·拜尔
以眼还眼
Oliver Weld Bayer,
An Eye for an Eye

984 G.K.切斯特顿
代号星期四
G. K. Chesterton,
The Man Who Was Thursday

985 阿奇·罗伯森
开往昨天的慢车
Archie Robertson,
Slow Train to Yesterday

986 欧文·克朗普
美国特勤处
Irving Crump,
Our United States Secret Service

987 查尔斯·奥尔登·塞尔兹
“博”兰德
Charles Alden Seltzer,
“Beau” Rand

988 理查德·鲍威尔
放下手枪
Richard Powell,
Lay That Pistol Down

989 威廉·麦克劳德·雷恩
谁愿永生
William MacLeod Raine,
Who Wants to Live Forever?

990 唐纳德·亨德森·克拉克
路易斯·贝雷蒂
Donald Henderson Clarke,
Louis Beretti

991 卡特·迪克森
青铜神灯的诅咒
Carter Dickson,
The Curse of the Bronze Lamp

992 斯韦尔·皮斯里·莱特选编
芝加哥杀人犯
Sewell Peaslee Wright, ed.,
Chicago Murders

993 斯坦利·弗兰克选编
体育增刊
Stanley Frank, ed.,
Sports Extra

994 约翰·厄金斯
特洛伊海伦秘闻
John Erskine,
The Private Life of Helen of Troy

995 弗朗西丝·克兰
紫水晶眼镜
Frances Crane,
The Amethyst Spectacles

996 C.S.福雷斯特
各就各位，准备战斗
C. S. Forester,
Beat to Quarters

997 赞恩·格雷
荒漠游侠

Zane Grey,
The Heritage of the Desert

998 约翰·霍金斯和沃德·霍金斯
魔鬼踪迹
John Hawkins and Ward Hawkins,
Devil on His Trail

999 本·吕西安·伯尔曼
鸡叫天明
Ben Lucien Burman,
Rooster Crows for Day

1000 保罗·爱德华·米勒选编
时尚先生的爵士书(1945)
Paul Eduard Miller, ed.,
Esquire's 1945 *Jazz Book*

1001 克拉克·麦克米金
黑月亮
Clark McMeekin,
Black Moon

1002 达雷尔·胡夫和弗朗西斯·胡夫
未来的二十种职业
Darrell Huff and Frances Huff,
Twenty Careers of Tomorrow

1003 埃齐康博·宾陈
丹·西克勒斯
Edgcumb Pinchon,
Dan Sickles

1004 贝拉米·帕特奇治
一月解冻
Bellamy Partridge,
January Thaw

1005 乔治·伯纳德·萧伯纳
武器与人和其他戏剧
George Bernard Shaw,
Arms and the Man and Two Other Plays

1006 拉斐尔·萨巴蒂尼
恶作剧的诞生
Rafael Sabatini,
The Birth of Mischief

1007 托马斯·贝尔
所有的新娘都是美丽的
Thomas Bell,
All Brides Are Beautiful

1008 乔治·拉塞尔·哈里森
原子运动
George Russell Harrison,
Atoms in Action

1009 A.J.克洛宁
青春岁月
A. J. Cronin,
The Green Years

1010 罗斯·麦克劳里·泰勒
座鞍和犁
Ross McLaury Taylor,
The Saddle and the Plow

1011 杰克·伦敦
杰克·伦敦短篇故事集

Jack London,
Best Short Stories of Jack London

1012 索菲亚·塔克
这段日子里的几天
Sophie Tucker,
Some of These Days

1013 托马斯·沃尔夫
时间与河流
Thomas Wolfe,
Of Time and the River

1014 肯尼思·罗伯茨
西北通道
Kenneth Roberts,
Northwest Passage

DD-系列
1946 年 2 月

1015 A.E.豪斯曼
豪斯曼诗选
A. E. Housman,
Selected Poems of A. E. Housman

1016 詹姆斯·瑟伯和 E.B.怀特
性是必需的么?
James Thurber and E. B. White,
Is Sex Necessary?

1017 弗雷德·拉塞尔
任何事我都将尝试两次
Fred Russell,
I'll Try Anything Twice

1018 约翰·保罗·安德鲁斯
私人飞机
John Paul Andrews,
Your Personal Plane

1019 S.J.佩雷尔曼和 Q.J.雷诺兹
休息室,疯人院和浴缸
S. J. Perelman and Q. J. Reynolds,
Parlor, Bedlam, and Bath

1020 托马斯·贝尔
直到我回来找你
Thomas Bell,
Till I Come Back to You

1021 W.C.塔特尔
大灰狼山丘的狼群
W. C. Tuttle,
The Wolf Pack of Lobo Butte

1022 布利斯·洛马克斯
生锈的枪
Bliss Lomax,
Rusty Guns

1023 维吉尔·汤姆森
音乐之国
Virgil Thomson,
The State of Music

1024 马克·范·多伦
自由的教育
Mark Van Doren,
Liberal Education

1025 克拉伦斯·巴丁顿·柯兰多

梦境
Clarence Budington Kelland,
Dreamland

1026 弗朗西斯·波纳米
国王死在王后街上
Francis Bonnamy,
The King Is Dead on Queen Street

1027 厄尔·申克·米尔斯
大本钟
Earl Schenck Miers,
Big Ben

1028 T.S.斯特里布林
红沙
T. S. Stribling,
Red Sand

1029 乔治·普莱斯
这是我们认识的东西吗?
George Price,
Is It Anyone We Know?

1030 查尔斯·奥尔登·塞尔兹
“拖拽”哈伦
Charles Alden Seltzer,
"Drag" Harlan

1031 尼古拉斯·布莱克
雪人中的尸体
Nicholas Blake,
The Corpse in the Snowman

1032 道格拉斯·E.勒顿
充分发掘你的人生价值
Douglas E. Lurton,
Make the Most of Your Life

1033 以斯帖·福布斯
啊! 文雅的女士
Esther Forbes,
O Genteel Lady!

1034 海伦·麦克洛伊
恐慌
Helen McCloy,
Panic

1035 阿尔弗雷多·赛格雷
桃花心木
Alfredo Segre,
Mahogany

1036 尤金·坎宁安
牧童
Eugene Cunningham,
Buckaroo

1037 阿奇·沃德
弗兰克·莱希和战斗中的爱尔兰人
Arch Ward,
Frank Leahy and the Fighting Irish

1038 曼宁·柯尔斯
他们并未搬弄是非
Manning Coles,
They Tell No Tales

1039 厄尔·斯坦利·加德纳
梦游杀人案
Erle Stanley Gardner,

The Case of the Half-Wakened Wife

1040 约翰·F.恩布里
日本民族
John F. Embree,
The Japanese Nation

1041 查尔斯·杰克逊
失去的周末
Charles Jackson,
The Lost Weekend

1042 约翰·拉塞尔
约翰·拉塞尔短篇故事
John Russell,
Selected Short Stories of John Russell

1043 F.斯科特·菲茨杰拉德
像丽思饭店那样大的钻石和其他故事
F. Scott Fitzgerald,
The Diamond as Big as the Ritz and Other Stories

1044 哈兰德·曼切斯特
机器新世界
Harland Manchester,
New World of Machines

1045 乔治·R.斯图尔特
暴风雪
George R. Stewart,
Storm

1046 贡德拉·德·庞森
卡布鲁纳
Gontran de Poncins,
Kabloona

1047 约瑟芬·宾奇
三点钟的晚餐
Josephine Pinckey,
Three O' Clock Dinner

1048 马格丽特·阿姆斯特朗
特里劳妮
Margaret Armstrong,
Trelawny

1049 艾丽斯·蒂斯代尔·霍芭特
中国灯油
Alice Tisdale Hobart,
Oil for the Lamps of China

1050 贝内特·瑟夫选编
现代美国短篇故事集
Bennett Cerf, ed.,
Modern American Short Storie

1051 D.B.斯坦曼
大桥建筑者
D. B. Steinman,
The Builders of the Bridge

1052 乔治·F.威利森
圣徒和陌生人
George F. Willison,
Saints and Strangers

1053 詹姆斯·拉姆塞·乌尔曼
白塔
James Ramsey Ullman,

The White Tower

1054 A.J.克洛宁
星光照耀
A. J. Cronin,
The Stars Look Down

EE-系列
1946 年 3 月

1055 埃德蒙·吉利根
猎人的月亮和其他故事
Edmund Gilligan,
Hunter's Moon and Other Stories

1056 罗伯特·赫里克
罗伯特·赫里克情诗集
Robert Herrick,
The Love Poems of Robert Herrick

1057 科妮莉亚·奥蒂斯·斯金纳
请原谅
Cornelia Otis Skinner,
Excuse It, Please!

1058 詹姆斯·M.凯恩
邮差总按两次铃
James M. Cain,
The Postman Always Rings Twice

1059 大卫·埃文
乔治·格什温的故事
David Ewen,
The Story of George Gershwin

1060 休·格雷和莉莲·R.里伯
数学与你
Hugh Gray and Lillian R. Lieber,
The Education of T. C. Mits

1061 莎莉·卡莉哈
在甲壳虫石上的一天
Sally Carrighar,
One Day on Beetle Rock

1062 尼古拉斯·卡拉什尼科夫
跳跃者
Nicolas Kalashnikoff,
Jumper

1063 大卫·迪茨
即将到来的原子能时代
David Dietz,
Atomic Energy in the Coming Era

1064 乔治·S.布鲁克斯
阻止那个新娘和其他故事
George S. Brooks,
Block That Bride and Other Stories

1065 詹姆斯·奥利弗·科尔伍德
猛犬喀山
James Oliver Curwood,
Kazan

1066 *逍遥法外的《纽约客》记者*
The New Yorker Reporter at Large

1067 乔治·塞申斯·佩里
抓住秋天
George Sessions Perry,
Hold Autumn in Your Hand

1068 约翰 · J.弗拉厄提
联邦调查局内幕
John J. Floherty,
Inside the F.B.I.

1069 卡特 · 迪克森
怪奇案件受理处
Carter Dickson,
The Department of Queer Complaints

1070 桃乐丝 · 卡鲁索
恩里克 · 卡鲁索
Dorothy Caruso,
Enrico Caruso

1071 查尔斯 · 奥尔登 · 塞尔兹
杰弗逊 · 高恩的复仇
Charles Alden Seltzer,
The Vengeance of Jefferson Gawne

1072 克拉伦斯 · E.马尔福德
20 号酒吧的男人
Clarence E. Mulford,
The Man from Bar-20

1073 詹姆斯 · B.亨德里克斯
半日溪的黄金和武器
James B. Hendryx,
Gold and Guns on Halfaday Creek

1074 克雷格 · 莱斯
星期天的鸽子谋杀案
Craig Rice,
The Sunday Pigeon Murders

1075 赫伯特 · 福特内尔
凶杀掌控了一切
Hulbert Footner,
The Murder That Had Everything

1076 R.N.林斯科特
喜剧的宽慰
R. N. Linscott,
Comic Relief

1077 路易斯 · 狄金森 · 里奇
我们带入森林中
Louise Dickinson Rich,
We Took to the Woods

1078 达尔文 · L.特尔赫特
我的真爱
Darwin L. Teilhet,
My True Love

1079 卡罗尔 · 莱恩 · 芬顿和米尔德利德 · 亚当斯 · 芬顿
优秀地质学家的故事
Carroll Lane Fenton and
Mildred Adams Fenton,
The Story of the Great Geologists

1080 列夫 · 托尔斯泰
托尔斯泰故事
Leo Tolstoy,
Tales by Tolstoy

1081 威廉 · G.坎贝尔和詹姆斯 · H.贝德福德
你和你未来的工作
William G. Campbell and
James H. Bedford,

You and Your Future Job

1082 托马斯 · B.柯斯坦
黑玫瑰
Thomas B. Costain,
The Black Rose

FF-系列
1946 年 4 月

1083 沃尔特 · 塔利
棒球记录员
Walt Tulley
Baseball Recorder

1084 约翰 · P.马昆德
轻率的后悔
John P. Marquand,
Repent in Haste

1085 劳伦斯 · 拉里亚尔选编
1945 年度最佳动漫
Lawrence Lariar, ed.,
Best Cartoons of the Year 1945

1086 J.斯托特 · 克劳斯顿
狂欢的疯子
J. Storer Clouston,
The Lunatic at Large

1087 乔治 · 盖莫
地球档案
George Gamow,
Biography of the Earth

1088 罗伊 · 哈金斯
双份收入
Roy Huggins,
The Double Take

1089 拉德 · 海斯特
如果有可能
Ladd Haystead,
If the Prospect Pleases

1090 罗伯特 · S.德沃斯特
直走,放置,然后展览
Robert S. Dowst,
Straight, Place and Show

1091 H.G.威尔斯
世界大战
H. G. Wells,
The War of the Worlds

1092 弗朗西丝 · 华莱士
长胜拳王
Francis Wallace,
Kid Galahad

1093 弗朗西丝 · 洛克里奇和理查德 · 洛克里奇
过道上的死亡
Frances Lockridge and
Richard Lockridge,
Death on the Aisle

1094 欧内斯特 · 海寇斯
星光骑士
Ernest Haycox,
Starlight Rider

1095 大卫·B.格林伯格和亨利·辛朵尔
独立小杂货店
David B. Greenberg and Henry Schindall,
A Small Store and Independence

1096 本·吕西安·伯尔曼
环绕弯道的蒸汽船
Ben Lucien Burman,
Steamboat Round the Bend

1097 贝纳德·肯德里克
失控
Baynard Kendrick,
Out of Control

1098 劳伦斯·崔特
如同牺牲者的 V
Lawrence Treat,
V as in Victim

1099 约瑟夫·康拉德
台风,走投无路
Joseph Conrad,
Typhoon and The End of the Tether

1100 贝蒂·麦克当娜
鸡蛋和我
Betty MacDonald,
The Egg and I

1101 查尔斯·奥尔登·塞尔兹
牧场工人
Charles Alden Seltzer,
The Ranchman

1102 哈里·C.布彻
我和艾森豪威尔一起的三年
Captain Harry C. Butcher, U.S.N.R.,
My Three Years with Eisenhower

1103 迪姆斯·泰勒
好脾气的倾听者
Deems Taylor,
The Well-Tempered Listener

1104 南茜·布拉夫
海牛
Nancy Bruff,
The Manatee

1105 约翰·F.沃顿
谋生理论与实践
John F. Wharton,
The Theory and Practice of Earning a Living

1106 克雷格·莱斯
大侏儒杀人案
Craig Rice,
The Big Midget Murders

1107 赞恩·格雷
边防军
Zane Grey,
The Border Legion

1108 沃尔特·诺布尔·伯恩斯
比利小子传奇
Walter Noble Burns,
The Saga of Billy the Kid

1109 道格拉斯·韦尔奇
迪格比先生
Douglass Welch,
Mr. Digby

1110 理查德·C.吉尔
白水河黑魔法
Richard C. Gill,
White Water and Black Magic

1111 埃德娜·费伯
萨拉托加树干
Edna Ferber,
Saratoga Trunk

1112 小奥林·邓普拉
科学频道的100位听众
Orrin E. Dunlap Jr.,
Radio's 100 Men of Science

1113 康士坦丁·西蒙诺夫
日与夜
Konstantine Simonov,
Days and Nights

1114 史蒂芬·文森特·贝尼特
约翰·布朗的身体
Stephen Vincent Benét,
John Brown's Body

GG-系列
1946年5月

1115 克里斯托弗·伊舍伍德
紫罗兰姑娘
Christopher Isherwood,
Prater Violet

1116 伦纳德·桑索中士
狼
Sgt. Leonard Sansone,
The Wolf

1117 H.弗农·迪克森
像个美国人一样过来和其他故事
H. Vernor Dixon,
Come In Like a Yankee and Other Stories

1118 马格雷·米勒
乔·路易斯:美国人
Margery Miller,
Joe Louis: American

1119 马克斯·舒尔曼
斑马德比
Max Shulman,
The Zebra Derby

1120 亨利·G.拉蒙德
野狗:一个亡命之徒的故事
Henry G. Lamond,
Dingo

1121 詹姆斯·斯蒂芬斯
金坛子
James Stephens,
The Crock of Gold

1122 卡尔·桑德堡
卡尔·桑德堡诗选

Carl Sandburg,
Selected Poems of Carl Sandburg

1123 凯瑟琳·摩尔·奈特
七个陌生人的港口
Kathleen Moore Knight,
Port of Seven Strangers

1124 马丁·约翰逊
野生动物园
Martin Johnson,
Safari

1125 格雷思·扎尔铃·斯通(埃塞尔·文斯)
阎将军的苦茶
Grace Zaring Stone (Ethel Vance),
The Bitter Tea of General Yen

1126 卡尔·克劳
伟大的美国客户
Carl Crow,
The Great American Customer

1127 巴里·本菲尔德
英勇是给嘉莉的赞美
Barry Benefield,
Valiant Is the Word for Carrie

1128 约翰·P.卡尔迈克
我打棒球最美好的一天
John P. Carmichael,
My Greatest Day in Baseball

1129 威廉·麦克劳德·雷恩
肥硕的胆量
William MacLeod Raine,
Courage Stout

1130 W·巴贝尔和R.斯查贝利特兹
套锁被画出来了
W. Barber and R. Schabelitz,
The Noose Is Drawn

1131 厄尔·斯坦利·加德纳
金发黑眼女郎案件
Erle Stanley Gardner,
The Case of the Black-Eyed Blonde

1132 H.艾伦·史密斯
迷失在无风地带
H. Allen Smith,
Lost in the Horse Latitudes

1133 马克斯·布兰德
被猎杀的骑手
Max Brand,
Hunted Riders

1134 沃尔特·范·蒂尔伯格·克拉克
龙城风云
Walter Van Tilburg Clark,
The Ox-Bow Incident

1135 福布斯·帕克希尔
西部骑兵
Forbes Parkhill,
Troopers West

1136 乔治·哈蒙·考克斯
海湾的女人

George Harmon Coxe,
Woman at Bay

1137 埃德・菲茨杰拉德选编
讲给男人的故事
Ed Fitzgerald, ed.,
Tales for Males

1138 罗伯特・斯坦迪什
小将军
Robert Standish,
The Small General

1139 伊万・T.桑德森
加勒比宝藏
Ivan T. Sanderson,
Caribbean Treasure

1140 诺曼・V.卡莱尔和弗兰克・B.莱瑟姆
将来的奇迹
Norman V. Carlisle and
Frank B. Latham,
Miracles Ahead

1141 克拉伦斯・E.马尔福德
20号酒吧的第三天
Clarence E. Mulford,
The Bar-20 Three

1142 马克・范・多伦
莎士比亚
Mark Van Doren,
Shakespeare

1143 李・R.施泰纳
人们的麻烦来自何处?
Lee R.Steiner,
Where Do People Take Their Troubles?

1144 马奎斯・詹姆斯
切诺基船
Marquis James,
The Cherokee Ship

1145 克里斯蒂娜・斯特德和威廉姆・布莱克
恋爱的摩登女郎
Christina Stead and William Blake, eds.,
Modern Women in Love

1146 威尔伯・丹尼尔・斯蒂尔
孟菲斯来的女孩
Wilbur Daniel Steele,
That Girl from Memphis

HH-系列
1946年6月

1147 约翰・奥哈拉
好友乔伊
John O' Hara,
Pal Joey

1148 乔尔・塞尔
雷克蒂・雷克斯
Joel Sayre,
Rackety Rax

1149 乔治・帕帕希维勒和海伦・帕

帕希维勒
一切皆有可能
George Papashvily
and Helen Papashvily,
Anything Can Happen

1150 大卫·埃文
流行音乐人
David Ewen,
Men of Popular Music

1151 奥格登·纳什
许多年前
Ogden Nash,
Many Long Years Ago

1152 格雷思·扎尔铃·斯通(埃塞尔·文斯)
冬季会议
Grace Zaring Stone (Ethel Vance),
Winter Meeting

1153 M.M.穆塞尔曼
他脑内的轮子
M. M. Musselman,
Wheels in His Head

1154 皮特·菲尔德
线索的终结
Peter Field,
The End of the Trail

1155–马格丽特·舍夫
地下室里的猫头鹰
Margaret Scherf,
The Owl in the Cellar

1156 *黑暗之船与《纽约客》文选*
The Dark Ship and
Other Selections from the New Yorker

1157 克莱德·费舍
月亮的故事
Clyde Fisher,
The Story of the Moon

1158 W.H.B.肯特
娇嫩的脚
W. H. B. Kent,
The Tenderfoot

1159 拉塞尔·马洛尼
还是马洛尼
Russell Maloney,
It's Still Maloney

1160 罗伊·查普曼·安德鲁斯
与你的祖先见面
Roy Chapman Andrews,
Meet Your Ancestors

1161 W.R.伯内特
明天是全新的一天
W. R. Burnett,
Tomorrow's Another Day

1162 弗朗西丝·洛克里奇和理查德·洛克里奇
连环谋杀案
Frances Lockridge
and Richard Lockridge,
Murder within Murder

1163 汤姆·吉尔
星光流逝
Tom Gill,
Starlight Pass

1164 欧内斯特·海寇斯
小镇之旅
Ernest Haycox,
Trail Town

1165 杰弗里·豪斯霍尔德
皮斯克·贾巴尔的救赎和其他故事
Geoffrey Household,
The Salvation of Pisco Gabar and Other Stories

1166 帕特里夏·温特沃思
她回来了
Patricia Wentworth,
She Came Back

1167 沃尔特·S.兰迪斯
您卑微的仆人
Walter S. Landis,
Your Servant the Molecule

1168 爱德华·埃尔斯伯格
宝藏之下
Commander Edward Ellsberg,
Treasure Below

1169 威廉·斯隆
流水边缘
William Sloane,
The Edge of Running Water

1170 弗兰克·格拉汉姆
纽约的美国人
Frank Graham,
The New York Yankees

1171 哈罗德·哈特选编
高级玩意儿
Harold Hart, ed.,
Top Stuff

1172 J.罗伊·斯托克顿
煤气厂帮派
J. Roy Stockton,
The Gashouse Gang

1173 威廉·爱尔希
我不会在你的鞋里
William Irish,
I Wouldn't Be in Your Shoes

1174 皮特·W.雷尼尔
绿火
Peter W. Rainier,
Green Fire

1175 B.D.泽文选编
科布的车队
B. D. Zevin, ed.,
Cobb's Cavalcade

1176 达夫妮·杜穆里埃
征西大将军
Daphne du Maurier,
The King's General

1177 埃里希·玛丽亚·雷马克

凯旋门
Erich Maria Remarque,
Arch of Triumph

1178 杰克·古德曼选编
你离开的时候
Jack Goodman, ed.,
While You Were Gone

从 II-系列开始,军供版图书被更小批次地印刷,供给军队

II-系列

1946 年 7 月

1179 恩尼·派尔
最后一章
Ernie Pyle,
Last Chapter

1180 约翰·麦克纳尔蒂
纽约第三大街
John McNulty,
Third Avenue, New York

1181 皮特·费尔德
被踩躏的地区
Peter Field,
Ravaged Range

1182 戈尔·维达尔
维利沃
Gore Vidal,
Williwaw

1183 威尔·厄尔曼
马背上的歹徒
Will Ermine,
Outlaw on Horseback

1184 卢克·肖特
法医克里克
Luke Short,
Coroner Creek

1185 桃乐茜·麦卡德尔
意外
Dorothy Macardle,
The Unforeseen

1186 露西·克瑞斯
杀死乔治
Lucy Cores,
Let's Kill George

1187 C.S.福雷斯特
霍恩布洛尔大人
C. S. Forester,
Lord Hornblower

1188 爱丽丝·坎贝尔
屏息以待
Alice Campbell,
With Bated Breath

1189 吉恩·福勒
独奏的手鼓
Gene Fowler,
A Solo in Tom-Toms

1190 本·希布斯选编

《星期六晚邮报》1942—1945 年作品选
Ben Hibbs, ed.,
The Saturday Evening Post Stories, 1942-1945

JJ-系列
1946 年 8 月

1191 李 · 凯西选编
丹佛谋杀案
Lee Casey, ed.,
Denver Murders

1192 柯蒂斯 · 毕晓普
怀俄明州之路
Curtis Bishop,
By Way of Wyoming

1193 弗兰克 · 沙利文
藏在每一个雪球中的石头
Frank Sullivan,
A Rock in Every Snowball

1194 乔纳森 · 斯塔格
古老而甜美的死亡之歌
Jonathan Stagge,
Death's Old Sweet Song

1195 雷克斯 · 比奇
声威振九州
Rex Beach,
The World in His Arms

1196 威廉 · 麦克劳德 · 雷恩
马蹄声嗒嗒
William MacLeod Raine,
Clattering Hoofs

1197 沃伦 · 布朗
芝加哥的年轻人
Warren Brown,
The Chicago Cubs

1198 吉姆 · 科贝特
库毛恩的食人者
Jim Corbett,
Man-Eater of Kumaon

1199 斯坦利 · 维斯塔
吉姆 · 布里杰
Stanley Vestal,
Jim Bridger

1200 欧内斯特 · K.甘恩
正午光辉
Ernest K. Gann,
Blaze of Noon

1201 罗伯特 · 佩恩 · 沃伦
国王的人马
Robert Penn Warren,
All the King's Men

1202 薇拉 · 吉布斯
告诉你儿子
Willa Gibbs,
Tell Your Sons

KK-系列
1946 年 9 月

1203 托马斯·赫根
罗伯茨先生
Thomas Heggen,
Mister Roberts

1204 亚瑟·桑普森
足球教练
Arthur Sampson,
Football Coach

1205 理查德·塞尔
义演
Richard Sale,
Benefit Performance

1206 E.E.哈勒兰
双十字线索
E. E. Halleran,
Double Cross Trail

1207 厄尔·威尔逊
派克思·皮克或者巴斯特
Earl Wilson,
Pikes Peek or Bust

1208 威廉·柯尔特·麦克唐纳德
雷鸟踪迹
William Colt MacDonald,
Thunderbird Trail

1209 维拉·卡斯巴里
比真相更奇怪
Vera Caspary,
Stranger Than Truth

1210 乔治·泰伯里
站在左边的人
George Tabori,
Companions of the Left Hand

1211 玛丽·奥哈拉
怀俄明州的绿草地
Mary O'Hara,
Green Grass of Wyoming

1212 西奥多拉·C.斯坦威尔·弗莱彻
浮木谷
Theodora C. Stanwell-Fletcher,
Driftwood Valley

1213 威尔伯·丹尼尔·斯蒂尔
威尔伯·丹尼尔·斯蒂尔最佳故事集
Wilbur Daniel Steele,
The Best Stories of Wilbur Daniel Steele

1214 爱德华·埃尔斯伯格
红海的阳光下
Commander Edward Ellsberg,
Under the Red Sea Sun

LL-系列
1946 年 10 月

1215 肯尼思·费尔林
巨形钟

Kenneth Fearing,
The Big Clock

1216 马克斯·布兰德
山地骑手
Max Brand,
Mountain Riders

1217 帕克·弗兰克
亚当先生
Pat Frank,
Mr. Adam

1218 厄尔·斯坦利·加德纳
黑发租借案
Erle Stanley Gardner,
The Case of the Borrowed Brunette

1219 克里斯托夫·拉·法奇
突然到来的访客
Christopher La Farge,
The Sudden Guest

1220 皮得·弗雷兴
白人
Peter Freuchen,
White Man

1221 乔纳森·丹尼尔斯
波多马克河的边界
Jonathan Daniels,
Frontier on the Potomac

1222 斯托克·雷克斯
沉默的演讲者
Stout Rex,
The Silent Speaker

1223 约瑟夫·A.马戈里斯选编
奇幻故事集
Joseph A. Margolies, ed.,
Strange and Fantastic Stories

1224 奥德尔·谢巴德和威拉德·谢巴德
坚守的盖恩斯
Odell Shepard and Willard Shepard,
Holdfast Gaines

1225 约翰·P.马昆德
B.F.的女儿
John P. Marquand,
B.F.'s Daughter

1226 约翰·詹宁斯
塞勒姆护卫舰
John Jennings,
The Salem Frigate

MM-系列
1946 年 11 月

1227 拉尔夫·G.马丁
内布拉加斯来的男孩
Ralph G. Martin,
Boy from Nebraska

1228 大卫·斯特恩
弗朗西斯
David Stern,
Francis

1229-威利斯·乔治
秘密闯入
Willis George,
Surreptitious Entry

1230 詹姆斯·B.亨德里克斯
北方的勇气
James B. Hendryx,
Courage of the North

1231 弗朗西丝·洛克里奇和理查德·洛克里奇
高大男人的死亡
Frances Lockridge and
Richard Lockridge,
Death of a Tall Man

1232 约翰·斯坦贝克
蹄笑姻缘路
John Steinbeck,
The Wayward Bus

1233 麦金雷·坎特
天亮了,你看
MacKinlay Kantor,
But Look, the Morn

1234 范·威克·马森
西贡的歌手
Van Wyck Mason,
Saigon Singer

1235 弗莱德·吉普森
传说中的皇帝
Fred Gipson,
Fabulous Empire

1236 弗兰克·沃特斯
科罗拉多
Frank Waters,
The Colorado

1237 爱德华·安斯沃斯(爱德华·M.)
老鹰西飞
Ed Ainsworth (Edward M.),
Eagles Fly West

1238 英格丽斯·弗莱彻
勇敢者的辛劳
Inglis Fletcher,
Toil of the Brave

NN-系列
1946 年 12 月

1239-小雷斯·萨维奇
布拉撒达的宝藏
Les Savage Jr.,
Treasure of the Brasada

1240 汤姆·维斯特
六枪对决
Tom West,
Six Gun Showdown

1241 海伦·雷利
银豹
Helen Reilly,
The Silver Leopard

1242 卢瑟·怀特曼

蚌的脸
Luther Whiteman,
The Face of the Clam

1243 威廉·威斯特·海恩斯
指挥官的决定
William Wister Haines,
Command Decision

1244 亚瑟·亨利·古登
阴暗的小路
Arthur Henry Gooden,
The Shadowed Trail

1245 卑尔根·埃文斯
荒唐的自然史
Bergen Evans,
The Natural History of Nonsense

1246 卡特·迪克森
我的前妻们
Carter Dickson,
My Late Wives

1247 米尔德里德·沃克
采石场
Mildred Walker,
The Quarry

1248 詹姆斯·米切纳
南太平洋的传说
James A. Michener,
Tales of the South Pacific

1249 霍尔格·卡西尔
向南看北极星
Holger Cahill,
Look South to the Polar Star

1250 埃里克·塞瓦雷德
没有非分之想
Eric Sevareid,
Not So Wild a Dream

OO-系列
1947 年 1 月

1251 纳尔逊·C.奈
图巴克的理发师
Nelson C. Nye,
The Barber of Tubac

1252 戴纳·法拉拉
华丽的倒钩
Dana Faralla,
The Magnificent Barb

1253 弗雷德·菲尔德坎普选编
给男人的混合物
Fred Feldkamp, ed.,
Mixture for Men

1254 韦恩·D.奥弗霍尔泽
牧童准则
Wayne D. Overholser,
Buckaroo's Code

1255 帕特·马克吉尔
选择你的受害人
Pat McGerr,
Pick Your Victim

1256 迈克尔·布兰克福
寡妇制造者
Michael Blankfort,
The Widow-Makers

1257 埃文·埃文斯
边境盗匪
Evan Evans,
The Border Bandit

1258 威廉姆·吉尔摩·贝默
午夜中间
William Gilmore Beymer,
The Middle of Midnight

1259 克莱德·布里昂·戴维斯
杰里米·贝尔
Clyde Brion Davis,
Jeremy Bell

1260 弗雷德里克·G.利布
底特律老虎队
Frederick G. Lieb,
The Detroit Tigers

1261 加兰·洛克
醒来的红巫婆
Garland Roark,
Wake of the Red Witch

1262 保罗·I.威尔曼
杰里科的墙
Paul I. Wellman,
The Walls of Jericho

PP-系列
1947 年 2 月

1263 马克斯·布兰德
男人消失的山谷
Max Brand,
Valley of Vanishing Men

1264 皮特·费尔德
赌徒的金子
Peter Field,
Gambler's Gold

1265 赫尔曼·沃克
黎明的极光
Herman Wouk,
Aurora Dawn

1266 戈登·梅里克
妓女风
Gordon Merrick,
The Strumpet Wind

1267 欧内斯特·海寇斯
漫长的风暴
Ernest Haycox,
Long Storm

1268 劳拉·Z.霍布森
君子协定
Laura Z. Hobson,
Gentleman's Agreement

1269 奈欧·马许
最后一幕
Ngaio Marsh,

Final Curtain

1270 希尔达·劳伦斯
玩偶的死亡
Hilda Lawrence,
Death of a Doll

1271 弗雷德里克·G.利布
波士顿红袜队
Frederick G. Lieb,
The Boston Red Sox

1272 马克斯·马努斯
30岁之前的9种生活
Max Manus,
9 *Lives Before Thirty*

1273 埃利奥特·阿诺德
亲兄弟
Elliot Arnold,
Blood Brother

1274 大卫·L.科恩
故事是这样的
David L. Cohn,
This Is the Story

QQ-系列
1947年3月

1275 柯蒂斯·毕晓普
阴影地带
Curtis Bishop,
Shadow Range

1276 安东尼·索恩
告别集市
Anthony Thorne,
So Long at the Fair

1277 马克·雷顿
银马刺
Mark Layton,
Silver Spurs

1278 爱德华·A.赫伦
阿拉斯加:明日的土地
Edward A. Herron,
Alaska: Land of Tomorrow

1279 曼宁·科尔斯
欺骗的意图
Manning Coles,
With Intent to Deceive

1280 约翰·迪克森·卡尔
沉睡的斯芬克斯
John Dickson Carr,
The Sleeping Sphinx

1281 罗伯特·斯坦迪什
安隆先生
Robert Standish,
Mr. On Loong

1282 马格丽特·艾森
油管清扫器
Marguerite Eyssen,
Go-Devil

1283 雪莉·格雷厄姆
曾经有一个奴隶

Shirley Graham,
There Was Once a Slave

1284 C.W.格拉夫顿
我叫克里斯托弗·内格尔
C. W. Grafton,
My Name Is Christopher Nagel

1285 约翰·迈尔斯·迈尔斯
野性亚祖河
John Myers Myers,
The Wild Yazoo

1286 伊夫林·威尔斯
杰德·布莱恩的女人
Evelyn Wells,
Jed Blaine's Woman

RR-系列
1947 年 4 月

1288 布利斯·洛马克斯
一缕灰尘
Bliss Lomax,
Trail Dust

1289 大卫·道奇
格林怎么成了我父亲
David Dodge,
How Green Was My Father

1290 威尔·厄尔曼
流浪的孩子
Will Ermine,
The Drifting Kid

1291 帕特里克·昆汀
朝圣者的拼图
Patrick Quentin,
Puzzle for Pilgrims

1292 凯利·鲁斯
一线机会
Kelley Roos,
Ghost of a Chance

1293 理查德·洛克里奇和弗朗西丝·洛克里奇
思考死亡
Richard Lockridge and Frances Lockridge,
Think of Death

1294 赞恩·格雷
野马谷
Zane Grey,
Valley of Wild Horses

1295 本尼迪克特·弗里德曼和南茜·弗里德曼
麦克夫人
Benedict Freedman and Nancy Freedman,
Mrs. Mike

1296 安玛丽·尤因
小盖特
Annemarie Ewing,
Little Gate

1297 小 A.B.格里斯
烽火弥天

A. B. Guthrie Jr.,
The Big Sky

1298 雷蒙德·T.邦德选编
密码的著名故事
Raymond T. Bond, ed.,
Famous Stories of Code & Cipher

SS-系列
1947 年 5 月

1299 艾伦·R.博斯沃斯
挂和响
Allan R. Bosworth,
Hang and Rattle

1300 皮特·费尔德
通往针头岩的小道
Peter Field,
Trail from Needle Rock

1301 乔治·米尔本
弗兰尼根的愚蠢
George Milburn,
Flannigan's Folly

1302 厄尔·斯坦利·加德纳
风舞者的马案件
Erle Stanley Gardner,
The Case of the Fan-Dancer's Horse

1303 弗朗西斯·鲁弗斯·贝拉米
血钱
Francis Rufus Bellamy,
Blood Money

1304 威廉·柯尔特·麦克唐纳德
梅萨德主人
William Colt MacDonald,
Master of the Mesa

1305 亚瑟·拉弗里奇
明天是假期
Arthur Loveridge,
Tomorrow's a Holiday

1306 约翰·詹宁斯
波士顿:自由的摇篮
John Jennings,
Boston: Cradle of Liberty

1307 迈克尔·利
弗罗伊斯特同志
Michael Leigh,
Comrade Forest

1308 罗伯特·麦克劳克林
天使的一边
Robert McLaughlin,
The Side of the Angels

1309 赫伯特·克劳斯
打谷者
Herbert Krause,
The Thresher

1310 伊德沃尔·琼斯
朱红色
Idwal Jones,
Vermilion

TT-系列

1947 年 6 月

1311 马克斯・布兰德
错误的骑手
Max Brand,
The False Rider

1312 凯瑟琳・摩尔・奈特
塔斯科的蓝马
Kathleen Moore Knight,
The Blue Horse of Taxco

1313 克雷格・赖斯选编
洛杉矶谋杀
Craig Rice, ed.,
Los Angeles Murders

1314 埃利奥特・梅里
擦肩而过
Elliot Merrick,
Passing By

1315 理查德・菲尼克斯
回家路上
Richard Phenix,
On My Way Home

1316 鲍勃・费勒
三振的故事
Bob Feller,
Strikeout Story

1317 巴德・舒尔贝格
无冕霸王
Budd Schulberg,
The Harder They Fall

1318 查尔斯・E.吉尔汉姆
新建的北方
Charles E. Gillham,
Raw North

1319 娜塔莉・安德森・斯科特
墨菲小姐的故事
Natalie Anderson Scott,
The Story of Mrs. Murphy

1320 托马斯・B.科斯坦
金融家
Thomas B. Costain, The
Moneyman

1321 塞缪尔・谢拉巴格
狐狸王子
Samuel Shellabarger,
Prince of Foxes

1322 恩尼・派尔
祖国
Ernie Pyle,
Home Country

军供版图书在 2002—2003 年重出江湖，安德鲁·卡罗尔德遗产计划将 7 种共计 100,000 册的图书分发给美国在全球各地服役的军队。这些现代版的军供版图书与 20 世纪 40 年代的那批在规格和外观上是一致的。

艾伦·迈凯莱恩
荣誉勋章
Allen Mikaelian,
Medal of Honor

威廉·莎士比亚
亨利五世
William Shakespeare,
Henry V

孙子
孙子兵法
Sun Tzu,
The Art of War

安德鲁·卡罗尔选编
战火中的家书
Andrew Carroll, ed.,
War Letters

克里斯托夫·巴克利
扭曲的马丁尼
Christopher Buckley,
Wry Martinis

约翰·A.盖布尔博士
竞技场中的男人
Dr. John A. Gable, ed.,
The Man in the Arena

杰拉尔丁·麦考琳
一千零一夜
Geraldine McCaughrean,
One Thousand and One Arabian Nights

译后记

第二次世界大战中
美国开辟的精神战场

文字,或文字的突出表现形式"书",是人民创造的,并为人民的解放、人民的精神自由服务。

书籍是人类精神的载体,是人类追求解放的武器。但是,自从人类创造了书籍以来,上层建筑便把它作为特殊的精神产品据为己有,对它的控制一直没有停止过。书籍一度只在上流社会,或过去的达官、贵族的小圈子里流传。统治阶层利用书籍去控制人民、奴役人民。人民创造了书这种精神载体,不幸的是,书常常成了统治者用来限制人民的枷锁。

书是精神通往自由的康庄大道。暴君们不喜欢人民拥有书,不喜欢人民按照自己的愿望读书,他们害怕人民获得精神的自由。统治者想方设法破坏这条通往自由的大道,破坏这条通往自由之道的极端方式便是焚书。

统治者销毁他们不喜欢的书,规定人民读统治者喜欢的书,达到“以愚黔首”,利于统治的目的,这便是中国古代焚书的原因。中国古代有史可查的焚书事件发生在秦始皇统治时,也许这并非秦始皇的首创,只是他的焚书举动是最早有史可查的,以后历代都有焚书的事情发生,焚书的理由跟秦始皇焚书差不多。

在此还特别值得提出来的是,古代暴君焚书,是世界性的现象。比如,今天我们读到的先秦古籍,是秦始皇焚书坑儒后重新发掘整理出来的。无独有偶,我们今天读到的犹太人的经典《旧约》也同样经历过焚书的劫难,因此,在《旧约》史上也有“壁中书”的记载。

从中西方书籍的历史看,暴君焚书,实际上是最愚蠢的行为。书一旦写出来,它便“不翼而飞”,四处传播开了。统治者们千方百计破坏书籍,直至焚书,实际上无异于乌鸦企图用翅膀遮挡太阳的光辉。现代人们应该明白这一教训。

人类进入现代文明后,现代独裁者对书籍同样充满恐惧,但是,他们对书籍的破坏远远超出了图书恐惧症的程度,而是对现代文明的亵渎。希特勒授意,戈培尔等策划的1933年柏林焚书事件,便远远超出了愚弄人民的智慧,威胁人民的精神自由等范畴,更是在鼓吹种族歧视、日尔曼人优越等令人不齿的谬论。

书籍是人类精神解放的武器。

希特勒一边焚书,一边制造他喜欢的书,用书籍进行政治宣传,企图通过书籍这一武器蒙蔽德国人民,打击世界人民,为此他专门写了

《我的奋斗》。世界人民对此有清醒的认识,比如欧洲的德国在焚书的时候,大西洋彼岸的美国掀起了全国性的抗议风潮。

对希特勒焚书的抗议延伸到第二次世界大战的战场中。

第二次世界大战期间,美国动员的兵员及后勤保障人员约1300万,驻扎在世界各地,以欧洲和太平洋为主。驻军所在地往往荒芜偏僻,生存条件恶劣,加上对死亡的恐惧、休战期间的无聊、寂寞、厌烦、孤独、苦闷,这一系列的问题可能会导致军队士气低落等问题,这是指挥官们十分不愿意看到的。如何解决这一问题呢?人们立即想到了图书。用书籍去充实海外驻军们的闲暇时光,排遣他们心中可能出现的恐惧、空虚、苦闷等情绪。

这期间美国的两次如火如荼的与书籍有关的运动便是在这一背景下发生的。

第一次是著名的"胜利图书运动"(VBC),这时美军还未完全与德国处于战争状态,但是美国人未雨绸缪,意识到与德国的战争不可避免,因此在国内做大规模的战前动员和战争准备,开始招募和训练士兵,以备派往前线。当时美国国内训练营地缺乏,营地基础设施差,与一般公民居住的家庭条件比较起来算是非常简陋,加上训练生活简单重复,难以让服役人员感到有趣,训练结束后难免陷入各种不利的情绪中。这不利于提高训练效率和训练水平,调动不起训练的积极性。如何让服役人员在训练期间保持高昂的热情,积极投入训练?这时,美国图书馆协会率先站出来,主张用图书这一精神武器武装美国人民,打击德国纳粹分子。在知识、图书、电影等领域的精英的同心协力下,全美掀起了一场爱国捐书运动。这一运动深得美国人民的理解与支持,甚至小孩:当时美国的童子军都积极动员起来,推着三轮车,四处募集图书。这一运动一直延伸到美国正式参与第二次世界大战时段,后来由于捐赠资源枯竭,加上通过捐赠活动募集的图书在尺寸规格、重量等方面不便于前线官兵使用和管理,这一运动才让位给了另一场图书运动。

第二场图书运动即美国“战时图书协会”组织并出版发行的“军供版图书”,这一组织出版的这一版式的图书专门为军队服务。

与美国图书馆协会组织的“胜利图书运动”同时,美国国内报刊界也向军队赠送杂志书刊,他们的书刊由于体积、重量、内容等方面的特点,更受士兵欢迎。

为了配合好前线战事,打赢这场战争,提高前线士兵的士气,消除士兵中可能出现的心理等问题,美国陆军及海军都积极策划军队图书建设,争取图书财务预算,设立图书专项基金。除军方积极行动外,当时美国民间出现了一个“战时图书协会”,这一组织的宗旨是帮助军队提振前线士兵的士气,他们对军队图书计划的具体实施做了非常细致的工作,比如为了使图书便于携带和节约纸张,他们将以往的精装图书改为平装,减少书的厚度,增加书的内容,甚至把图书的尺寸规格做了改变来与士兵的衣袋、裤袋相适应等。图书的选题涵盖尽可能宽的领域,以适应几千万服务人员中存在的不同的阅读兴趣。

士兵们对图书的反应热烈空前。在行军或进军过程中,为了行动快捷,往往需要轻装疾行,许多多余的物品会被从行军背包中清理出去。但是,士兵中几乎没有把书籍清理出去的,因为军供版图书的体积、重量等都小,不影响行军,而且即使在战争最激烈的时间,在一阵炮声跟下一阵炮声之间短暂的空闲时间中,他们都可能会取出随身携带的书,读几段或几行。士兵纷纷表示,读书使他们感觉像生活在家乡、或暂时忘却战争,总之让他们从战争状态中逃离出来,生活在另一个精神世界中。

战时图书协会发展起来的这种新的版式的图书,一方面为了让图书能够适应所有服役人员的阅读兴趣,尊重读者阅读的自由,因此选题尽可能宽泛;另一方面,从选题到内容也不能让敌人从中得到支持。图书还尽可能让原书稿以全貌呈现在读者面前,以保障读者了解全面信息的自由。为了做到这一点,协会往往选择符合选题要求的书稿,而不随意删改一部书稿。

军供版图书不仅在美军中有强烈的影响,而且在欧洲其他军队中,甚至在德军及日军战俘中,都产生了非常正面的影响。在欧洲战场取得胜利后,军供版图书组织还专门成立了海外版服务部,投入到战后欧洲图书的生产恢复中,以满足欧洲解放后人民对图书这一精神物品产生的巨大需求。

更有意思的是,军供版图书组织还经历了一段小插曲。正当第二次世界大战打得最激烈的时候,美国国内面临总统选举,国会议员塔夫脱企图以影响选举为由,阻止竞选对手利用军供版图书在军队中进行政治宣传,对军供版图书实施审查制度。战时图书协会和美国军方为捍卫读者(士兵)的阅读权利而与以塔夫脱为代表的少数国会议员进行了坚决的斗争,最终以读者的胜利而结束。

第二次世界大战中,通过图书运动而表现出来的美国人民的爱国主义给人留下了深刻的印象。客观地讲,第二次世界大战爆发前夕,美国国内正经历着经济大萧条,第二次世界大战的爆发,为美国通过爱国主义来提振国民精神提供了契机。为了打赢对纳粹的战争,全美国人民节衣缩食,对各类物资实行战时配给制度。人民不仅没有怨言,而且积极配合,国家需要橡胶和铝,人们把家里一切橡胶制品和铝制品都捐献给国家,有些甚至是家里的生活用品,比如铝制的咖啡罐等。

在美国参战的整个时期,国内各界都表现出对前线的积极的支持。比如前面提到的各种捐赠活动、图书分发活动等,无一不得人民的广泛支持。当赢得了战争的胜利后,如何安排退役人员又成了考验美国国内政策制订者智慧的一大难题。除了留守欧洲和太平洋各地的几十万士兵外,有近千万退役人员需要重新就业。国会及时制定了《退伍军人权利法》,对退伍军人的各项权益做了积极的保护。

在实施《退伍军人权利法》的过程中,图书界又处于领头的位置。

首先,在欧洲战场即将取得胜利的时候,战时图书协会在为军队提供图书服务的书目中把退伍军人的就业问题纳入了选题范围,及时地向即将退伍的军人们介绍各种职业,提供各种建议,积极解释《退伍军人权利法》,帮助退伍军人争取应得的权利等。

其次,美国图书馆协会又一次积极行动起来,为退伍军人提供种类就业建议和参考。为了帮助退伍军人度过回到国内的不适应时期,各地的图书馆还积极组织各种活动,比如举办电影晚会等,帮助退伍军人渡过难关。他们为退伍军人重新就业和缓解精神压力出谋划策，做出了巨大的贡献。

最后，大学。在《退伍军人权利法》的保障下，美国各大学积极行动，迎来了老兵学生。这是美国在赢得二战胜利后为退伍军人提供的最大的福利。人们一度对老兵学生的学习能力持怀疑态度，但是，美国老兵在大学如同在战场上一样，不负众望，他们学习认真，成绩优秀，一度招来普通学生的嫉妒与愤怒，因为老兵学生太用功了，普通学生必须全力以赴地学习才能赶得上他们。有些老兵学生后来获得了博士学位，成了美国大学史上最宝贵的财富。

以往我们对第二次世界大战的了解更多把焦点对准充满枪炮声的战场，通过读这本书，我们了解到，枪炮声中的战场仅仅是第二次世界大战最为突出的一面，而如果从总体考虑，以往对二战的理解就太片面了，我们需要重新认识这场战争，重新理解这场战争。这本书就以美军中发起的两次图书运动为切入点，向读者诉说了美国对二战参与的深入、广泛程度，以及二战对美国的重大影响。

我非常有幸能够通过参与这本书的翻译工作而加深、拓宽了自己对第二次世界大战的理解，也希望读者能够通过对这本书的阅读，跟我一样对第二次世界大战有新的认识。

这是一部历史研究著作，写作者务求准确，不容偏误。我作为翻译者当然要准确传达出作者的思想，我一直努力希望能够做到这一点，但是，当翻译工作初步完成时，我面对译稿，心里忐忑，不断反问自我：我又译错了多少？

我只能说我尽了最大的努力，但是错误难免，我希望得到读者的批评指正。

仅以我的努力，做一点微薄的贡献，以缅怀在二战，特别是在中国抗日战争中英勇牺牲的勇士们。

译者

2016 年 6 月